内陸中国の変貌

改革開放下の河南省鄭州市域

石原 潤 ❖編 ISHIHARA Hiroshi

ナカニシヤ出版

まえがき

　近年の中国経済の発展には，目を瞠るものがあり，わが国では中国脅威論すら拡がりつつある。江蘇省や広東省など，沿海部の諸地域は，いまや「世界の工場」とまで称せられ，そこで造られる製品は，「安かろう，悪かろう」の域を脱して，価格のみならず，質においても国際競争力をつけつつある。1978年末にようやく「改革開放」が宣言された時，誰が今日の中国を予想したであろうか。ここ20数年の変化はあまりにも激しく，あまりにも急速であった。

　しかしながら我々は，中国の最先端の部分にのみ，目を奪われていてはならない。広大な中国の大部分を占める内陸部には，沿海部とはまた違った中国がある。そこでは，農村はなお過剰な人口を抱え，土地に対する人口圧は高く，人々は兼業や出稼ぎに活路を見出さねばならない。郷鎮企業は技術水準が低く，市場からも遠く，一般的には未発達である。一方，かつての計画経済期に内陸部に意図的に設立された国営企業は，新事態に対応しきれず苦吟している。

　とはいえ，そのような内陸部にも，改革開放と市場経済の波は確実に押し寄せている。内陸都市でも，広域行政の中心地や，商業・観光などの波に乗った都市は，急速にその相貌を変えつつあり，再開発や高層ビルのラッシュが見られる。農村部でも，商業的農業や郷鎮企業の経営で上手く立ち回った地域は，周りとは懸け離れた豊かさを享受し始めている。しかしながら，そのような「成功した」地域は，点としては存在しても，未だ面をなすには至っていない。

　本書は，このような過渡的存在としての内陸中国を扱っている。事例として採り上げているのは，河南（ホーナン）省の鄭州（チョンチョウ）市域に限られるが，ここで扱われている問題は，広大な内陸中国に共通した問題であるとの認識のもとに立っている。検討の対象になっているのは，都市化と住民生活の変貌，商業と自由市場の発展，郷鎮企業発展の地域差，農地の利用と管理の変容，農村の不均等発展などであり，都市部と農村部に亘る主要な問題点をカバーしている。読者は，本書によって，多くの問題点を抱えつつも，急速に変貌し始めた内陸中国の実状に触れることが出来るであろう。発展した沿海部のみ

を見るのではなく，将来の中国の行方を占うには，内陸部にこそ目を向けねばならぬ時が来ているように思われる。

2003年3月

石原　潤

目　次

まえがき　*i*

序　章　目的と方法　　　　　　　　　　石原　潤… 3
　1　本書の目的と構成 ………………………………………… 3
　2　研究方法 ………………………………………………… 5
　3　研究対象地域の概観 ……………………………………… 6

第1章　都市化の進展と住民生活の変容　秋山元秀… 10
　1　内陸都市としての鄭州 …………………………………… 10
　2　鄭州市における生活空間の変化 ………………………… 20
　3　おわりに ………………………………………………… 50

第2章　商業の変貌と自由市場の発展　　石原　潤… 54
　1　商業政策の変遷と自由市場 ……………………………… 54
　2　自由市場の発展 ………………………………………… 57
　3　大都市とその郊外における自由市場 …………………… 65
　4　農村地域における自由市場 ……………………………… 75
　5　おわりに ………………………………………………… 92

第3章　経済改革下の郷鎮企業の発展方向
　　　　　　　　　　　　　　　　　　　　林　和生… 97
　1　めざましい発展をとげた郷鎮企業 ……………………… 97
　2　郷鎮企業の基本的特質と地域発展モデル ……………… 101

3　河南省における郷鎮企業の発展 …………………… 106
　4　鄭州市域における郷鎮企業の多様な発展方向 ……… 112
　5　郷鎮企業の郷鎮財政への貢献 ………………………… 139
　6　内陸地区の郷鎮企業がかかえる問題点 ……………… 144
　7　農村工業化と郷鎮企業がめざすもの ………………… 147

第4章　農村における土地利用と管理制度

中川秀一(1, 2)・亀岡岳志（3）… 154

　1　農村土地制度をめぐる研究課題 ……………………… 154
　2　大都市近郊農村における土地利用と管理制度 ……… 161
　3　山間傾斜地農村の荒地開発と管理制度 ……………… 177

第5章　農村内部の不均等発展における村の役割

小島泰雄… 200

　1　問題の所在 ……………………………………………… 200
　2　検討の時空 ……………………………………………… 204
　3　発展と変化の地域性 …………………………………… 207
　4　地域性の解釈 …………………………………………… 215
　5　結　論 …………………………………………………… 220

あとがき　　226

人名・地名索引　　227

事項索引　　228

内陸中国の変貌

改革開放下の河南省鄭州市域

序　章　目的と方法

■石原　潤

1　本書の目的と構成

　本書の目的は，1978年以後の改革開放政策下において，内陸中国の都市空間および農村空間がどのような変貌をとげ，それが住民の生産・消費の諸活動にどのような変化をもたらしているかを明らかにすることにある。
　社会主義体制下の中国の都市にあっては，国営企業の「単位（タンウェイ）」が生産・消費の両面を含む生活単位として重要な役割をはたしていたが，市場経済の導入によってそのような体制は大きく変容をせまられている。厳格な戸籍制度により阻まれていた都市への人口流入が，近年ではさまざまな形で活発化している。都市内の土地は国有ではあるが，現在ではその利用権が盛んに売買されている。商業部門では，国営商店や協同組合（供鎖社）が圧倒的な地位を占めていた状況から，現在では多数の個人商店（個体戸）が出現しており，自由市場（集貿市場）が活況を呈している。工業部門では，従来からの国営企業の他に，郷鎮企業の発展が顕著であり，株式会社や外資系企業の活動も活発である。一方，農村部では，生産共同体であり行政・自治体でもあった人民公社が解体され，農業の生産請負制が導入され，商品作物生産・兼業・出稼ぎが活発化している。
　これら一連の急激な変化が，住民生活をどのように変えたであろうか。このような問題を扱った従来の諸研究は，主として，改革開放政策が典型的に進められた江蘇省や広東省など沿海部を対象に行なわれてきた。しかしながら，現在では，改革開放政策の影響は，言うまでもなく内陸部の諸地域にも深く浸透している。遅れているとされる内陸部において，改革開放政策は，何をもたら

し，何をもたらさなかったか。現時点でとりわけ求められるべきは，内陸部の変容の実態を明らかにし，そこでの問題点を抽出するような作業であろう。

　本書の執筆者で構成される研究グループは，このような問題意識の下に，1995・96・97の3年度に亘って，中国河南（ホーナン）省の省都鄭州（チョンチョウ）市に属する都市および農村地域において，日中共同研究「中国河南省における都市及び農村住民の生活空間に関する研究」のための，現地調査を実施した。各年度の調査については，後述するように，既に3冊の報告書を公刊している。本書は，これらの調査をもとにしながら，その中で扱った主要な論点を，広く中国の社会経済的文脈の中に位置づけつつ，再び論ずることを試みたものである。

　本書の各章においては，以下のようなことが論じられる。

　まず，序章では，本書の目的と構成について概述した後，研究の方法と，研究地域とを概観する。

　第1章では，秋山元秀が，近代中国の政治経済の流れとの関連で鄭州市の発展過程を捉えた上で，その市街地を歴史的に形成された若干の構成要素に分類し，現地調査に基づき，各構成要素毎に住民生活の実態を明らかにする。

　第2章では，中国の商業・流通機構の中で重要な地位を占め，住民の日常生活との繋がりが深い自由市場について，石原潤が，商業政策の変遷の下での全国的な動向を捉えた上で，対象地域の大都市部（鄭州市区）と農村部（登封市域）における実態調査の結果を分析する。

　第3章では，国有企業に代わる成長部門である郷鎮企業について，林和生が，全国的動向及び河南省の位置づけを踏まえた上で，鄭州市域内の3地域（鞏義市，新鄭市，登封市）での現地調査を基に，内陸部における郷鎮企業の問題点について論ずる。

　第4章では，改革開放政策下にドラスティックに変化した農山村の土地利用及び土地制度について，まず中川秀一が，全国的動向と問題点を整理した上で，鄭州市区郊外でのインテンシブな実態調査の結果を報告し，次いで亀岡岳志が，登封市の山地村でのフィールドワークに基づき，大都市近郊とは全く異なった状況を報告する。

　第5章では，小島泰雄が，人民公社解体後に生じた地域的問題の一つとして，農村地域の地域格差が，自然的・農業的条件の地域差のみならず，郷鎮企業の

発展の違いを通じて，行政村間の地域格差を生む形で進行していることを，登封市農村部の事例を基に論証する。

2 研究方法

　前述のように，3年度に亘った日中共同研究の日本側メンバーは，石原潤（名古屋大学文学部，のち京都大学大学院文学研究科を経て，奈良大学文学部），秋山元秀（滋賀大学教育学部），林和生（福井大学教育学部，のち國学院大学文学部），小島泰雄（神戸市外国語大学外国学研究所），中川秀一（名古屋大学大学院文学研究科博士後期課程，のち岐阜経済大学経済学部を経て，明治大学商学部），亀岡岳志（京都大学文学研究科博士後期課程，のち武蔵学園中・高等学校）の6名であった。この内，石原，秋山，林，小島の4名は3年度を通じて参加し，中川は最初の2年度，亀岡は最後の1年度のみ参加した。

　一方中国側メンバーは，孫尚倹（河南省科学院院長），宋延洲（河南省科学院同位素研究所），李居信（河南省科学院地理研究所），王国強（河南省科学院地理研究所），王銀峰（鄭州市人民政府調査研究室）の5名であったが，調査を促進するため，馬培中（鄭州市人民政府副秘書長，のち地方志弁公室主任）始め，多くの行政担当者が，準メンバーとして参加した。

　現地調査は，1995年には，大都市である鄭州市区の，市街地と近郊農村において，96年には，鄭州市域に属するがむしろ平地の農村地域と言うべき新鄭市の，中心市街地と周辺農村において，97年には，同じく鄭州市域に属するが，山地を含む農村地域である登封市の，観光都市的性格を持つ中心市街地と周辺農村において，それぞれ，夏季の約1ヵ月間に，日中のメンバーが全員参加して集中的に行なった。調査活動は，都市班，市場班，郷鎮企業班，農村班の4班に分かれて行なったが，宿泊は共通の宿舎を利用し，相互の連携を保ちつつ，各自の課題を追究した。

　調査の具体的方法は，資料収集，聞き取り，アンケート，観察や計測などによっている。資料収集と聞き取りのため訪れた機関は，まず行政機関としては，市・区・鎮・郷の人民政府，その中でも特に，市政管理局，民政局，建設局，商貿局，工商行政管理局（及びその支所である工商所），旅游局，環境保護局，郷鎮企業委員会などの部局，都市の街道弁事所や居民委員会，農村の村民委員

会や村民小組，工業区の管理委員会などである。行政機関以外では，各種国営企業，郷鎮企業，各級の供鎖合作社とそれに属する各種企業，不動産会社，ホテル，百貨店，卸売市場，自由市場などである。また聞き取りやアンケートを行なった個人は，都市住民，農民（一般農民，商品生産農民，故老，幹部農民），市場商人，市場・百貨店購買者，郷鎮企業経営者などである。観察や計測を行なった主な事象は，都市・農村の土地利用，都市の再開発，農村の土地開拓，市場のレイアウト，各種商店の分布などであり，その結果は可能な限り地図化を試みた。

　メンバーは，得られた資料を共有しながらも，分析・考察のテーマは相互に分担し，現地調査の後約6ヵ月間の分析を経て，各年度の報告書にそれぞれの考察結果を執筆した。これらの報告書は以下のとおりである。

　　石原潤・孫尚倹編『中国鄭州市住民の生活空間』（名古屋大学文学部地理学
　　　教室，1996年）
　　石原潤・孫尚倹編『改革開放下の河南省新鄭市の変容』（京都大学大学院文
　　　学研究科地理学教室，1997年）
　　石原潤・孫尚倹編『河南省登封市の市場経済化と地域変容』（京都大学大学
　　　院文学研究科地理学教室，1998年）

これらの報告書には，本書の各章の内容のいわば原型が，より詳細なデータとともに収録されている。参照願えれば幸甚である。なお，これらの報告書には，中国側メンバーの研究報告も，日本側メンバーにより翻訳され収録されている。ただし，彼らの報告の内容は，視点や分析・論述方法などにおいて，我々日本側メンバーの報告とは異質な部分が多い。したがって，本書の編集にあたっては，視点や方法の統一性を維持するため，日本側メンバーの研究のみを採り上げた。中国側メンバーの視点などを知りたい読者は，上記の報告書を参照願いたい。

3　研究対象地域の概観

　研究対象地域の属する河南省は，黄河の中流域で，古代文明の発祥の地であ

り，古くは「中原」と呼ばれて，中華世界の核心部をなしていた。しかし，現在では，国土を「東部（沿海部）」，「中部」，「西部」の3地帯に区分する際，河南省は，経済発展の最も進んだ「東部」ではなく，経済発展が中位の「中部」に属するとされる。人口は，9,243万人（1997年末）で，四川

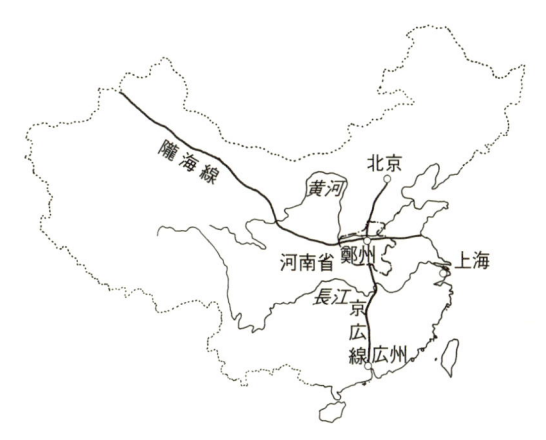

図0-1　対象地域の位置

（スーチョワン）省から重慶（チョンチン）直轄市が独立した現在では，四川省を追い抜いて，中国最大の省となった。

対象地域とした鄭州市は，河南省に属する地（区）級市であり，河南省の省都である。古来「中原」の中心部を占め，現在でも，中国の南北の幹線鉄道京広線（北京（ペキン）と広州（コワンチョウ）を結ぶ）と，東西の幹線隴海線（新疆（シンチャン）と黄海を結ぶ）との交点をなし（**図0-1**），またそれらとほぼ平行して建設されつつある高速道路の交点ともなっている。市域は面積7,446 km²と地級市の例にもれず広大であり，人口は608万人（1996年末）に及ぶ。狭義の鄭州市にあたる市区（6区からなる），5つの県級市，1つの県から構成される（**図0-2, 表0-1**）。

以下の諸章では，この内，鄭州市区，新鄭市，登封市，及び鞏義市を主な調査対象としているので，これらの地域について，やや詳しく紹介する。

鄭州市区は，現在，面積が1,010 km²，人口は215万人の大都市である。「商」王朝の故地とされ，その遺跡が旧城内で発見されている。その後は，久しく県城として存続し，その城壁の一部が現存する。近代に入って京広・隴海両線の交点になり，東洋一とされる大操車場など鉄道関連施設が建設された。さらに，解放後，開封（カイフォン）に代わって河南省の省都となると，多数の省レベルの施設が集積することとなった。加えて，計画経済期には，国の重点工業地区として，紡績やアルミニウムなどの巨大な国営工場が設けられた。

表 0-1 対象地域の概況

地域	面積 (km²)	人口 (万人)	人口密度 (人/km²)	就業者の産業別構成 (%)			小売業販売額 (百万元)	1人当たりGDP (元)
				第1次産業	第2次産業	第3次産業		
鄭州市区	1,010	214.9	2,127	19.0	46.1	34.9	1,364	11,143
鞏義市	1,041	76.5	735	33.1	42.8	24.1	193	8,391
滎陽市	955	63.4	665	62.7	28.2	19.1	120	6,716
新鄭市	873	59.1	680	55.0	21.4	23.6	122	8,276
登封市	1,219	59.3	489	53.6	25.5	20.9	100	6,464
新密市	978	70.5	723	42.2	34.0	23.9	132	6,290
中牟市	1,393	64.3	463	74.6	9.8	15.6	90	4,205
計	7,469	608.0	817	41.2	33.3	25.5	2,121	8,352

(注)『河南省統計年鑑』1997年版より，1996年の数値を加工して作成。

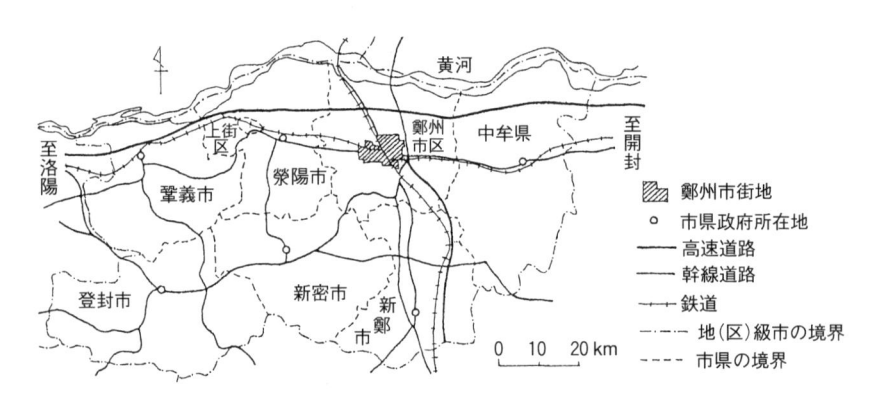

図 0-2 対象地域の構成

しかし，現在の市政府の開発戦略は，鄭州市区を，その交通上の好条件を生かして，広域の商圏を持った「商貿城」（商業都市）として発展させることにあり，事実，広い商圏を持った百貨店，卸売市場が次々と開設され，特に穀物卸売市場は，全国的な影響力を持つに至っている。

　新鄭市は，以前の新鄭県で，面積は873 km²，人口は59万人で，14の郷鎮を管轄する。市域の中心である城関鎮は，鄭州市区の南約38 kmに位置する。市域の西南部と西北部に一部山地がある以外は，ほとんどが平地である。西部は黄土の二次堆積による洪積台地で，台地面を浸食谷が刻んでおり，東部では，黄河の旧河道に堆積した土砂が形成した風成砂丘と，その間の河流を伴う低地

が交互に南北走している。このため，西部では小麦，トウモロコシなどの穀物が栽培されるのに対して，東部では，ナツメ，落花生，ゴマなどが栽培されるが，荒地のまま残されている土地も多い。城関鎮は，黄帝の生誕の地とされ，春秋戦国期の鄭や韓の国都でもあったので，古い城壁が残されている。市域全体としては，農村的性格が卓越しているが，鄭州市区に近い北部には，新鄭州空港，大学，保養地などの建設が進み，鄭州市区の「衛星都市」的性格をも持ちつつある。

　登封市は，旧登封県で，面積 1,219 km²，人口は 59 万人で，14 の郷鎮からなる。市域の中心である城関鎮は，鄭州市区の南西約 75 km にある。北部と南部に 1000 m 級の山地が連なり，中央部に潁河の河谷平野が広がる。特に北部には中国の名山とされる崇山（少室山と太室山からなる）が聳え，その麓に，少林寺や中岳廟などの名所古蹟が連なる。したがって，城関鎮は最近では観光都市としての発展がめざましく，市街地改造が進み，宿泊施設や飲食店などの立地が進んでいる。しかし市域全体としては，農村的性格が著しく，特に山地の農村は，貧しく後進的である。かなり乾燥した気候（城関鎮の年降水量が 525 mm）であるにもかかわらず，耕地の内，灌漑されるのは，21.3％に過ぎない。主穀としての小麦とトウモロコシが広く栽培されており，タバコなどの経済作物の生産も一部で見られる。

　鞏義市は，かつての鞏義県で，その中心部は，鄭州市区の西約 50 km に位置する。面積は 1,041 km²，人口は 77 万人で，19 の郷鎮からなる。北部は黄河に連なる平地であるが，南部は山地からなる。市域全体として，農村的性格が卓越するが，河南省の中でも，郷鎮企業が発達している地域として有名である。ここでは，豊富な鉱産資源（石炭，ボーキサイト，石灰岩など）を利用する形で郷鎮企業が起こされ，現在では，化学製品，医薬品，電子機器などの生産へと進んでいる。市域内の就業者の産業別構成比では，第 2 次産業が 42.8％と最も高い。

第1章　都市化の進展と住民生活の変容

■秋山元秀

1　内陸都市としての鄭州

　ユーラシア大陸の東部に圧倒的な大きさをもって位置する大陸国家中国は，いうまでもないが，その国土の大部分は内陸である。近代以前の中国史を眺めても，歴史の主要な舞台は内陸にあって，北方においては，沿海の一帯はむしろ辺境地帯であった。東南海岸地方では主要な港湾に都市が発達したが，そこは内陸と隔絶したところであり，内陸の地域と連携しながらより大きな圏域の中心になろうとするようなものではなかった。しかし1842年の南京条約以降，上海をはじめとする条約港の成立によって，従来の沿海地区と内陸地区の関係は大きく変わっていった。すなわち北京（ペキン）や南京（ナンキン）をはじめ，内陸の各省都を頂点とした伝統的な都市体系に加えて，香港（ホンコン），上海（シャンハイ）という海外貿易において全国レベルの中心都市が生まれ，そのもとに従来の都市体系とは別個の体系を構成する都市群が出現した。そのネットワークの中で，北方では天津（テンチン），南方では広州（コワンチョウ）がそれらに次ぐ位置にあり，長江流域においては漢口（ハンコウ）（武漢（ウーハン））が，満洲に対しては大連（ターリェン）が，広域圏の中心都市として機能するようになってきた。さらにその下位にあって，より狭い圏域の中心都市として機能する条約開港都市群があったが，それらの多くは従来から当該圏域の中心都市であって，条約都市として開港することによって，新たな機能を付加されたものであった。またこのような新しい都市体系の出現は，蒸気船による内陸水運と鉄道の発達をともない，特に後者は従来の陸上交通時代とは異なる中心都市を生み出していった。本章でとりあげる鄭州（チョンチョウ）も，そのよ

うな過程の中で生まれた新しい都市のひとつなのである。

（1） 近代鄭州と鉄道

　鄭州は黄河が華北平原に流出する，まさにその谷口に位置する。その東，北，南には，いずれも広大な華北平原が延々と広がっており，鄭州は中原の要の中の要の位置にあるといってよい。しかしその位置がいきるためには，華北平原の南北へ通じる交通路をもたなければならない。近代以前，華北平原においても基幹としての南北交通は大運河が担っていた。南北朝時代に汴州と呼ばれていた開封（カイフォン）が，北宋になって国都として全国レベルでの中心都市となるのは，この大運河と華北平原を横断する黄河との交点に位置していたことによる。北京や天津の成長は，やはりこの大運河との関係が大きな意味をもっている。

　前近代においては，大運河とつながらない陸上交通路はローカルな地方中心を育てたに過ぎなかった。その一つである鄭州が，近代都市として新しい発展の契機をつかむのは，清末の鉄道建設にあった。まず中国北半を南北に縦貫する鉄道である京漢鉄路は，当初，北京から南に向かって着工され，途中，1900年からは南端の漢口からも敷設が始まり，最後に残ったのが鄭州北の黄河鉄橋の建設であった。それも1903年に開工して1905年に竣工，1906年に全線の開通をみた。一方，東西の幹線である隴海鉄路は，1904年に鄭州から東西に向けて着工され，1910年には開封と洛陽（ルオヤン）の間で開通した（これを開洛鉄路という）。その後，1916年には徐州（シュイチョウ），1925年には海州，1934年に連雲港まで開通し，東西幹線と海がつながったのであった。

　鉄道が建設されて間もない1914年の鄭州の様子を示すのが図1−1である。清末まで鄭州の治所であったこの城郭は，辛亥革命によって州は廃され鄭県となっている。矩形の城壁でかこまれた県城の西を鉄道が通り，鄭州駅が設けられているが，西の城門と駅との結ぶ間に，新たな市街地が形成されているのがよくわかる。城壁内の市街地が，東西南北の比較的整形の街路をもっているのに対し，駅と県城の間にできた市街地は，駅から県城西門との間を結ぶ街路を中心としながらも，それから枝状に小さな街路が周囲へ伸び，網状の市街地を形成している。

　この市街地の形状は現在でも基本的にはそのまま引き継がれている。旧県城

図1-1 民国3（1914）年 鄭州付近地形図

の城壁はほとんど失われているが，殷代の城壁といわれる土壁が，ほぼ旧城壁に沿って残っており，その内部の西大街，東大街，南大街，管城大街という十字街を中心にした構造はそのまま残っている。現在の都市構造から見れば，旧県城内は都市計画から取り残された老朽化した家屋の立ち並ぶ一角であり，後の都市発展の核心になっているわけではない。現在の鄭州市街地のもっとも繁華な中心である二七広場は，図1-1で県城西門より西へ進み，新しい市街地が途切れて農道になってそのまま鉄道に向かうあたりになる。これは二七事件を記念して作られた「二七塔」を中心に展開したものであり，現在，この二七広場の周囲には，全国的に有名になった「亜細亜商場」をはじめ，大きなデパートが立ち並んでいるのだが，この広場から南に，徳化街，銭塘路の両側に広がる老朽化した市街地は，駅の正面のビルディング街をのぞけば，ほぼかつての駅前の雑然とした街衢の様子を残している。解放後の都市計画による市街地の拡大が始まる以前の鄭州の繁盛は，この鉄道の駅前集落にあったのである。

鉄道開通後，京漢鉄路，開洛鉄路の交差点であることから，鉄道関連の鄭州機務修理廠，鄭州電務修理廠などが設けられた。もともと河南（ホーナン）は華北の綿花栽培の中心であり，鉄道の開設により鄭州は河南における綿花をはじめとする物資の集散地＝商業中心としての性格と，新たな民族工業の基地＝工業都市としての性格をあわせもちながら発展してゆくが，それらの展開の場となったのは，旧県城域ではなく，新たに城外にできた市街地であった。

それでも解放前の鄭州の市街地面積は，わずかに5.23 km²にすぎず，人口も16.4万人にとどまっていた。やや規模の大きな工場が5，小規模な小売店

舗が130, 年工業生産額も732万元というような状態であった。しかし鄭州は解放以前には鉄道の交会地点にある商業中心に過ぎなかっただけではなく，すでに解放前からこの鄭州の位置に着目して，新しい都市の可能性を求めようとした試みがなかったわけではなかった。

（2） 鄭州の開埠と都市計画

辛亥革命以後，少しずつ鄭州に工場や近代的な通信交通設備などが設けられていたが，1920年，鄭州も対外交易に開放することを省議会が決定し，1923年には正式に開埠される。さっそく日本は三井洋行を設置して綿花の収納に乗り出し，アメリカも美孚油公司を開設する。まさにこの年の2月1日に京漢鉄路の総工会が鄭州に生まれ，そのすぐ後二七事件が発生するのであるが，これも鄭州が新しい都市として生まれつつあったことを示すひとつの象徴的出来事であろうか。

1927年，国民党系の北伐軍と張学良などの率いる奉天軍が，鄭州から開封にかけての地帯で会戦し，北伐軍の勝利に終わったのだが，その後，河南の政軍の中枢に座った馮玉祥は，「新河南の建設」をスローガンにして，様々な建設事業に着手しようとする。その一環として，鄭州は鄭県から鄭州市となり，「新鄭州の建設」がうたわれるようになった。それまで旧県城以西，鉄道の駅までの商業地を管轄していた商埠督弁公署は，市政籌備処と改められ，それがやがて市政府となって新しい鄭州の建設を目指し，都市計画も作成された。

図1-2は，1927年に作られた「鄭埠設計図」と称されるものである。ここに示されている範囲は現在の鉄道より東部，金水区の大部分および二七区・管城区の一部である。街路の構造は，旧県城と鉄道駅との間の既存の市街地はほぼそのままに，旧県城より北西には整形の街衢に当時の中国の都市計画でしばしば用いられたロータリーを随所に組み込んだもので，基本的には後の発展の方向を示していたといえよう。

さらに興味深いのは，これとは別に図1-3に示すような「鄭州市新市区建設計画草案」が，1928年に発表されており，こちらはやや理念的な計画であるが，その実施を想定している範囲は現在の鉄道駅より西，中原区，二七区の西部にあたるものである。これらがどのような関係にあったのかはわからないが，当時の鄭州発展の可能性が，鉄道をはさんで東西両方向にあったことを示

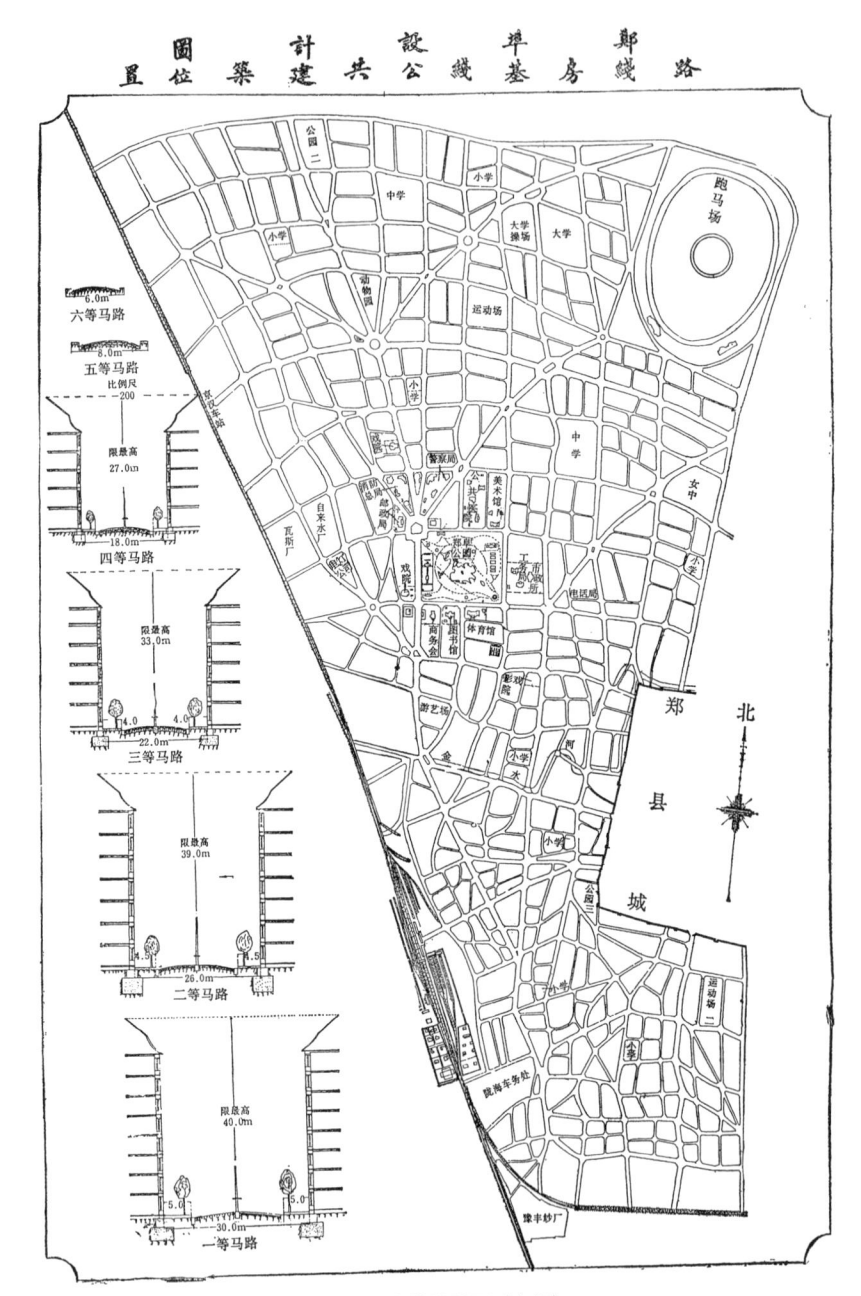

図1-2 鄭埠設計図（東部）

図1-3　同（西部）

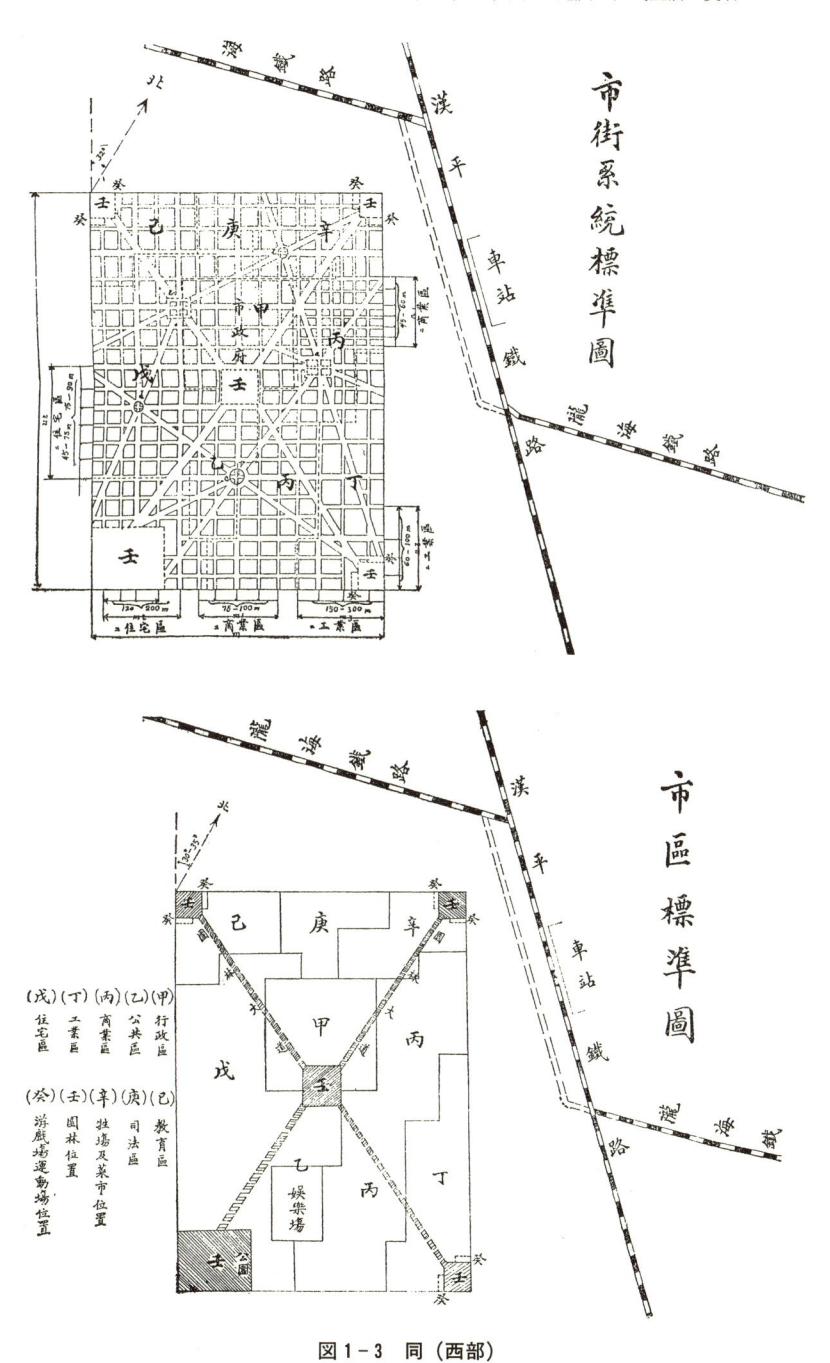

しており，それははからずも現在の鄭州の都市構造を的確に示すものに他ならないのである。

しかし1929年，国民党内部の党争により，蔣介石との争いに敗れた馮玉祥は河南から退き，馮玉祥が力を入れた鄭州市政府も1931年撤銷されて再び鄭県に戻ってしまう。それ以後は，日中戦争の激化に伴い，河南は激しい戦闘の前線地帯となった。日本軍の南下を防ぐために，1938年，国民党が鄭州郊外の花園口で黄河堤防を破壊し，黄河下流域を水没させたこともこの時期のことである。鄭州は鉄道の中枢であるためしばしば爆撃を受け，1941年と44年には日本軍による占領が行なわれている。このような情勢の中で，既存の商工業も後方に撤退するなど，日中戦争の終焉，そして解放軍による解放まで，安定した都市の発展は期するべくもなかった。

このように実際には都市建設が実現されたわけではなかったとはいえ，解放以前から河南の平原地区で，鄭州が開封についで重要な位置を占めるようになっていた形跡は十分にうかがえるし，それが解放後，工業基地となり，さらに開封にかわって省の中心都市となる基礎になっていたことが理解できよう。

(3) 解放から第1次5カ年計画へ

鄭州は1948年10月22日，劉伯承，鄧小平の率いる中原人民解放軍によって解放される。解放軍にとっても，鉄道の中枢である鄭州は，南方への進攻を実現するためのひとつの要であった。同時に鄭州市人民民主政府が成立し，市街地の部分の管理を行なうようになった。解放直後から，駅東部の徳化街や西大街，二七路などの整備や，それまでにもかなり汚染の進んでいた金水河を埋め立てて，その上に解放路を建設するなどの都市インフラの整備，二七紀念堂や人民影劇院の建設などが進められてきたが，飛躍的に発展する契機は，1953年に始まる第1次5カ年計画による工業化と，それにも関係することであるが，1954年，河南省の党委員会や省政府などが開封から鄭州に移されたことであった。

第1次5カ年計画は，改革開放前の経済計画としては，最も成果の多かったものと評価されているが，(8) 鄭州もこの時期に国家の重点建設都市のひとつに指定されて都市整備が始まった。その中で策定された都市計画において，その後の鄭州の都市構造を規定する方針が決定された。すなわち京漢線をはさんで西

部は，東部に比べて地下水位が深く，様々な工事を施すのに条件がよく，また賈魯河という比較的豊富な水量をもつ水源があることから，鄭州の工業開発は西部を中心に行なうことが決められた。

　工業の中でも，隴海線に沿って大型工場を配置し，中型工場は北郊の京漢線の両側に配置するという立地上の調整が行なわれた。このようにして，専用鉄道の敷設や，工場間の操業協力も容易になるように配置が計画された。大型工場としては，5つの綿紡績工場，鄭州油脂化学工場，鄭州火力発電所などがあり，タバコ，製粉，食品，電気などの中型工場も建設された。その結果，1957年の完成年度には，工業事業所は223に達し，年間工業生産額は3.5億元にのぼった。なかでも紡績工業は，生産額の40％を占め，まさに「紡績城」としての鄭州の名を高めた。

　同時に鉄道でも貨物輸送用の用地を東に延びる隴海線に沿った二里崗に設け，またここに鄭州東駅を置いて旅客輸送の中心とした。西に延びる隴海線には鄭州西駅，京漢線には海棠寺駅を設け，これらは工業駅とし，前者は西郊の大型工場，後者は北郊の工場群の操業に役立つようにし，多くの専用引込み線を設けた。

　一方，旧県城や解放前からの市街地のあった京漢鉄道の東側は，主として行政機能や文化機能を充実させることになった。とくに1954年10月に省都が開封から鄭州に移され，それに伴う様々な整備が東部地区で行なわれることになった。

　この第1次5ヵ年計画による工場群や様々な公的機関の建設は，当然のことながら大量の人口の転入を引き起こし，そのための住宅を必要とした。また道路の拡張や二七広場の建設によって移転を余儀なくさせられた住民のための住宅も必要であった。それらの住宅は，大部分が高層の集合住宅であり，今日の都市景観の基本はこの当時に作られたものに他ならない。1957年当時，鄭州に投資された国家の資金は5億5823万元にのぼるが，そのなかで住宅建設に投入された資金は15％を占めるという。この期間に完成した各種の建築総面積は331万m^{2}であるが，住宅はそのうち半分を占め，19万人が新しい住宅に入居した。住宅面積は解放前の2倍となり，住民1人当たりの居住面積も2.68m^{2}に改善された。

（4） 鄭州の都市構造

図1－4は1986年時点での鄭州の都市構造であるが，第1次5ヵ年計画のときに生まれた東西に機能分化をはかる都市構造は，現在の鄭州においてもそのまま存続している。東部は省政府や省全人代などの省の政治中心，省都の移転とともに開封から移ってきた河南農業大学，鄭州工学院，河南財経学院などの学校，博物館，動物園，人民公園，紫荊山公園などの文教施設が集まっているし，金水区は整然とした街衢の区画の中に，このような大小の公的機関，サービス企業などの「単位空間」がびっしりと建ち並んでいるところである。ただし東部でも南の隴海線に沿う，管城区の南東部は中小工場の建ち並ぶ地帯となっている。

これに対し，西部は隴海線の南に広大な面積をもつ国営綿紡績工場がずらりと並び，隴海線の北側には規模は小さいがやはり機械工場，化学肥料工場や倉庫群が並ぶ。西郊にも比較的大規模なグラインダー工場，電線工場などが並んで，西部全体を工場群が取り囲むような構造になっている。市街地には，東部に省関係の行政機関があるのに対して，鄭州市関係の行政機関は西部におかれ，これも一種の機能分化となっている。解放後創設された新しい大学である鄭州大学はこの西部地区にあるが，全体としては東部のような均質で密度の高い「単位空間」群がつづくのではなく，大規模な国営工場という典型的な「単位空間」がまず大部分の空間を占有し，それ以外のところに工場や学校などの一般住宅が混在するというような雑然とした構造をもっている。

この両者の間，位置としては東部の一画を占めるが，鄭州駅の東には二七広場を中心に商業中心があり，それに旧県城やその西南の旧徳化鎮の市街地が続いている。ここは前述のとおり，表通りに面した部分以外は，ほとんどが旧態のままの市街地であり，現在はその再開発が課題となっている。

このような既存の市街地とは異なる要素が，新しいタイプの住宅専用地区としての「小区」である。工場労働者のための「工人新村」というものは，第1次5ヵ年計画のときから建設され，それは既存の市街地の中や，周辺部に新しい都市空間を創出していたが，そのような一つの「単位」専用の新村ではなく，様々な職業や社会階層の住民が集まって一つのまとまった居住空間をつくりだすという意味では，小区は「単位空間」の延長である面と，「単位空間」を破壊する面とをもっている。現在，中国の大都市では，このような「小区」がど

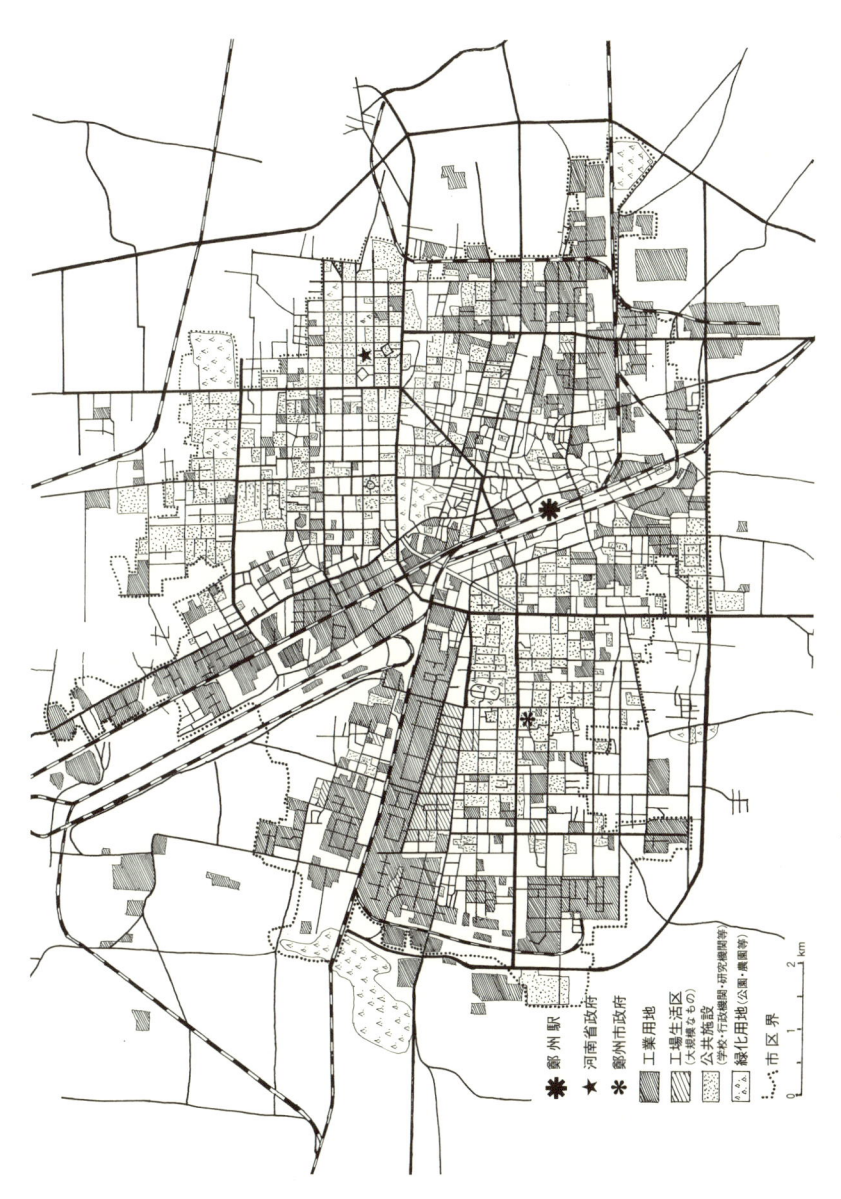

第1章 都市化の進展と住民生活の変容　　19

図1-4　鄭州市街地の土地利用（1986年）

んどん生み出され，都市の変化をもたらす重要な要素となっている。

2 鄭州市における生活空間の変化

上記のように，鄭州市街地は明確な機能分化に基づいた構造をもっており，そのなかにいくつかの生活空間の類型を設定できる。筆者は，下記のように代表的な特性をもつと考えられるいくつかの地域を選び調査対象とした（図1-5参照）。

《旧県城地区》
　県城内は住宅の密集地域で，商業活動も盛んなところであった。そこで鄭州の旧県城及びそれに近接する伝統中国的な景観の残存する市街地として，管城回族区から北下街を選んだ。

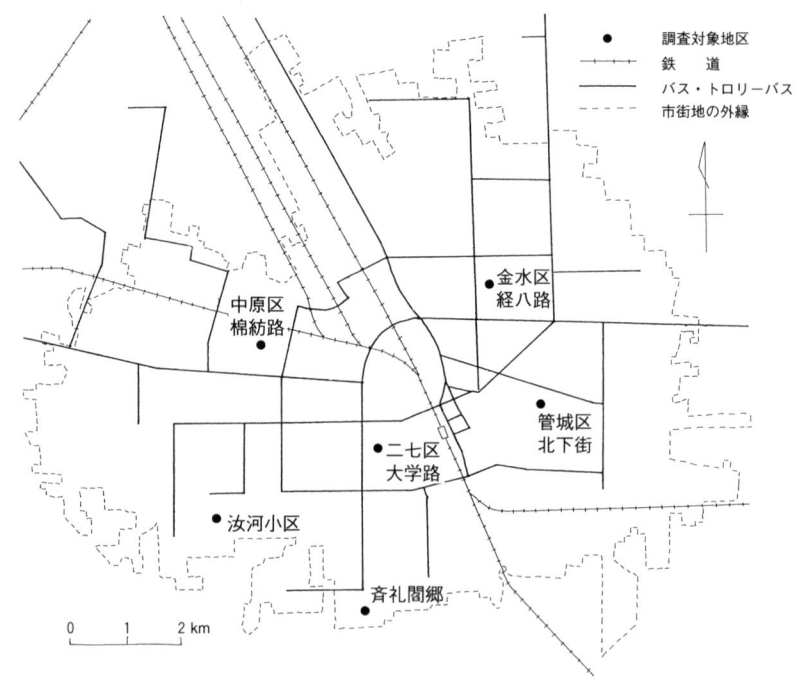

図1-5　調査対象地区

《単位空間》

　第1次5ヵ年計画に基づいて建設された国営大企業の代表として綿紡績工場の生活区を選んだ。大規模な工場は，大量の労働力を必要とし，その宿舎として広い生活区をもった職住一致の生活空間をつくりあげた。また工業部門以外にも，学校や行政府機関も，大規模な職住一致の生活空間をもっている。そこで本調査では，鄭州の代表的国営綿紡績工場を有する中原区の棉紡路，政府機関が多数立地する金水区の経八路，鄭州大学など大きな教育研究機関が立地する二七区の大学路を，このような単位を生活の基盤としている地域として選んだ。

《小区》

　鄭州の市街地周辺から郊外にかけて，現在多数の小区が建設されているが，比較的開発が早かった中原区の汝河小区を今回の事例に選んだ。

《郊外農村》

　この他，市区に接近している郷村の実態を知るために二七区の斉礼閻郷も，調査対象とした。

　これらの地区では下記のような方法で調査を実施した。

　①まずこれらの街道弁事処を訪問し，街道弁事処やその下部の居民委員会などの社会機構が，住民生活に果たす機能を調査した。

　②つづいて各街道配下の居民委員会に属する数軒の家庭を訪問し，改革開放以後の住民生活の変化の実態，居民委員会等，末端の行政組織の役割，隣人関係等について聞き取り調査を行なった。

　③同時に，これらの街道に近接した住民生活に関係が深い商業施設や教育施設，また居住区を運営する単位企業を訪問し，それらの施設・企業の側からの住民生活の変化についての対応等を調査した。

　④鄭州の都市開発の実情を理解するために，市政府の都市計画，都市建設部門と，開発の中心となっているいくつかの房地産開発公司（デベロッパー）を訪問し，またいくつかの建設中の小区を訪問して実態をみた。

（1）　管城区北下街

　管城回族区は，京漢鉄道の東，旧鄭州城内を中心に，その南郊，東郊を管轄

写真1-1　旧県城内，北下街附近の古い住宅

する区である。鄭州がまだ省会ではなく，地方の一県城であったころの最も古い市街区を含む。その中でも北下街街道弁事処は，旧城内の西部およびその旧城外の西郊を含む，鄭州市の中でも最も旧城的な景観を残す地区である。特に二七紀念塔から東にのびる西大街，城の南門につながる南大街に沿う部分には，解放前の古い住宅がかなり残っており，旧西門付近は小規模な商店が稠密に建ち並ぶ，旧城内でも最も繁華な地域でもある。北下街街道弁事処も，この西大街と南大街に囲まれた一角にあり，狭い街路の奥に位置していた。

①北下街街道弁事処

　本街道は面積1.8 km^2，その中に25の居民委員会を含んでいる。管城回族区はその名のとおり，回族の人口の多いところであるが，本街道でも11,500戸，36,000人余の人口のうち，約20％を回族が占め，同区では城東路弁事処と並んで回族の主要な居住地となっている。西大街の西門から南北にのびる南北順城街（旧城壁に沿った街路）には，回民のための清真料理の小店が列をなしている。イスラム寺院（清真寺）も本街道中に3ヵ所あり，その一つは，鄭州で最も規模の大きな清真寺である。

　このような背景のため，本街道にはかなりの部分に解放前の状態のままの住居が残され，そのような地区では公共施設の整備も進まず，居住条件も悪い。しかし最近の再開発により，集合住宅化している部分も多く，今後の都市改造がもっとも待たれている地区でもある。

　本街道を調査対象に選んだのは，前述のように旧県城内の伝統的居住地域の典型としての事例を期待したのであるが，聞き取り調査の対象として選ばれたのは，弁事処からほど近い，磚牌坊街居民委員会に属する，集合住宅化した住宅に住む家庭であった。

この居民委員会は約1,000戸, 5,000人あまりの人口を管轄する。街道弁事処の機能については, 金水区経八路のところでやや詳しく述べるが, 居民委員会も基本的には街道弁事処のもつ機能の下部組織として, 街道弁事処のいわばミニチュア的な組織である。街道弁事処は, 事務所として1～2の建物をもち, 公安の派出所（戸籍の管理はここでおこなう）など, 他の行政の下部組織と同じ場所にあるケースが多いが, 居民委員会は街角の一角に一部屋置かれている程度である。この磚牌坊街居民委員会も, 集合住宅の並ぶあいだに倉庫のような小さな平屋の建物があり, その一室を使っていた。中にはいくつかの机と椅子が置かれているだけで, 誰かが常駐しているというわけではないが, 必要に応じて会議や, 相談に来た住民との話し合いに使うようであった。

②A氏宅

戸主は1926年生まれの退職労働者。同年生まれの夫人と二人暮らしである。もとは河南省の石油会社に勤めていた。今はすべて独立しているが, 5人の子供（2男3女）があり, いずれも鄭州市内の同じ管城区や隣の金水区に住んでおり, 日曜日になると彼らが孫を連れてやってくる。

のちに他家の聞き取りでも同じことを耳にすることになるが, 老人だけの家庭でも, 独立した子供たちが, ほとんど毎週顔を出すようである。調査の協力者である鄭州市政府職員の王銀峰氏などは, 「これこそわが中国の古き良き伝統であり, 日本など先進国が核家族化する中で失ったうるわしき家族愛は, 中国では決してなくならない」と言っていた。かつては日曜日には, 昼に夫の実家に顔を出し, 夜は妻の実家で食事をともにするなど, 若夫婦は実家めぐりで忙しかったのだが, 週休二日になった今は, 土曜日は妻の実家, 日曜日は夫の実家と, 日を分けることができるようになったとも聞いた。一人っ子政策のもとで, 夫婦ともに一人っ子というケースが増えており, そのどちらもが親の家を定期的に訪問することは, かなり労力を使うことになるのだが, 今のところは両者にとって必須の行動と意識されている。これを生活空間の観点から見れば, 職場の選択における相互訪問が可能な実距離, 時間距離の維持は, 休日における人の動きを規定する要素の一つとして注意する必要がある。

また休日に家族が集まるということは, それが可能な部屋が用意されなければならないということでもあり, このA氏宅をはじめ, 今回訪問した家庭でも

写真 1 - 3　A氏宅の客間

（左）写真 1 - 2　A氏宅への入口

　老人二人が住むだけの住居でも，通常は使わないが，かなり大きなテーブルを置いた部屋があったり，子や孫が泊まっていくことができるベッドも用意されている部屋をもったりするのが普通であった。
　また中国では，退職労働者にも原給与の一定比率の給与が，退職時の職場から支払われるが，その収入のかなりの部分が，このような家族の集まる際の食費や子や孫への贈り物の購入に使われるようである。逆に，若夫婦にとっては夫婦の実家で毎週の数日を過ごすことで，かなりの家計費を節約できることにもなるのである。若年層が統計的には低所得階層であるのに，かなり多額の貯蓄をもっていたりするのは，このような通常の家計の単位を越えた生活があるからだという話も聞いた。
　A氏宅は1994年に新築された4階建ての集合住宅である。4部屋あり，総面積は75 m²。もともとこの土地に住み，以前には，同じ土地にあった平屋の古い家屋に住んでいた。その面積も73 m²あって，ほぼ同一面積の現在の住宅を等価交換のように入手したという。この集合住宅は，都市改造によって政府によってつくられたもので特定の単位の住宅ではない。旧城内は一般にこのような形の集合住宅化が進められている。
　収入は月700元くらい。ほとんどが生活費に使われ，日常の買い物は附近の集賀市場でおこなう。

③ B氏宅

　A氏と同じ集合住宅内。本戸は妻が戸主であった。56歳。北下街街道弁事処に勤務する。勤務して20年になる。A氏宅と同じく，もともとはこの土地の古い平屋に住んでいたが，この住宅の配分を受けた。今は夫と娘の三人で暮らすが，嫁いだ娘，独立した息子がある。夫は衣服商。3人で月収は1,000元くらいで，支出は7～800元くらい。

　近年，改革開放の効果で収入がよくなるとともに，みずからの自由になる時間も増え，この戸主はよく旅行もするという。最近行ったところでは，少林寺のような近くの観光地から，北京・石家荘・洛陽・蘭州などの遠方まである。夫や職場の友人と，長いときは1週間くらいの旅行になり，その経費は1,000元を越すという。

　22歳になる娘も在宅していたが，鄭州に最近できた大手のデパートに勤めている。デパートは若い女性の職場としてはかなりあこがれの的で，仕事は厳しいが条件もよい。彼女専用に一部屋あり，若い女性らしい装飾が施され，ベッドの脇にはぬいぐるみなどが置かれていた。

　なおこの家は，楼門負責人といって，集合住宅において一つの入口および階段を利用する数戸のなかの責任者であった。これは集合住宅の場合，居民委員会の下の生活上の基礎単位として設けられる組織であるが，いわば隣組のようなもので，日常の清掃，管理，治安などにおいて末端的機能をもっているものであるという。

④ C氏宅

　戸主は今年70歳。以前は発電所で働いていたが，12年前に退職し，そのあとは家で悠々自適の生活を送っている。日中は外に出て，近所の人と話したり，みんなの様子を眺めていることが多い。妻は61歳。以前鄭州国営棉紡第五工場で働いていたが，1980年に退職し，現在は隣の二七区の徳化街弁事処で働いている。

　2男2女の子供があり，長男，次男とも戸主の仕事をついで発電所で働いている。両者ともこの近くに住んでいる。嫁にいった長女はクレジット会社（城市信用社）に，次女は国営棉紡工場に勤めている。

　彼らはもともと今は商阜新村として再開発が進められた地区に住んでいたが，

再開発で立ち退きになりこちらに転居した。こういう開発にともなう転居の場合，原則としてもともと住んでいた住居と同じ面積が補償される。もしより広い面積の住居をえた場合には，その面積に対する費用を自己負担する（この住宅の場合は 1 m² あたり 200 元余であった）。

月収は退職後の給与と現在の職業を含めて 800 元程度。毎月の飲食のための支出が 600 元ほどであるという。この夫婦は節約につとめており，旅行などに出かけることはないとのことであったが，最近の最も大きな変化は何かと尋ねたところ，即座に収入の増加だという答えが返ってきた。

⑤商阜新村と女人城

西大街から北順城街をすこし北にゆくと，その左手に再開発によってできた集合住宅群がある。C氏宅のところでも触れた商阜新村である。1985 年から再開発がはじめられ 1990 年に完成した，下層に店舗をもつ集合住宅である。ここはもともと旧城西の城壁外の狭い範囲に小住宅が密集する，劣悪な居住環境のところであった。以前は 100〜200 戸余の住宅が建っていた 1 万 m² 余の土地から，81,000 m² の新しい住宅が生まれた。

この開発によって，それまでは水道，電気など，都市的設備の整備が遅れた地区であったが，最新式の上下水道，暖房等を装備した住宅地域となった。住宅部分について見ればその 30 ％がすでに個人住宅として使用権が譲渡され，40 ％は建設にあたった房地産公司の管理する公営住宅で，残りの 30 ％は公司の所有する部分である。房地産公司から借用する場合には，月に 1 m² あたり 0.5 元の賃貸料を払うが，最近の傾向としては使用権を買い求める家庭が増えているという。

この開発を計画したのは市政府の城市改造弁公室であり，1985 年から鄭州の都市改造，特にこの地区のように老城区の劣悪な居住環境を改善するために，いくつかの計画がたてられたが，この商阜新村の建設もその一環に位置づけられるものであった。実際の建設にあたっては市政府が主導して房地産公司（不動産会社）を設立してこれにあたらせ，現在もこの公司が新村の管理をおこなっている。

この新村のもう一つの特色は，その下層に店舗をもっていることで，これも都市改造計画の中に，積極的に第三次産業の発展を促すことによって，市民生

活の向上を図るという観点があるからである。そして商阜新村の下層部を占めているのが女人城と呼ばれる，女性の服飾専門店舗街である。

　現在，中国全土で女性のファッションに対する関心は急速に高まっており，その要求はどんどん多様化し，同時に高級化している。テレビなどの新しいメディアを通じて伝えられる香港や台湾での最新の流行に対して，中国本土でも素早くフォロウすることが，服飾業界の急務であるといわれる。国内での流行の先端は，広東，福建（フーチェン）などの，沿岸の開放地区で生まれ，それから全国各地の服飾市場に運ばれてゆくのだが，鄭州には，服飾，ファッションの世界で，一大中心市場をつくろうという構想がある。この女人城も，鄭州市内に構想されているいくつかの大規模な服飾市場の一つである。

　この市場の管理は商阜新村におかれている工商局の事務所がおこなっているが，実際の運営は，店舗の経営者どうしの自治的活動によるという。しかしここからの税収は相当な額に上ると計画されており，それらが都市の近代化への財源にもなっていくようであった。

　1階はこの年（1995年）の3月に開業したばかりで，140余の店舗が入っている。1店舗の面積は平均して10〜20m²くらいで，それぞれが品揃えや店の装飾に工夫を凝らし，特色を出そうとつとめている。経営は個人経営で，大部分がまだ若い人である。多くが改革開放以後，このような仕事を始めたという。一部の店主に聞いたところでは，現在のところ，開業した直後で，まだ調子がつかめないが，今後の発展については自信を持っているとのことであった。この9月には2階の部分も開業し，合計300店舗余の，服装だけに限らず，化粧品やアクセサリーなど，総合的女性服飾用品の販売センターとして本格的にスタートするという。また北下街全体の改造によって，二七塔広場とは陸橋によって直接往来ができるようにするとのことで，市の商業中心の一翼を担うという意欲に溢れていた。

　これらの商店主がもともとどこに住みどういう仕事をしていたかについては，別に訪問した大規模な服装市場である二七区敦睦路服装市場での聞き取りともあわせて触れておく。当初は市内の各地の路上で小規模な経営を行なっていたような小売業者が，区政府の市場建設によって集団的な営業の場を得，それに鄭州市外の業者もどんどん参加するようになり，市場はより大規模になっていったものである。女人城より少し早く開業した敦睦路服装市場は，もともとは

街路に沿って露天の服装小売業者が集まっているようなところであったが，その土地1200 m²が区政府によって開発され，地元の零細業者や外地からの業者をあわせて，現在860余の商戸が営業している（将来は2000戸まで増やす予定という）。改革開放以後は，市民の消費への意欲が高まり，それに応えるために積極的に事業を拡大した業者ばかりである。特に服装は，適当な価格で消費欲を満足させられる商品であり，特に専門的知識がなくても，流行を敏感に追った仕入れを他の商戸に先駆けて行なうことにより，着実に販路の拡大をすることができるため，少しの資本を元手に多くの小規模業者が参入する市場となっている。そしてこのような大規模な市場の建設は，市民の買い物行動や余暇の過ごし方に大きな影響を与えており，買い物をしなくてもただ商店街をぶらぶらするというような，以前にはみられなかった行動様式を，都市において生み出している。また商戸の側も，仕入れのために頻繁に南方の上海，江蘇，浙江，広東などと往復しており，彼らの行動範囲はきわめて広い。

　鄭州の様々な卸売市場やデパートの急速な展開については別項で述べられているが，この女人城のように，新しい消費の拡大をねらう商業施設の建設もつぎつぎに進められている。さらにそれが都市の再開発とも結びつき，都市内に新しい空間を創造していることは，都市の生活空間を変貌させる重要な要素になっているといえよう。しかしこれらの開発や建設が，全体としてどのような空間構造を作り出そうとしているのか，現在のところは，個々の事象があまりに急速に動いていてまだよく見えないところがある。

（2）　金水区経八路

　金水区は管城回族区の北，金水河の北に広がる市街区である。管城回族区が旧城やその周辺の城関地区を含んで，いわば代表的な老城型の地区であるのに対し，金水区は新しい都市計画のもとに整備された広い街路に区画され，全く異なる景観を呈する。前述のとおり，京漢鉄道より西の中原区が主として鄭州市の施設や国営工場が分布する地区であるのに対し，東の金水区は，河南省政府，省人民代表大会など，省級の施設が集中する地区である。したがって，住宅地区も省政府や関連する公司など，比較的大規模な単位の住宅がならび，先述の単位型としては典型的な特色をもつ地区であると考えられる。

　経八路街道弁事処は金水区のほぼ中央，東は南北の幹線である花園路からは

じまり，西は文化路よりやや西まで，南は金水河畔から北は東西幹線の黄河路を越えて紅専路あたりまでを含む。人口は18,473戸，73,024人。下部に28の居民委員会を管轄する。先に挙げた中国共産党河南省委員会，省人民代表大会常務委員会，省軍区や，省煤炭庁，省冶金庁，省工商局などの行政組織，河南日報，省テレビ局などのマスコミ組織，あるいは省博物館，図書館などの文化施設など，省レベルの機能をもつ施設の多くが所在するのがこの街道である。

①経八路街道弁事処

　経八路においては，街道弁事処についてのまとまった説明を受けることができた。ここでは，その説明資料をもとに，鄭州市における街道及び街道弁事処の役割について述べておきたい。

　街道弁事処は区政府の出先機関であり，区政府の機能の一部を委託されている。都市部では市政府と区政府という二つの政府機関があり，街道はその下にあって最も基礎的な行政機関としての機能権限をもち，市政府，区政府と一体となって都市行政をおこなっている。街道弁事処の仕事の内容は，以下の8項目に分けられる。

　（1）党や上級政府の路線，方針，政策の執行。
　（2）街道の経済活動の管理。
　（3）精神文明の建設。
　（4）社会治安の維持。
　（5）失業者や流動人口の管理。
　（6）住民の民政福祉。
　（7）都市建設と管理。
　（8）居民委員会の指導。

　これらの仕事の内容は，果たしている役割によって大別すれば，以下の4つとなる。

　（1）連携。上級行政機関と住民の間の橋渡し役。
　（2）管理。行政事務の管理や都市整備，経済活動，計画出産などの管理。
　（3）指導。居民委員会の活動を指導して，政府の方針を実施させる。
　（4）サービス。弁事処は直接住民に対してのサービスをおこなう機関である。住民がかかえる様々な問題を解決したり，争いを調停したりする。

このような仕事を実際におこなうために，街道弁事処には，全般の事務室である弁公室以外に，居民科，経済科，城管（都市管理）科という専門的機能をもった3科が設けられている。

この中で，都市管理関係の仕事というのは，都市の衛生，清掃や緑化の管理をいう。街道内に小規模な花園を設けたりすることもある。このための職員は街道が雇用する。

居民委員会は，委員も住民から自治的に選出するなど，原則として自治組織であるが，その選挙の実施にあたっての監督，委員会の規約の制定にあたっての原案提示，居民委員会の幹部の研修など，街道からの指導がかなり加えられる。しかし居民委員会は，行政の末端とはいえあくまで住民側の組織であるのに対し，街道弁事処は行政側の組織である。

街道の役割としてわれわれが最も理解しにくいのが，経済活動であろう。他の街道での聞き取りもあわせて筆者の理解したところでは，各街道は街道の活動の経費を原則としてみずから生み出さなければならないようである。街道の正規の職員の給与は，区政府から給付されるが，例えば上記の緑化のための経費，そのために雇用した職員の報酬などは，すべて街道が自弁しなければならない。そのために，街道はみずから様々な業種の商店や小規模な工場を経営している。

この経八路街道では，縫製，修理，運輸，理髪，食堂などを街道が経営し，大小あわせて40余に達し，従業員は1000人に近いという。またこれとは別に22の企業も保有しており，これらは請負制のもとで経営を民間に委託している。これらの活動から，昨年度は393万元の売り上げがあり，純益28万元を得，税6.6万元を納めたという。これらの小規模な経済活動は，同時に街道内の失業者や障害者に就業の機会を与える効果もある。

経八路街道は，居住人口も多く，またにぎやかな商店街もあって，このような経済活動をするのに有利な条件をもっているが，街道によってはこのような条件がなく，街道の活動をおこなう資金に困っているところも多いという。筆者の訪問したところでは，のちに述べる中原区大学路街道などは，大学の宿舎などが多く，効率のよい経済活動が困難であり，また棉紡路街道も，全域が国営工場で，街道独自の活動をする余地はないとのことであった。このような街道では，自域以外の土地を租借してレストランを経営するなど，何とか活動の

資金を確保しようとしているところもあった。

　このほかに街道の役割としては，民政工作（街道内に居住する従軍中の軍人の家族や戦死軍人の遺族に対する福祉活動など），社会治安総合治理（公安関係機関や司法機関と共同しておこなわれる犯罪の予防，犯罪者の更生補導活動など），民事調解（街道内での民事問題，軽微な刑事問題の調停解決。弁事処に民事調解領導小組があり，下部の単位，居民委員会に民事調解委員会が置かれる），法律普及宣伝（定期的な学習会の開催，法思想の普及のための指導員の養成など），計画出産管理（街道に計画生育協会をおき，計画出産の宣伝教育を行なう。最近の都市への農村からの流入人口は，計画出産に対して意識が低く，流動人口の管理がこの部門の重点課題になっている），精神文明建設（公民意識や公共精神の育成普及とそのための各単位の活動の評価や，模範単位や模範居住区の設定など）などがあげられる。

　しかしこのような多様な機能をもっているにもかかわらず，一般に街道弁事処の存在は住民にそれほど意識されていないように思う。たとえばこの調査に協力してくれた大学生に，自分の家がある地区の街道弁事処がどこにあるか尋ねても知らなかった。これは特にこの学生が，自分の地域に無関心であるのではなく，一般的な現象として，街道弁事処というものの存在は当然知っているが，実際に自分の居住する地区で弁事処を訪れたり，それに関連する仕事をしているのは一部の住民にすぎない，ということであろう。形式的，法制的には，街道弁事処，あるいは居民委員会の存在は，中国的生活空間において重要な役割を果たしているのであるが，実際の生活の中で，それらの組織機関がどのような意味をもっているのかを検証する必要があると思われる。

②Ｄ氏宅

　戸主は55歳で，省の鉱業関係（黄金局）の公司の幹部。夫人も同じ公司の幹部。住宅はこの公司の単位住宅で，所属する単位が好景気で多くの利益を上げたので，1980年に建てたもの。居民委員会もこの単位の名を冠している。家の中はきれいに整頓され，家具も新しくみなかなりの高級品である。大きなカラーテレビ，冷蔵庫，洗濯機，換気扇などがそろっている。テレビは各部屋に合計3台ある。これらの電化製品は，町の中心のデパートで買い求めたもの。電話もあるが，これは単位がつけてくれたもの。家屋の面積は120 m²と，か

なり広い。子供は男が4人，女が1人。いずれも独立している。ここでも休日に子供たちが孫を連れてやってくる。収入は夫婦あわせると年間3～4万元になるという。買い物は近くの商店でするのが多い。病院などは，単位付属のものがあり，普通の病気はそこへゆけば十分な治療が受けられるという。

③E氏宅

戸主はD氏と同じ職場。79歳。もともと石炭関係の仕事をしていたが78年から黄金局に移った。妻は糧食店で働いている。80年からここに住んでいる。今は退職しているので，毎日特にすることがないときは，散歩をしたり，体育館に出かけたりして健康のための運動をする。あるいは退職した老幹部のための単位の活動室があり，そこで仲間と将棋を指したりする。一人息子は鄭州市内にあるレストランの支配人をしており，かなりの収入があるという。娘は病院の栄養士主任をしている。本人の収入はあまり多くないが，家族全体を平均すれば1人当たり400元くらいはあり，日常生活には困らない。最近の改革開放下の変化はとても気に入っている。やっと社会がよくなったという印象をもっている。しかしその変化はとても早く感じるという。

ここもD氏宅と同じく，家の中は大きな家具や電気製品で満たされている。広々とした客間には高級そうな応接セットが並べられ，そこでゆったりと団欒を楽しむことができるようになっている。

以上のD氏，E氏ともに，省政府の大きな部門の幹部であり，その住宅も所属単位のもので，居民委員会自体もこの単位によって構成されているという点からすれば，典型的な単位型の生活空間に居住する人物である。E氏に見られるように，退職後も単位の施設を利用でき，その人間関係がいまだに有効であるように見える。しかしここではその子弟はいずれも単位を離れており，家族全体としては，単位から離れる傾向が強くなっている。ま

写真1-4　E氏宅の客間にてE氏夫妻と弁事処の幹部と

たこの黄金局の宿舎は，この一つの居民委員会を構成するが，大学や大きな国営工場のように，一目でそれとわかる閉鎖的な大規模な集合住宅群があるわけではなく，街の中に存在する多数の住宅の中の一部を占めているにすぎない。いわば単位型の生活空間にも，のちに述べる棉紡路のように大規模な単位による生活空間と，この経八路のように小規模な単位による生活空間があり，後者では前者にみられるような生活全体が単位の中で完結するような現象はみられない。

かつては大きな職場であると，その子弟を優先的に採用し，一家全部が同じ職場で働いているという形態がみられたが，収入のよい職業を目指し，レストランや個人経営の商店などに勤める若者も増えている。このような社会全体の動きの中で，生活空間の構造も変わりつつある。

（3） 二七区大学路

二七区は京広線の鄭州駅と旧鄭州県城とをつなぐ市街地を含むほかは，大部分の区域は鄭州駅の西側，金水河の右岸に広がる。鄭州駅周辺は，居住環境もあまりよくない，解放以前から存在する古い市街地で，今後の再開発がまたれるところであるが，解放後新しく造成された市街地の中にも，かつての農村のころの土地区画や景観を残しているところがある。我々が宿舎にした鄭州大学の近くも，市街地は大学路街道弁事処の管轄であるが，その中で菜王と呼ばれる一画は，市街地が拡大する以前の農村集落で，その部分の集落は市街地と異なる景観を呈し，たとえば道路も未舗装のままである。行政管轄からもここは街道弁事処ではなく，隴海郷という郷政府の管轄するところであり，市街地としての都市計画も施されない。したがって区内を街道の管轄範囲で区画しようとしても，このような郷政府の管轄する地域がモザイク状に散在し，事実上線引きはできないのである。中国の都市の内部には，このような「市街地の中の農村」がしばしば存在し，時間の経過とともに変貌してゆくのだが，ここは解放後早い段階に都市化がすすむなかで都市市街地の中に組み込まれた農村なのである。

ここの住民は，たとえ農業を営んでいなくても農村戸籍であり，税法上も土地利用上の権利関係でも農民として扱われる。これは都市としての居住条件からみれば住民にとって不利であるが，従来からここに居住してきた農民の土地

に対する権利や税からすれば有利なので，住民としては郷政府を街道に改める方向には動かないとのことであった。

これは新しく市街地が広がる都市では一般的に存在する問題で，鄭州でも二七区だけではなく，管城回族区では旧県城内にすら東城郷という郷政府があるように，他の区にも市街地内郷は多数存在する。同じ市街地にありながら，このように違う行政組織によって管理されていることは，一貫した都市政策の施行を困難にするばかりでなく，異なった生活様式や生活空間を生み出す。例えば上述の菜王は，農村集落であるため，農民が家屋の一部や別棟を，外地からの流入者に賃貸することが可能である。事実，菜王ではそのような貸部屋（租房）がかなりあり，多くの流入人口が居住しているようであった。また郊区に接する斉礼閣郷では，大規模な流入者の集落が生まれ，計画的に整備された市街地と比べ，大きな居住環境の較差が生じている。

この二七区では，新しい市街地の街道である大学路と，市区から郊区への遷移地帯にある斉礼閣郷を訪れた。

①大学路街道弁事処

大学路は二七区を南北に縦断する主要街路で，同弁事処はその両側に広がる市街地を管轄する。面積は5 km²におよび，鄭州市区では，面積として最大の弁事処である。20の居民委員会があり，人口は90年で16,501戸，66,402人。現在は7万人くらいに増えているが，1万人くらいは流動人口である。この地区は，鄭州大学をはじめとする学校や科学研究単位が集中している地区で，80年以前には商業設備はまったくなかったところであった。しかし改革開放以来，徐々に商業中心も形成されるようになり，88年には商業単位が20カ所に達した。その後も個人業者が増え続け，88年から90年にかけて伊河路と桃源路には集貿市場を建設し，そこでは年間1万元以上の利潤をあげている業者も少なくない状態である。

また最近の著しい傾向としては，小規模な住宅地を再開発し，高層の集合住宅に建て直すケースが増えている。90年には管轄下で1万m²の違法建築を除去したほか，91年から各街路で再開発を行ない，旧住宅5万m²を改造し，14万m²の居民小区をつくったというように，新しい住宅環境が生まれている。これは本街道がもともと閑静な住宅地で，居住条件に恵まれている上，鄭州駅

や中心市街地への交通も便利，学校などの文教施設や大きなホテル・レストラン，整備された集貿市場なども近くにあって，生活に好適な条件をもっているため，不動産開発業者の開発対象になりやすいということであった。

ちなみに同弁事処の調査による最近14年間の市民生活水準の変化は**表 1 − 1** の通りである。

先に金水区経八路でも紹介したように，街道弁事処の機能は多岐にわたるが，この大学路でも基本的には同じ機能を果たしている。

表1-1　大学路弁事処の生活水準の変化

項　　目	1980年	1994年
収入/人・月	420元	3,993元
食用油/同	3.1kg	8.7kg
肉/同	11.7kg	15.8kg
卵/同	4.7kg	18.5kg
水産品/同	3.8kg	5.5kg
日用品/同	419元	2,555元
全消費額/同	432元	3,387元
貯蓄残高/人	100元	1,000元
マイカー	0台	30台
個人寿命	67歳	72歳

それらを遂行する職員は60人余いるが，そのうち市政府から正式に認められている職員は18人で，それ以外の職員の給与は，街道独自の財政によってまかなわれている。そのほかにも街道独自の事業を進めるためには，街道独自の収入をはかる必要があり，それらには集貿市場の攤位費（1店舗当たりの出店代）や管理費，街道が建設した住宅の賃貸料，街道経営の会社，工場の利益等が含まれる。街道にとって，この独自の財政収入をどのように確保するかが，最近の市場経済下でのもっとも大きな課題といえそうである。

②F氏宅

大学路で訪問した最初の家庭は，鄭州大学の教授宅であった。今年65歳，出身は河北（ホーペイ）省。一応定年退職を迎えたが，中国の大学では定年後も講義をもったり，教学上の仕事を担当する。夫人は63歳。2人は52年に湖北で結婚し，河南へやってきた。主として省の党関係の仕事に従事し，一時，開封に居住したこともあるが，80年より鄭州大学に勤めている。2男2女の子供があり，それぞれ現在は独立し，省関係の役所や銀行・学校などに勤務している。2人の年収は1万〜1.5万元，生活には十分である。部屋の面積が93㎡ある住宅は鄭州大学の宿舎で，月6元の家賃を払っている。この住宅は大学の系（学部）が独自に改造したもので，現在，希望者には1万〜1.5万元程度で販売している。

教授の日常生活は，大学に行くほかは，周辺を散歩をしたりしてすごす。早

朝のダンスにも参加しているとのことであった。最近は，このような高齢者の社交や健康増進の機会を求める人が多い。ここの居民委員会の規模は200戸余で，相互の近隣関係も密接である。本宿舎は，鄭州大学から大学路を挟んで向かいの一画にあり，宿舎全体が鄭州大学関係者である。その意味で，典型的な単位型の生活空間を構成するが，本宿舎には大規模な商店などはなく，日常の買い物などは外部の集貿市場へ出かけるのが一般的である。

③G氏宅

次に訪問した家庭は，鄭州大学の南にある中学の数学の女性教師宅であった。今年50歳。出身は河南省の新郷市，52歳の夫もやはり同じ中学に勤める教師である。23歳で結婚し，2人の女児がある。26歳の長女は骨科医院の医師，24歳の次女は別の中学で教師をしている。2人とも未婚であり，その結婚がこれからの問題である。4人の収入を合わせれば月に2500元くらいにはなる。

現在住んでいる住宅は，50 m^2 くらいの広さがあり，中学の宿舎であるが，1 m^2 あたり200元くらい出せば買い取ることもできるという。部屋の中には大型のビデオ付きのカラーテレビなどがあるが，これらは80年代の末に購入したもの。洗濯機も同時期に購入した。とにかく最近の生活水準の向上はめざましい。物価も急激に上昇しているが，それに対して収入の伸びも著しい。町の中心の大きなデパートへはあまり行かないが，近くの小さな百貨店などでのちょっとした買い物は毎日のようにする。

写真1-5 住宅の改造が進む斉礼閣の集落内部

（4） 二七区斉礼閣郷

二七区においては，都市周辺の農村地帯の情況を知るために，大学路以外に市区に接する斉礼閣郷も調査した。斉礼閣郷は鄭州から西南の密県に至る鄭密公路に沿う市街地の南辺を管轄する。面積27 km^2 と市街地の街道に比べれば，はるかに広い。管轄範囲

には32の自然村があり，12の行政村に編成されている。常住人口は34,273人，うち農業人口は87.3％を占める。土地利用は元来，穀物中心であったが，現在は蔬菜栽培が中心で，ビニールハウスや温室での栽培により，農家も高収入をあげている。郷の北部はすでに市街地化の中にあり，耕地も基本的にはなくなって市区として管理されている。南部は農用地のほかに，郷鎮企業が多く立地する場所となり，94年で1,163の企業が存在する。その中の半数は交通運輸関係で，商業，工業がそれにつぐ。郷政府が経営するものより，村政府が経営す

写真1-6 「出租房屋，全院出租」とある借家

るものの方が多く，大部分は個人経営である。94年のこれら企業の総生産額は4億2千万元にのぼり，1千万元以上の生産額をあげている企業が3つもある。

　このように都市周辺の郷は，景観的にも社会的にももっとも変化の著しい地域である。農業土地利用上の変化，郷鎮企業の発展による地域経済上の変化のみならず，人口流動の乏しかった農村社会に，外地からの流動人口が流れ込み，集落の景観や雰囲気を変えている。この郷でも暫住人口として3万人余が居住しており，郷内の郷鎮企業や鄭州市区での様々な労働に従事している。この定住人口に等しい数にのぼる暫住人口は，旧来の農村集落内部やその周辺にできた貸家，貸部屋に居住しており，たとえば郷政府のある斉礼閻では，最近の住宅ブームでほとんどの家屋が新しく建て直しているが，その際，一部の部屋を貸部屋として設定したり，一部の棟を貸家専用として建設しているところが多

写真1-7 H氏宅の客間にて。右端が夫人。

い。さらに集落の周辺の農地の一画には，壁と屋根だけの簡易住宅が建てられ，より簡便に流入人口を収容できるようになっている。これらは農民が自分の土地を利用して経営するもので，こういう条件の住宅に居住するのは，安定した仕事を持つ流入人口ではなく，廃品回収など，都市の拡大にともなって生まれる雑多な職業に従事する階層である。彼らは絶えず流動する人口で，居住期間も長くはないようであるが，行政からの人口管理も困難で，社会治安上から問題をはらんでいる。北京などの大都市では，都市周辺の農村との遷移地帯に流動人口を収容する劣悪な条件の住宅地が形成され，一部ではスラム化している現象がみられるが，鄭州のような地方中心都市でも同様の現象が発生しつつある。

①H氏宅

斉礼閣郷では，小李庄村の2軒の家庭を訪問した。小李庄村は鄭州市街地に接し，6つの自然村からなり，常住人口は1,570人であるが，暫住人口が2,000人くらいある。旧来の自然村はすでに市街地が進んでほとんど連接し，東西の細い街路に沿って家屋が並んでいるが，ほとんどが最近改造をして，2階建，あるいはより高層化した住居となっている。1階の部分では食堂，理髪業などのサービス業を営むものが多い。これらの自営業主も，外地からの流入人口が多いとのことであった。最初に訪問した家庭は，この街区の中でもひときわ大きな4階建ての家であった。

主人は不在であったが，経済開発公司の経理（責任者）をしており，まだ32歳。夫人も同年齢で，同公司でパートとして働いている。86年に結婚，6歳になる1人の男児がある。88歳と70歳の夫の両親と同居。老父は建材工場で働いていたが今は退職しており，村の運営する活動中心などにでかけて余暇を過ごしている。農業をするのはもっぱら老母。一家の収入は年5～6万元。

去年，10万元余りをかけて建て直したばかりの住居は4階建て，総面積は1,000 m²。この附近でも目立つ豪邸である。1階は入口と作業場，2階は外地企業の鄭州での事務所に貸している。これだけでも毎月3,000元の家賃が入る。3階は家族の居室。4階は仕事場。さらにその上の屋上にも部屋をつくり，卓球台とビリヤード台が置いてある。この家の男児は6歳ながら上手にビリヤードの球を撞いてみせてくれた。

　3階の居住区には，高級なテレビ，ステレオなどの電化製品，応接家具，装飾品などが広い応接間に並べてあり，室内運動用具まで置いてあった。天井にはシャンデリアが煌煌と輝く。たくさんの観葉植物も置いてある。ステレオでどのような曲を聴くかと聞くと，流行歌のカラオケに使うほかは，老人たちが京劇を聞いて楽しむとのことであった。男児のためには美しく飾られたベッドや勉強机が置かれた部屋があり，どこかの写真館で撮ったのであろう，皇帝の帽子や黄衣をつけた，まさに小皇帝の子供の写真が壁に飾られていた。両親のための部屋には，やや旧式の家具や唐三彩などの装飾品が置かれていたが，年寄りは新しい設備には抵抗があるからということであった。

　このあたりでは日常の買い物は近くの集貿市場へ出かけることが多い。しかし少し高価な衣料，電気製品などは，市の中心の家電商場や二七広場の亜細亜商場などへ出かけるという。その時には自転車で出かけることもあるが，タクシーを利用することが多い。

　この家庭はこの村でももっとも富裕な家庭の一つと思われるが，都市周辺では，このように新しく興された郷鎮企業の経営者となり，同時に自分の家屋を賃租したり，農業においても施設園芸農業において高収益をあげたりするなど，様々な方法で都市のサラリーマンでは考えられないような高収入を得ている人が少なくない。この家庭の主人がつとめる経済開発公司というのも，この小李庄村が経営する多角経営の企業で，鄭州で最大規模の中古車販売市場，生産資料市場などを経営している。私たちを案内してくれた村長（党委員会書記も兼ねる）自身もこの企業の董事長・総経理であり，村のおもだった若者が，その幹部になっているのである。この村として集団で経営する企業は30家を数え，主としてサービス関係である。さまざまな個人企業に至っては数百家にのぼる。

② I 氏宅

　上述の村長氏の家庭である。彼もまだ37歳，改革開放の中で生まれた新しいタイプの指導者の一人である。給与は月4,000元，そのほかに借家の家賃が2万元ほど入る。夫人は30歳，4年前に結婚したばかり。家族は両親と1人の子供。家も89年に改造したばかりで，上下あわせて500 m²くらい。H氏宅と同じように，大きなステレオ，カラーテレビなどが応接間に並んでいる。昼休みに帰ってきた夫人は，ファッション雑誌から抜け出してきたような華麗な服装をしていた。都心の服装市場へ出かけて買物をするのが楽しみであるという。

（5）　中原区棉紡路

　中原区は，隴海線の南，京広線の西に広がる市街地の大部分を管轄する。市政府をはじめとする市関係の官庁や大規模な公園などの緑地帯が存在するが，隴海線に近く東西帯状に，工業地域が展開する。

　最初に述べたように，もともと鄭州は，特に中心性をもたない河南北部の一県城にすぎなかったが，それに広域レベルの中心性を与えたのは，清末（1906年，1909年）の京漢線，開洛線（のちの隴海線の一部）の建設であった。しかしそれでも解放前の人口は16.4万人で，同時期の開封や洛陽に比べればとても省レベルの中心都市になるような状態ではなかった。その鄭州を大きく飛躍させたのが，解放後の大規模な国営工場の建設である。1953年の第1次5カ年計画の実施とともに，鄭州は全国レベルで重点建設都市となり，大型綿紡績工場，油脂化学工場，火力発電所などが建てられる。1954年には省都も開封から鄭州に移され，河南の新しい中心都市として発展するようになる。1958年までに建てられた5つの綿紡績工場（第1，第3～第6）はすべて市西部，隴海線の南縁に沿っておかれた。このとき，鄭州市の東北部は文化行政地区，西部の隴海線に沿って大型の工業を配置し，京漢線に沿う北部に中型の工業を配置する，という基本的な都市構造が決定されていた。

　したがって，この全国でも代表的な国営綿紡績工場のある地域は，典型的な「単位型」の生活空間が存在するところと予想されるのである。

① 棉紡路街道弁事処・国営第三綿紡績工場（三廠）

　棉紡路街道弁事処は，この国営綿紡績工場のうちの第3，第4，第5工場の

ある範囲を管轄している。面積は 1.47 km², 常住人口は 10,220 戸, 38,006 人。上記 3 工場のほかに, 市営の児童の服装をつくる工場もある。綿紡 3 工場だけでも 28,000 人の労働者がおり, 全員がこの生活区に居住していわけではないが, この街道の人口の大多数（80 % ～ 90 %）は綿紡工場関係者であるといって

写真 1-8　早期に建てられた三廠の生活区の宿舎

よい。工場の生活区には, 労働者の宿舎のほかに, 工場自身が管理運営する商店, 医院, 学校等が完備されている。たとえば三廠の生活区には, 4,000 戸の家族用宿舎, 3,000 戸の単身者宿舎があり, その一画には商店, 理髪店などサービス業が集中するところがある。1,000 人が食事のできる食堂, 娯楽施設, クラブ, 託児所, 幼稚園, 小学校, 中学校（初級・高級）のほかに, 夜間学校, 職業学校もある。病院はベッド数 1,000, 医師 50 人余。幼稚園だけで 1,000 人余の児童がいる。

　これらの生活区の事業は, 企業が設ける生活公司が管理運営している。この公司には学校関係を取り扱う教育処, 退職労働者の福利厚生を取り扱う老職工処, 宿舎の営繕を取り扱う房屋修建処, その他, 自転車駐輪場や共同浴場, 環境衛生などを取り扱う総務処などがある。この公司の職員は 500 人余, その経費は年間 1,000 万元以上になるという。病院の運営費だけでも 450 万元になり, 現在, このような部門の経費を工場自身がすべて負担することについて厳しい問題が生まれているようである。

　このように本街道においては, 日常の生活についてはほとんど工場の生活公司が管轄する。土地も設備も企業の管理するところであり, 生活区といっても工場の一部として機能しているといえよう。近隣の社会組織としても工場側が組織する家属委員会がある。これに対して居民委員会は行政の末端組織であり, 形式的には機能の分化がある。たとえば環境衛生に関しては, 門前三包（近隣の衛生・緑化・治安に責任を持つこと）は, 生活区が責任を負うが, その実施

状況の検査監督は，街道弁事処＝居民委員会のラインでおこなう。しかしこのような街道では，最近のように街道独自の事業を行なおうとしても，それを実現するための土地もない。したがってこの街道では，94年末ころから表通りに面している住宅の下層を商店，サービス業の店舗などに改造することを始めている。それが市域全体へのサービスにもなるという。また他の土地，たとえば中原区の開発区などに土地を借り，そこに街道が経営する企業を建て，街道の活動のための資金を得ることもおこなわれている。都市の生活空間の基礎単位である街道も，改革開放下では社会全体の変化の流れを座視することは許されないのであろうか。

②Ｊ氏宅

　綿紡第五工場（五廠）の主要な生活区からはやや離れた宿舎に住む家族。夫婦ともに56歳。夫は発電設備の工場の幹部であったが退職した。今は退職しているが，妻が五廠の労働者であった。夫婦が異なる職場で働く場合，どちらの単位の宿舎に住むかは選択できる。この綿紡工場では，宿舎の条件が他に比べてよかったため，妻の所属する綿紡工場の宿舎に住むケースが多いという。また家事や勤務体制からも，妻の職場に近い宿舎を選ぶ例が多い。事実，ここで訪問した3例もすべてそうであった。

　今年の5月までは老夫婦二人暮らしであったが，今は長男の家族が一緒に住んでいる。彼らの家が都市再開発のために取り壊しとなり，再建されるまでの1～2年の予定で同居しているという。ほかに1男2女がある。いずれも貿易公司やデパートで働いており，父母と同じ職場のものはいない。老夫婦二人の月収は900元くらい。子供たちの分もあわせると3000元にはなる。80年には3人で300元だったから，ずいぶんよくなった。この家の面積は65.5㎡。最近，工場から1㎡あたり150元の価格で買い取った。

　退職後の毎日は，早朝の鍛錬に出たり，散歩をしたり，家でテレビを見たり読書をして過ごすことが多い。外地へ旅行に出ることもよくある。夫人は最近昔の仲間と10日余り三峡から四川の方へ旅行に行ってきた。費用は1,000元ばかりかかった。

　日常の買い物は五廠の生活区にある商店に行くこともあるが，ここからはやや遠いため近くの集貿市場へ行くことが多い。衣服などの買い回り品は，近く

のデパート，あるいは市の中心にあるデパートへ行く。最近のデパートはサービスが非常によくなったと思う。しかし物価は確かに上がっているし，家計費はどんどん増えてゆく。欲しいものはつぎつぎに出てきてきりがない。カラーテレビや冷蔵庫，クーラー，電話など。バイクも3台，電話も各部屋に3台，BP機（ポケットベル）は4～5台あるだろう。

写真1-9　K氏宅の客間

ここは五廠の第五居民委員会に属する。五廠の家属委員会は1つであるが，居民委員会は8つに分かれている。家属委員会は工場に勤務する家の管理のための組織で，居民委員会は工場関係者の家のみならず，その地区に居住する全員を管理するための組織である。しかし各々の委員会の役割の違いなどは，日常あまり意識したことはない。それらの主任は，だいたい退職した老工人がつとめている。主任は投票で決める。任期は3年。環境衛生や治安維持など，近隣地域のための仕事に従事するといくらかの報酬がもらえる。五廠の宿舎といっても，それぞれの家庭の構成員に五廠の関係者がいるだけで，全員が五廠の従業員というわけではない。昔一緒に働いていた仲間は，今でもよく会ったり訪問しあったりする。しかしその配偶者相互のつきあいは薄い。自分たちもこの家を買い取ったから，息子が引き継げば，五廠と直接関係はなくなる。

③K氏宅

次に訪問したのは三廠の生活区に住む家族。今年58歳になる夫人が，三廠が建設されて最初に雇用された女工の一人であった。夫は60歳，鉄路局につとめる。鄭州鉄路局は全国でも重点的な鉄道部門で，職員の数も非常に多いが，宿舎の条件はあまりよくなく，夫人の宿舎に暮らしてきた。二人とももとは農民，解放後の工業化の中で都市に暮らすようになった。2男2女があり，いずれもそれぞれ配偶者をもち，鉄路局関係につとめている。今は次男夫妻が臨時に同居している。夫婦の年収入は15,000元くらい。家の面積は65 m²，実際

使用しているのは53 m²。J氏と同じく工場から買い取った。価格は4,800元であった。昨年，3万元をかけて改装した。

　前述のJ氏宅もそうであるが，住宅の買い取り価格は一般の価格からみれば非常に低い。これは現在の改革開放下の住宅政策として，各企業が運営してきた宿舎を従業員に買い取らせ，生産以外にかかる財政負担をできるだけ少なくしようとしているからである。しかしこのような特別価格で不動産取引がおこなわれれば，当然一般の不動産市場を混乱させる。そこでこのようにして特別価格で購入した住宅に関しては，一定の年限売買を禁止するというような規則がある。少し蓄えのある家なら，宿舎の居住権を買い取って，自分の好みのように改装することがすすめられているようである。この三廠の宿舎は，古いものは工場建設と同時に建てられたもので，かなり老朽化しているが，それでもいったんこのように改装された部屋の中は，外見とはまったく違って華美に装飾され，きれいに整頓されている。ここでも一通りの電化製品がそろっているばかりか，壁には海外の美しい風景のパネルがはられ，窓際には熱帯魚の水槽がある。またこの家にはホテルと同じような浴槽を設置した浴室があった。これまで訪問してきた家庭では，いくら改装しても浴室はシャワーが一般的であったが，ここには本格的な浴槽がおかれていた。

　日常生活は，早朝に起きると雨天でなければまず外へ出て，太極拳などの鍛錬を欠かさない。文化宮，老年宮といった娯楽設備へ出かけることもある。テレビは有線放送も入るので，全部で19チャンネルを見ることができる。四川や新疆のチャンネルまで見ることができる。ニュースや体育番組がおもしろい。

　買い物は三廠の市場へゆくのがもっとも便利であるが，そこは品数があまり豊富ではない。それに比べれば，外の集貿市場は品数が多い。衣料はデパートか服装卸売市場へゆくが，遠いのでしばしばではない。外出するときにタクシーを利用することも増えた。旅行も毎年のように出かける。鉄路局の職員は，毎年一回無料で旅行ができるから，娘や祖母と出かける。ここ数年間で，桂林，青島，広州などへも出かけた。今では行きたいと思えばどこへでも出かけることができる。

　収入が増えて，様々な情報に接する機会も増えた。人びとの生活がよくなるにつれて，民度も高くなっているし，自分の意見を表わす方法も増えた。たとえば物価の問題に関していえば，消費者協会があって，市場の価格を監視して

いる。これからはまず経済生活の安定が先決だと思うという意見であった。

（6） 汝河小区

　小区とは一定のまとまった広がりをもつ住宅団地をいう新語である。以前には新しい集合住宅群を工人新村などと呼んでいたが，国営工場などの単位がまとまってつくる宿舎ではなく，行政組織や不動産開発業者が，多様な入居者を想定して開発する住宅地を小区と呼ぶ。小区は統一的な計画設計のもとで建設されるため，自然発生的に密集する都市集落とは異なり，整然とした街衢(がいく)をもち，その内部には生活に必要な様々な設備が配置される。しかし特定の工場の生活区のように，居住者相互に単位という共通点があるわけではない。その点で，小区が老城型でも単位型でもない，新しい中国の都市の生活空間の類型であると想定したのである。

①汝河路街道弁事処
　鄭州でも，緑雲小区のように建設中の新しいものも含め，いくつかの小区がある。その中で汝河小区は中原区の西南部，都市計画街路が施行されている市街地の縁辺部にある。鄭州市内ではもっとも早くできた大規模な小区で，都市住民の住宅不足を解消するために，1983年にもともと郊外の大崗劉郷小崗劉村の農地を徴用し，住宅地にすることを決定したもの。翌年から工事が始まったが，中国房屋建設開発総公司鄭州分公司が，建設工事から完成後の販売までを請け負った。1985年に完工したが，小区の面積は20万 m² 余，集合住宅 110 棟のうち，91 棟が一般住宅用。そのほかに，幼稚園，小学校，中学校，買物センター，集貿市場，銀行，郵便局，医院など，生活に必要な公共設備はひととおり完備している。公園緑地も敷地面積の 10 ％を占める。建築総面積は 22.4 万 m²。3,614 戸，12,300 人余を収容する。現在の常住人口は 3,078 戸，11,189 人。一部に暫住人口もある。建物には長方形型，凸字型，階段型（長方形の一部をずらしてあるもの）などのタイプがあるが，平均的な住宅は2室1庁，55～60 m² くらい，この広さのものが 65 ％くらいを占める。
　この小区の住宅は，単位所有のものと，個人所有のものとがある。単位所有とは，企業の生活区以外に，この小区の数棟を買い取って宿舎にしているもので，数からゆくと一般住宅のほぼ 75 ％，2,700 戸余ある。それに対して，老

写真1-10　汝河小区の中央緑地帯付近

城地区の再開発などで旧居が撤去され，個人的にこの小区に住宅を得ているケースが約20％，800戸ばかりある。現在この小区に宿舎をもっている単位は，この小区に近い，鄭州第二砂輪（研磨用のグラインダー）工場（二砂と略称），鄭州電纜（絶縁電線）工場，鄭州煤鉱機械（石炭掘削機械）工場，華北石油地質局，やや離れた鄭州紡績工学院，鉄路局など，およそ37余を数える。なかでも二砂は18棟，電纜廠は16棟と，大量に宿舎をもっている。

　このように中国の都市の小区では，日本の団地のように個人が賃貸，購入する住宅よりも，単位がまとめて購入し，単位の宿舎として利用している部分が多数を占めている。小区全体としては，各単位の合同生活区のようにもみえる。しかし工場の生活区のように外見上も明らかに企業の一部としての空間が実現しているのではないし，小区の中でも特定の範囲が一つの単位に占有されているのではなく，各種の条件の住宅を数棟ずつ単位が保有するというかたちをとっている。したがって小区の生活空間は，単位の生活区とは異なり，なによりも小区独自のまとまりが存在し，単位の拘束力は弱くなっている。また最近の企業の住宅政策の転換の中で，このような小区の単位所有の住宅も個人に売却されるようになっており，それが進めば小区内での単位の色彩はいっそう薄められよう。最近，建設されつつある緑雲小区（収容戸数5,300戸余）などでは，企業単位による購入もあるが，その主体は個人の購入に移っている。

　この小区は汝河路街道弁事処によって管轄されているが，小区はさらに8つの居民委員会に分かれる。1居民委員会あたり480戸余を管轄している。街道弁事処としての職務は，他の弁事処と同じであるが，この小区は緑地面積が多く，緑化の管理，環境衛生部門の仕事量が多い。弁事処の正式職員が11人であるのに対し，緑化清掃部門の臨時職員が40人余必要である。このような事業を進めるためには，小区内に200余の店舗をもつ集賀市場を工商局と共同し

て運営したり，様々なサービス業種の商店を運営したりして，資金の確保をはかっている。小区の建物の維持や補修については，建設にあたった房地産開発公司がおこなっており，弁事処は直接かかわらない。房地産公司は今も小区内に1棟をもっている。

② L氏宅

　小区で訪問した家庭は，いずれも二砂の関係者であったが，最初の家庭は夫婦ともに二砂の職員であった。夫は40歳，妻は30歳，12歳の女児がいる。以前は二砂の生活区に住んでいたが，85年にこちらができてから移ってきた。部屋は4室1庁，面積49m²。一昨年に1万元ほどかけて部屋を改造した。二砂は鄭州でも代表的な大企業で，従業員は1万人にもなる。ここからなら20分もあれば行ける。夫婦あわせて収入は年間1万元くらい。

　通常の買い物は小区の中の集貿市場でする。外にもあるがそれほど行かない。衣服などは小区でも買うし，卸売市場へ行って買うこともある。電化製品では，82年に洗濯機，84年に冷蔵庫，85年にカラーテレビを買った。いずれも市内のデパートで買った。最近は，市の中心に亜細亜商場とか華聯商場とか，たくさんのデパートができ，買い物をするときにあちこち比べながらよい品物をさがすことができるようになった。休みの日には外出して旅遊区や最近できた開発区を見に行ったりする。出身地は新鄭市で両親がおり，日曜日には1時間くらいバスに乗ってでかける。

③ M氏宅

　やはり夫婦ともに二砂の関係者。夫は55歳，妻は52歳，二砂付属病院の医師。85年から入居している。3人の娘があり，長女は二砂に勤め，今年5月に結婚したばかり。次女は市政府に勤め，三女は大学をでたところで，今年から房地産開発公司に勤めている。夫婦の収入は月2,000元あるが，結婚には1人あたり2万元くらいはかかるからこれからたいへんである。ひととおりの電化製品はあるが，最近は93年に電話をつけた。月40元くらいかかる。市内通話が多く，仕事のためというより，もっぱら娘たちが友達と話をするために使っている。娘たちは休みになると買い物に出かけたり，旅行に出かけたりすることもある。

とにかく最近は生活が大きく変化した。収入が増えてこれまで買いたいと思ってきたものが買えるようになった。しかし収入の多い者と少ない者との較差が広がっているのも確かである。工場で働いている者はどうしても給与も低いが、流通や貿易などの企業は給与もよい。二砂も株式会社をつくって多角経営をはかっている。会社を辞めて事業を始め（「下海」という）、成功してたくさんの年収を得ている者もある。

④Ｎ氏宅

夫は57歳、二砂が新しく設けた株式会社付属の研究所の研究員、高級工程師。妻は51歳、同じく株式会社の秘書科長。１男１女の子があるが、いずれも独立し孫もいる。小区ができたときからの入居者。それまでは条件のよくない宿舎にいた。この小区に来てから、ずいぶん居住環境はよくなった。面積は70㎡くらい。室内の装飾も洗練されており、電気製品も高級とされる日本製が多い。夫人は仕事がら外国人とのつきあいも長いためか、対応もスマートでそつがない。会社を訪れる日本企業の代表団を接待したこともある。

この小区には、同じ職場の同僚がたくさん住んでいるが、ほかの単位の人も含め、改革開放以来特に各家庭の生活様式は様々で、生活の場ではお互いにあまり関係は密接ではない。もちろん人によって見方は違うだろうが、それぞれが家族との団欒や、趣味に過ごす時間をたくさんもった方がよい。夜テレビを見ていても、衛星放送なども受信できるのでたくさんの番組を見ることができる。このような生活は、昔から見れば嘘のように変わった。自分の時間をもって、自分の生活を楽しむことができるようになったという。

（７）　まとめ

以上の各地区の調査によって明らかになったことをまとめると以下のようになる。

①管城区北下街のような「老城区」では、もともと低層瓦屋根の伝統的な住居に居住していたが、現在では街路に面した一部を除いて、多くの地区が集合住宅化し、再開発で大規模な商業施設が作られ、それとあわせて高層の集合住宅が作られているところもある。最も古い都市的居住区から最新の再開発まで、

いわば鄭州の近代が凝縮されている地区である。老朽化した古い住宅地区を再開発する場合には，原則として元の住宅の居住面積に応じて新しい住宅面積が補償されるが，価格や補償面積との関係で，もとの居住地とは違う地区に転居するものも多い。また再開発されて建設される商業施設は，計画上は鄭州中心市街地の中心施設として位置付けられているが，やや過熱気味の開発により，かならずしも計画の思惑通りには機能していないという問題もある。

②金水路経八路，二七区大学路，中原区棉紡路のような「単位型」の市街地では，規模の大小はあるが典型的な「単位型社会」が存在してきたし，現在でもそれは様々な面で残っている。しかし最近の住宅政策の改革によって，居住者は必ずしも同一の単位の関係者ではないという事態が進行している。棉紡路のように，大規模な国営工場の生活区であり，買い物をはじめとする日常生活空間が，現実に限られているところでは，形式的に「単位」の枠がかなり強固であり，現在でもその枠組みが守られていても，現実には，たとえば市場の店舗の経営者が外部からの参入者であったり，学校や病院なども，企業の直営から切り離されたりするなど，実際に以前の単位の枠組みはすでに崩壊しつつある。それほど強固な枠組みがもともと存在しなかった，棉紡路以外の「単位」空間においては，表面的には単位空間であることすらわからなくなっている。

③汝河小区のような「小区型」の居住空間では，一部に単位が確保している「単位空間」があるが，全体としては日本の団地のような新しい都市型の住居専用空間が生まれている。これからの中国都市一般に，このようなタイプの居住空間の占める比率が高くなると予想される。しかし小区が従来の単位とは異なった形で，一つの閉鎖的な空間を形成する傾向があり，それは最近の新しい高級な小区に顕著に見られる。新しく生まれる小区は，周囲と隔絶するかのような壁を設けたり，出入口にガードマンを配置するなど，閉鎖性を強調することにより，他との較差をつけ，高級感をつくりだそうとしている。このような空間と，従来からある都市空間とがどのようなモザイクを作っていくか，中国都市地理のひとつのテーマであるように思う。

④このような都市型の居住空間と並んで，市街地周辺部の農村や，市街地の

中に取り残された農村が，やはり都市化の中で大きく変容しており，事例として取り上げた斉礼閤郷のように，外見は農家であるが，内部の生活様式や設備は都市の住居と変わらないどころか，それ以上の豪華さをほこるような現象がみられる。住民の戸籍は農民であり，土地も経営しているが，郷鎮企業や都市での副業が収入の大半を占め，住居も臨時流入人口に賃貸するなど，都市近辺であるが故の新しいタイプの農村空間が生まれている。中国独特の都市と農村で異なる戸籍制度にも関係するが，圧倒的多数であった農民が急速な都市化に対応する際に生み出したユニークな生活空間として注目していく必要がある。

⑤これらの生活空間を管轄する行政上の組織として，一般の市街地には街道弁事処，居民委員会，大規模な単位には家属委員会などがあるが，これらの一元化，統合も今後問題になってくるであろう。これまで密接であった近隣関係も，小区型の居住空間の出現によって変質している。

3　おわりに

最初に調査対象地域を設定する際，現代中国の都市空間として，北下街のような旧県城の市街地のようなタイプを「老城型」，解放以後の単位の建設とともにつくられた市街地を一般に「単位型」，最近の新しい市街地を「小区型」として，三つの類型を考えてみた。この類型は基本的には依然として大きな枠組みとして存在すると思われるが，老城区でも都市改造が進み，また単位の宿舎においても，老朽化した建物の改造が進められ，都市内部の空間構造が大きく変化している。さらに単位といっても，国営工場のように大規模で完備した生活区をもつ単位と，小規模な単位の宿舎とでは，生活空間のあり方はまったく異なる。単位という言い方をすれば，中国の都市ではすべての住民が何らかの単位に属しているわけで，個人住宅がきわめて少なかった段階においては，単位が宿舎を確保し，生活のサービスにおいても，単位が管理運営して，従業員やその家族に提供するのが一般的であったが，改革開放以後，経済効率を高めるために，単位は事業部門にその機能を集中し，従業員の生活部門から撤退するようになりつつある。このような中国の全体社会の変化の中で，単位が基礎単位であった生活が，徐々に単位から離れた形になってゆくのは避けられな

いであろう。

　また解放後，早い段階で都市化した部分にも，旧農村がそのままの姿で残っていたり，鄭州のような新しい建設による部分が中心となっている都市でも，その構造は単純ではない。斉礼閻郷のように，縁辺部は流動人口の受け皿にもなっている。その居住環境はかならずしも好ましいものではない。現在のまま推移すれば，多くの発展途上国の都市に見られる都市スラムが，中国にも出現する可能性は十分にある。今後都市化が急速に進むにつれ，発展中の都市がかかえる矛盾，問題は，このような遷移地帯に集中するであろうが，現在の都市農村の行政管理上の区分や，戸籍の管理体制からは，統合的な都市計画の実施は難しいように思われる。

　また最近市街地の縁辺部で急速に進められている小区開発は，これまでにない都市景観，都市空間をつくり出しており，外見的にはこれまでよりはるかに良好な居住環境がつくられている。しかしこのような住居に入居できる人びとは，まだまだ限られた階層であり，著しい生活上の較差の造成が，都市生活全体にどのように影響するか，まだ見通しがつかない。

　しかし様々な問題を抱えながら，現代の中国は確実に大きな変化の渦にこぎ出している。その中で都市が果たす役割は着実に増大している。都市の生活様式が，全体社会の生活様式や，全国民の生活意識に与える影響は，これまでに比べはるかに大きく，かつ複雑になっている。今後上に記したような問題について，より詳細な検討を加えてゆきたい。

（1）　中国近代におけるこのような条約港の意義については以下参照。
　　　Murphey, Rhoads, The Treaty Ports and China's Modernization, in Mark Elvin & G. William Skinner ed., *The Chinese City between Two Worlds*, Stanford University Press, 1974, pp. 17-71, Murphey, Rhoads, *The Outsiders: the Western Experience in India and China,* The University of Michigan Press, 1977, pp. 178-180.
（2）　鄭州の歴史的背景を簡単に見ておく。そもそも鄭州の「鄭」は，西周代の封国の一つであった鄭国にちなむものである。鄭国は周室の一族で，国は西周の京兆に属し，今の陝西省東部，華県附近を封土としていた。しかし西周末，勢力の衰えた周室が洛陽へ東遷するのにしたがって，鄭も今の河南の地に国を移した。その時国の中心になったのが今の鄭州市に属する県級市である新鄭市あたりで，新鄭とは鄭の新しい国土という意味であった。ちなみに陝西の鄭の地は，秦が鄭県

とした。

　新鄭は，もともと黄帝が都を置いたという伝承もある古い土地で，ここで鄭は周囲を晋，宋，秦，楚などに囲まれ，春秋時代を通じて，小国ながら特に北方の晋と南方の楚と等距離外交を結び，中原において一定の役割を果たしていた。しかし春秋時代の末期，孔子とも交遊のあった鄭の子産がなくなった後は，次第に国力も衰え，晋が韓・魏・趙の三国に分裂したあと韓が鄭を亡ぼして併合し，新鄭に韓の都を置く。現在，新鄭に残る鄭韓故城といわれる巨大な城壁は，この時期のものに他ならない。

　一方，現在の鄭州市のほうは，残されている殷代の遺跡から，殷代のある時期の国都であったと考えられている。周初には，武王の弟である管叔を封じて管国としたが，まもなく反乱を起して武王に亡ぼされ，鄭が東遷してきてからは，鄭に属する一邑であった。

　漢になると，この地域は洛陽を郡治とする河南郡に属し，比較的高い密度で県が置かれたところであるが，現在の鄭州市に属する県と位置がほぼ一致するのは，中牟県，新鄭県，鞏県くらいで，鄭州は中牟県に属する邑であった。また登封は，河南郡ではなく，その南の潁川郡に属していた。その後，河南郡の東部は分割されて滎陽郡といわれ，南北朝末にはじめて鄭州という行政領域が誕生した。ただしその治所が今の鄭州，すなわち管城県に置かれるようになったのは，隋代に始まるようで，その後も滎陽郡と鄭州は時々に交代して現われ，時には両者とも廃され，より大きな行政域に属することもあった。治所も管城県以外に置かれたこともあった。

　明清期には，鄭州は滎陽，滎沢，河陰，氾水の四県を領有する州として開封府に属し，附郭の管城県は明初にはすでに廃されていた。ちなみに新鄭，中牟県は開封府に直属し，蜜県も禹州の属県として開封府に属し，鞏県，登封県は河南府に属していた。現在の市域は，基本的に東部の開封府に属する部分と，西部の河南府（洛陽）に属する部分に分かれていたといえる。

　すなわち鄭州は，洛陽と開封の中間にあって，東西の交通路を掌握する戦略的要衝であったが，微視的にはその役割を果たしたのは，平地にある管城県ではなく，西部の黄土丘陵へつながる滎陽県であった。管城県（鄭州）はむしろ小規模な交易中心として機能してきた県城であった。

（3）　隴海鉄路の西への延長は，1927 年に霊宝，1935 年に西安，1936 年に宝鶏，1945 年に天水まで開通している。蘭州まで延伸されるのは解放後の 1953 年のこと。

（4）　1923 年 2 月 4 日に鄭州で京漢鉄路の労働者による大規模なストライキが実施され，2 月 7 日に軍閥呉佩孚による大弾圧があった。中国近代史上の重要事件のひとつとされる。

（5）　王国強「民国初以来鄭州市区的地域変化」『古今鄭州』1（1996 年）。

（6）　『当代鄭州城市建設』（中国建築工業出版社，1988 年）4 頁。

1985年には,市街地は12.8倍の72.2 km²に,都市人口は4.5倍の90.4万人に増加し,1998年現在では市街地は117.2 km²,117.8万人になっている。
（7）　前掲『当代鄭州城市建設』31‐41頁,劉金声・曹洪濤『中国近現代城市的発展』(中国城市出版社,1998年) 228‐232頁。
（8）　『岩波現代中国事典』「五ヵ年計画」の項。

第2章　商業の変貌と自由市場の発展

■石原　潤

1　商業政策の変遷と自由市場

(1)　計画経済期

　中国では，1949年の解放直後より商業の社会主義化が図られ，国営商業機構と供鎖合作社（購買販売協同組合）が組織された。前者は，都市に基盤を持ち，卸売部門から次第に小売部門へと及び，後者は，農村部を基盤とし，農業生産物の集荷と消費財及び農業生産財の供給を受け持った。この過程で私営商業は，「社会主義的改造」を受け次第にこれらに吸収されていった。1953年からは，糧食の統一買付・統一販売も始まり，1954年には既に，国営商業機構は，卸売販売額の83.8％と小売販売額の22.2％を占め，供鎖合作社はそれぞれ6.7％と45.3％を占め，私営商業のシェアはわずか10.2％と26.1％に過ぎなくなってしまった。こうしたなかで，私営商人や農民個人の活動の場であった伝統的集市（自由市場）は，その活動を弱め，衰退を余儀なくされたことは，想像に難くない。

　とりわけ1955年秋から1956年初頭にかけての社会主義改造の高潮期には，農業・工業面と同様に商業面での社会主義改造が一層進み，まだ農村部に残っていた私営商人が社会主義改造の対象となった。その結果，商品の種類や質の低下，農副産物の生産・流通の減退が起こり，政府は1956年6月以降，取引の部分的自由化を進め，集市の復活をも図ったという。

　しかし早くも翌1957年になると，物価騰貴や不正行為などの市場の弊害が生じたとされ，市場管理再強化の方針が出される。そして大躍進運動の一環として始まった1958年夏頃からの人民公社化の際に，基礎供鎖合作社は人民公

社の一部となり,「小商販」(行商人や小商人)もその下に吸収され,農民の自留地は全廃され,ほとんどの集市は閉鎖されたという。

この結果,農副産品の生産は減退し,商品の分配機構は麻痺状態となり,政府は翌1959年には,自留地と家庭内副業の復活に即応させて,農民的取引を再び発展させる目的で,国家の指導の下での集市の復活を図らざるをえなかった。すなわち,集市で取引しうる商品の範囲を明示し,小商販を一定の条件下で許容するとともに,市場管理委員会を設け,市場での価格をコントロールするというものであった。

大躍進運動は,自然災害の連続という不幸も重なって,悲惨な結果に終わるのであるが,1961年以来のいわゆる調整期において,上述の復活された集市は住民の生活の安定に一定の寄与をしたと考えられる。1961年3月の湖北(フーペイ)省の集市が住民にとって如何に役立っているかの報告がなされているし,同年の夏に機能している集市は,公式資料で4万に上り,同年9月頃には,農村商品流通の25％が集市を通じ,そのうちの70％が農民相互間の取引であったという。一方,基礎供鎖合作社も,1961年頃人民公社から再び分離された。1962年に政府は,「市取引は国営商業・供鎖合作社商業の必要な補完物である」との見解を述べている。

ところが文化大革命が始まると,紅衛兵は自留地・自由市場(集市)を批判し,その廃止を主張する(特に1967年4月の「革命大批判」において)。この結果,地方によっては自留地・集市が消滅したところもあるとされる。しかし中共中央は,自留地は廃止しないとし,集市についてもその存在を容認しつつその管理強化をはかるという立場をとる。すなわち,1968年1月,党中央は文革小組らと共に市場管理強化についての通知を出し,農民らの自己生産物の販売は容認するが,商業を営むことを禁じ,また,1968年中頃から1969年にかけては,貧農・下層中農を主体とする集市管理委員会を組織させた。この期間,集市は細々と存続したと推測される。

(2) 改革開放期

文革が終息し,さらに1978年12月の中共第11期3中全会において改革開放路線がスタートし,1979年の農業の生産請負制の導入,1982年の人民公社の解体へと進むと,商業をめぐる事情は急変する。

まず1979年から1889年の天安門事件に至る時期を改革開放期の前期とすると，この期間には，市場経済の育成のため，商業をめぐって次のような政策が実行に移された。

①商業経営形態の多様化をめざし，特に集団商業や個人商業の育成をはかり，株式会社制をも試行する。(22)

②国営商業の改革をはかり，小型小売企業は集団経営に切り替え，請負制，リース制，個人への払い下げなどを実行する。(23)

③供鎖合作社の改革をはかり，官製的性格を協同組合的性格に改めるとともに，経営請負制を導入する。(24)

④農産物取引の規制を段階的に緩め，農副産品については市場取引にゆだねる。(25)

⑤工業製品についても，生産者・商業諸機構両者の取引の多様化と自由化をはかる。(26)

⑥流通の合理化を進める。すなわち，流通の地域間（都市・農村間，行政区画間）封鎖を解き，経済地域に合わせた流通を実現するとともに，流通の中間段階の減少をはかる。(27)

⑦農村及び都市の両方において集市を「集貿市場」として回復させ，発展を奨励する。(28)

⑧大都市及び商品集散地域において卸売市場（農副産品市場及び生産財市場）を建設する。(29)

特に集市に関わる政策を継年的に見てみると，1979年4月には，政府売り渡し後の糧食を含む全ての農産物は自由市場で販売して良いということになった。(30)中共中央は1979年9月に，「農村の自由市場は社会主義経済の一部であり補完物である」との見解を示した。(31)さらに，1984年に試行され，1985年に一般化した都市の流通革命にあっては，国家による農産物の計画買付が廃止され，糧食等は契約買付を残すが，生鮮食料品については出来るだけ自由化を進めることとなり，農民が都市に出かけて売っても良いし，商人が産地に出かけて買い付けても良いとされた。(32)以後，国営商店は生鮮食料品については市場競争力を次第に失って行き，自由市場がそれに取って代わって行った。また卸売市場が多数開設されると，生鮮食料品の流通が広域化・活発化した。

次に天安門事件以後現在に至る期間を改革開放期の後期とすると，この時期

には，前期の諸政策が徹底化されると共に，商業の現代化を進めるため，新たに次のような試みが追加されている。

①商品市場・大型卸売り市場を，農産物・農副産品・生産財について建設し，卸売市場のネットワークを形成するとともに，先物取引なども行なう。(33)

②商業部門に外資をも導入し，商業の現代化を推進する。(34)

③チェーンストア・大型企業集団・総合商社などの，現代的な商業組織を育成する。(35)

この時期になると，生鮮食料品を扱う国営商店はほとんど姿を消し，自由市場が圧倒的に優位に立つに至った。また，1992年以降，糧食についても価格・流通の自由化が進められ，最後まで残っていた配給制度が撤廃されて行くこととなった。(36)

以上のように，中国の商業政策は，解放以来ドラスティックな変化を経てきた。その中にあって，伝統的集市は，計画経済期を通じて，その時々の政策に翻弄されながらも，根強く生きながらえ，また改革開放期に入っては，集貿市場として大いに奨励されて，次節で見るように，その数と取引額を一貫して増大し続けてきた。

2　自由市場の発展

(1)　計画経済期の全国的動向

計画経済期の集市（自由市場）に関する統計は，存在しないか，少なくとも公表されてはいない。したがって，集市の総数といった基本的数字についても，断片的な情報をつなぎあわせて，検討せざるをえない。

スキナーは，一定の論証の上に立って，社会主義革命の前夜の中国に，伝統的市場が58,555カ所存在していたと推計している。(37)革命後については，南部は，社会主義改造期の1954年6月に，全国で1万余の「国設の市場」が，農民相互間で食糧を交換する場として開かれ，1955年春には，30,760の国家の「食糧市場」が建立されたとし，菅沼は，社会主義改造微調整期の1956年7月には，「食糧市場」が復活し3万カ所余になったとするが，(38)これらが伝統的集市の系譜を引くものかどうかは不明である。一方スキナーは独自の推論により，(39)大躍進期の1958年8月初，中国農村部には，48,000の「標準市場機構」が残

表2-1 集市数及び売上高（名目額）の変遷

年次	集市数			売上高（名目額）		
	全域	都市	農村	全域	都市	農村
1978	33,302	－	33,302	125.0	－	125.0
1979	38,993	2,226	36,767	183.0	12.0	171.0
1980	40,809	2,919	37,890	235.4	23.7	211.7
1981	43,013	3,298	39,715	287.0	34.0	253.0
1982	44,775	3,591	41,184	333.1	45.2	287.9
1983	48,003	4,488	43,515	379.3	51.4	327.9
1984	56,500	6,144	50,356	456.9	75.2	381.7
1985	61,337	8,013	53,224	632.3	120.7	511.6
1986	67,610	9,701	57,909	906.5	244.4	662.1
1987	69,683	10,908	58,775	1,157.0	347.1	810.8
1988	71,359	12,181	59,178	1,621.3	545.3	1,076.0
1989	72,130	13,111	59,019	1,973.6	723.6	1,250.0
1990	72,579	13,106	59,473	2,168.2	837.8	1,330.4
1991	74,675	13,891	60,784	2,622.2	1,079.2	1,542.9
1992	79,188	14,510	64,678	3,530.0	1,583.0	1,947.0
1993	83,001	16,450	66,551	5,343.0	2,562.4	2,780.6
1994	84,463	17,880	66,583	8,981.6	4,569.1	4,412.5
1995	82,892	19,892	63,000	11,590.1	6,176.4	5,413.7
1996	85,391	20,832	64,559	14,690.9	7,882.5	6,812.4
1997	87,105	22,352	64,753	17,424.5	9,468.8	7,955.7

（注）売上高の単位は億元。出典は各年度の『中国統計年鑑』。

っていたはずだとする。

南部は，調整期の1961年9月頃，全国の農村に4万余の農村集市が存在したと，典拠を挙げて記している。一方スキナーはやはり独自の推論により，1964年末に，中国農村に42,000〜45,000の「伝統的な定期市」が存在するはずとしている。ただし，同論文の別の箇所では，若干の論拠を挙げながら，同時期に32,000〜34,000の「標準市場」が定期的に開催されていると推測している。

以上の断片的情報からは，計画経済期の集市数の変化を精確に捉えることは難しい。ただ，集市が抑制された「左」の政策が採られた時には数が減り，集市が容認された「右」よりの政策が採られた時には数が増えたと考えられ，その総数はおおよそ3万〜4万台で推移したと言えよう。

表 2 - 2 集市売上高（実質額）の変遷

年次	物価指数 1979＝100	売上高（実質額）		
		全域	都市	農村
1978	98.0	127.5	—	127.5
1979	100.0	183.0	12.0	171.0
1980	105.9	222.3	22.4	199.9
1981	108.5	264.5	31.3	233.2
1982	110.6	301.1	40.9	260.3
1983	112.3	337.8	45.8	292.0
1984	115.4	395.9	65.2	330.8
1985	125.6	503.4	96.1	407.3
1986	133.1	681.1	183.6	497.4
1987	142.8	810.2	243.1	567.8
1988	169.3	957.6	322.1	635.6
1989	199.4	997.5	362.9	626.9
1990	203.6	1,071.7	411.5	653.4
1991	209.5	1,251.6	515.1	736.5
1992	220.8	1,598.7	716.9	881.8
1993	249.9	2,138.1	1,025.4	1,112.7
1994	304.1	2,953.5	1,502.5	1,451.0
1995	349.1	3,320.0	1,769.2	1,550.8
1996	370.4	3,967.3	2,128.1	1,839.2
1997	373.3	4,667.7	2,536.5	2,131.2

（注）　各年度の『中国統計年鑑』をもとに計算。
　　　売上高の単位は億元。

（2）　改革開放期の全国的動向

表 2 - 1 で，1978年以降の集市数の経年変化を見てみる。まず，総数では，改革開放政策が宣言された1978年の33,000余から，毎年一貫して増加し，10年後の1988年には71,000余，さらに1997年には87,000余と，2.6倍強にまで増加した。このうち農村部では，1978年の33,000余から，ほぼ毎年増加を続け，1988年には59,000余，さらに1994年には66,000余と約2倍にまで増加しピークに達した。しかしその後は減少または微増に止まっており，近年では頭打ちになったと見て良かろう。これに対して都市部では，1979年にはわずか2,000余であったものが，1988年には12,000余，1997年には22,000余と，約10倍に急激に増加している。これは都市部において人口急増が続いていること，および集市が都市住民にとっても不可欠の存在になっていることによるものと思われる。以上の結果として，集市数の都市・農村別の構成比は，

1979年の都市部5.7％，農村部94.3％から，1997年には都市部25.7％，農村部74.3％へと変化した。

次に，**表 2 - 1** から，集市の総売上高（名目額）の経年変化を見ると，1978年の125億元から，毎年急激に増えて，1988年には1,621億元に，さらに1997年には17,425億元と実に139倍強に増大した。しかし中国では年々の物価上昇率がかなり高く，**表 2 - 2** に見るように，1979年に比べ1997年の物価は約3.7倍に上昇している。そこで物価上昇率によりデフレートした実質額について見ると，**表 2 - 2** に示したように，1978年に比べ1997年は36.6倍に増えたことになる。農村部集市の売上高は，この期間に16.7倍に増えており，売上高に関するかぎり，近年の停滞は認められない。一方都市部の集市は，1979年から1997年の間に，売上高を211倍に増やしている。以上の結果として，総売上高の都市・農村別の構成比は，1979年の都市部6.6％，農村部93.4％から，1994年以降都市部が農村部を凌駕し，1997年には都市部54.3％，農村部45.7％へと大きく変化した。

さらに，**表 2 - 3** は，小売販売総額（B）および消費財小売総額（C）に対する集市総売上高（A）の割合の経年変化を見たものである。ただしCはBより農業生産資材小売額を引いたものである。いずれの金額も年々急激に増大しているが，B・CよりもAの伸び率の方が高く，したがって，Bに対するAの割合は1978年の8.0％から1992年には32.2％に，Cに対するAの割合も同じ期間に9.9％から36.4％にそれぞれ上昇した。1993年以降はCの値しか得られないが，1997年にはCに対するAの割合は63.8％にまで達している。BおよびCは常設店舗商業を中心とする小売販売額を示し，その中には，集市での売上高は含まれていない可能性がある[44]。とはいえ，BおよびCに対するAの割合の急激な上昇は，集貿市場のシェアの急速な拡大を示している。ただし，Aの中には卸売市場や卸・小売兼営市場の売上高が含まれていると推測される[45]。したがって，近年の集市売上高の急上昇は，卸売市場の開設ブームや卸売取引の活発化をも反映しているものと思われる。

最後に，**表 2 - 4** は，集市における商品種類別の売上高の経年変化を見たものである。商品別に数値が集計されているのは，各種の第1次産業生産物と農業生産資材である。これに対して，残余の部分は，主に衣類・雑貨などからなる工業製品が占めるものと推定され，**表 2 - 4** では「その他」として示した。

第2章 商業の変貌と自由市場の発展　61

表2-3　小売販売総額に対する集市売上高の割合の変遷

年次	A集市売上高（億元）	B小売販売総額（億元）	Bに対するAの割合(%)	C消費財小売総額（億元）	Cに対するAの割合(%)
1978	125.0	1,558.6	8.0	1,264.9	9.9
1979	183.0				
1980	235.4	2,140.0	11.0	1,794.0	13.0
1981	287.0				
1982	333.1	2,570.0	13.0		
1983	379.3	2,849.4	13.3		
1984	456.9	3,376.4	13.5		
1985	632.3	4,305.0	14.7	3,801.4	16.6
1986	906.5	4,950.0	18.3	4,374.0	20.7
1987	1,157.0	5,820.0	19.9	5,115.0	22.6
1988	1,621.3	7,440.0	21.8	6,534.6	24.8
1989	1,973.6	8,101.4	24.4	7,074.2	27.9
1990	2,168.2	8,300.1	26.0	7,250.3	29.9
1991	2,622.2	9,415.6	27.8	8,245.7	31.8
1992	3,530.0	10,993.7	32.2	9,704.8	36.4
1993	5,343.0			12,462.1	42.9
1994	8,891.6			16,264.7	55.2
1995	11,590.1			20,620.0	56.2
1996	14,694.9			24,774.1	59.3
1997	17,424.5			27,298.9	63.8

（注）　各年度の『中国統計年鑑』をもとに計算。

商品種類別に構成比の経年変化を見ると，まず穀物・食用油類，家畜，及び農業用資材は，初期にはかなりの構成比を示していたが，その後ほぼ一貫してシェアが低下し続けており，農業資材は1995年以降は独立した分類項目からはずされている。なお，穀物・食用油類は，1992年までは，一貫して割合を低下させて来たが，1993年以降はやや回復傾向を見せている。次に，肉・卵類，水産物，蔬菜類及び果実類が類似の動きをしている。即ち，これらの商品は，初期には構成比が比較的低かったが，その後次第に上昇し，特に1986年以降急上昇して，1990年前後にピークに達している。ただし，近年ではその構成比をやや下げている。一方，主として工業製品からなる「その他」の構成比は，初期には相対的に低かったが，次第に上昇して1985年には46.3％にまで達し，その後一旦低下するが，近年再び上昇して50％前後にまで達している。

　以上のことから，集市は全体として，初期には家畜や農業資材も多く取引される農民の市場の性格を持っていたが，やがて生鮮食料品を消費者に提供する

表 2-4　商品種類別集市売上高構成比の変遷

年次	穀物・食用油類	肉・卵類	水産物	蔬菜類	果物類	農業生産資材	家畜	その他	合計
1978	16.1	17.0	4.2	11.4	3.2	8.3	16.7	23.1	100.0
1779	15.6	18.2	3.6	9.3	3.3	6.3	16.3	27.4	100.0
1980	14.6	17.9	4.0	9.1	3.2	3.0	11.3	37.0	100.0
1981	12.7	17.7	4.2	8.9	3.1	3.1	13.6	36.8	100.0
1982	12.2	17.8	4.6	8.4	3.2	3.2	14.1	36.5	100.0
1983	11.4	19.2	5.0	8.7	3.5	3.1	11.0	38.1	100.0
1984	10.0	20.1	5.3	8.4	4.1	2.9	7.8	41.5	100.0
1985	7.8	22.2	5.3	7.7	4.0	2.2	5.2	46.3	100.0
1986	7.9	27.2	7.1	10.7	6.5	1.7	3.4	35.5	100.0
1987	7.3	27.7	7.4	11.3	7.2	1.4	2.8	34.9	100.0
1988	6.7	28.4	7.6	11.9	7.6	1.1	2.4	34.4	100.0
1989	7.6	30.5	8.4	12.7	8.6	1.2	2.1	28.9	100.0
1990	6.8	28.5	8.4	12.2	8.5	1.1	1.8	32.8	100.0
1991	6.3	27.0	8.6	12.7	8.9	0.9	1.7	34.1	100.0
1992	6.0	24.3	8.3	12.3	8.3	0.8	1.4	38.6	100.0
1993	6.5	20.6	7.7	10.9	7.5	0.7	1.1	44.9	100.0
1994	6.6	18.1	7.0	9.5	6.4	0.6	0.9	51.0	100.0
1995	7.8	19.2	7.5	10.4	6.7	－	0.9	47.5	100.0
1996	7.8	18.7	7.7	10.8	6.7	－	0.8	47.4	100.0
1997	7.8	19.2	8.0	11.2	6.3	－	0.8	46.8	100.0

（注）　数字は％。各年度の『中国統計年鑑』をもとに計算。

場としての性格が強まり，近年ではさらに工業製品を販売する場としての性格をも強めていると言えよう。生鮮食料品のウエイトの上昇は，都市化や所得の上昇に伴う消費性向の変化に応じたものではあるが，前節で述べたように，それらの取引について「集貿市場」が国営商店に打ち勝った結果でもあろう。なお，1986年以降の生鮮食料品の構成比の急上昇と，「その他」の割合の一時的下降は，前節で述べて生鮮食料品を中心とする1985年の都市の流通改革に因るものであろう。また，穀物・食用油類の漸減傾向も，消費性向の変化に対応したものと言えるが，1992年以降の若干の再上昇は，前節で述べた配給制度の撤廃の影響ではなかろうか。さらに，後述の実態調査で明らかなように，集市における工業製品の販売は，都市部の失業者や農村部の余剰労働力によるところが大きい。こうした人口の顕在化と市商人への継続的参入が，集市における工業製品取引の拡大を支えていると推測される。

表2-5 河南省における集市の変遷

年次	集市数	売上高(万元)	小売販売総額に対する集市売上高の割合(%)*	全国の集市数	全国の集市数に対する河南省のシェア(%)
1950		2,000	2.8		
1951		3,845	4.1		
1952		20,880	17.9		
1953	3,600	20,043	13.3	(51,429)	(7.00)
1954	3,610	19,964	11.6	(51,571)	(7.00)
1955		16,445	9.1		(7.00)
1956		16,764	7.6		(7.00)
1962	3,100	138,349	44.6	(44,285)	(7.00)
1963	3,018	96,094	31.2	(43,114)	(7.00)
1964	2,967	64,063	18.7	(42,386)	(7.00)
1965	2,871	56,188	17.5	(41,014)	(7.00)
1975	2,487	89,648	11.1	(35,529)	(7.00)
1976	2,221	92,579	11.1	(31,728)	(7.00)
1977	2,415	88,393	9.8	(34,500)	(7.00)
1978	2,683	99,565	10.5	33,302**	8.06
1979	2,684	151,901	14.4	38,993	6.88
1980	2,808	189,911	15.6	40,809	6.88
1981	3,013	230,057	17.0	43,013	7.00
1982	3,162	249,953	17.4	44,775	7.06
1983	3,361	281,655	18.0	48,003	7.00
1985	3,968	423,155		61,337	6.47
1990	4,718	1,267,806	40.3	72,130	6.54
1992	5,000	1,726,452	41.6	79,188	6.31
1993	5,539	2,347,970	45.4	83,001	6.67
1994	5,266	3,562,917	50.7	84,463	6.24
1995	5,410	4,918,223	54.2	82,892	6.53
1996	5,509	7,327,180	65.5	85,391	6.45

(注) 1950～83年は『河南省情』，1985～96年は『河南省統計年鑑』1995・97年版による。
* 1990年以降は，消費財小売総額に対する割合。
** 1978年は，農村集市の総数。
( )内の数字は，推計値。

(3) 河南（ホーナン）省における展開

表 2 – 5 は『河南省情』[47]および『河南省統計年鑑』[48]により，河南省の集市数および売上高の経年変化を見たものである。特に前者の資料は，計画経済期の統計をも含んでおり，貴重なデータであると言える。まず，集市数は，1954年には 3,610 カ所あったが，その後減少をつづけて，文革末期の 1976 年には 2,221 カ所にまで低下した。しかし，その後は増加に転じ，1993 年には 5,539 カ所でピークに達し，1996 年には 5,509 カ所となっている。1996 年の総数の内，都市部が 1,089 カ所（19.8％），農村部が 4,420 カ所（80.2％）で農村部が圧倒的に多いが，近年では，全国的動向と同じく，都市部の集市数がより急速に増えている。

次に，売上高の変遷を見ると，1952 年に小さなピークがあり，その後社会主義的改造の進展とともに減少を見るが，調整期の 1962 年には大きなピークを形成している。その後文革期に入って急速に低下し，1970 年代後半に至ってやや回復するが，1962 年を再び凌駕するのは，改革開放期に入った 1979 年以降である。その後の急速な上昇は，全国的変化と同様である。なお，1996年における売上高の都市・農村別構成は都市部の市が 52.3％，農村部の市が 47.7％と，全国と同様，都市部の集市が農村部の集市を凌駕するに至っている。

さらに，集市売上高の小売販売総額（1990 年以降は消費財小売総額）に対する割合を見ると，やはり 1952 年に小ピーク（17.9％），1962 年に大きなピーク（44.6％）があるが，その前後は著しく低下している。改革開放期に入ると次第に上昇し始めるが，顕著な上昇は 1980 年代後半以降である。

なお，河南省の集市の商品種類別の売上高構成比を 1996 年について見てみると，同年の全国のそれ（表 2 – 4 参照）と比較して基本的に類似の構成を示すと言えるが，河南省の方が，穀物・食用油類（10.4％），果物類（7.8％），家畜（2.4％），「その他」（54.3％）の割合が高く，肉・卵類（12.7％），水産物（2.5％），蔬菜類（9.9％）の割合が低い点には，当地域の生産や消費の地域性が現われていると言えよう。

ところで，表 2 – 5 中には，1978 年以降の全国の集市数（1978 年は農村集市数）とそれに対する河南省の集市数が占める割合を示しておいた。河南省のシェアは，1979 年から 1983 年の間，ほぼ 7％で推移しているので，1977 年以

前も 7 ％であったと仮定して，全国の集市総数を推計してみると，表中の（　）に示しておいたように，1950 年代前半には 5 万余で，1960 年代前半には 4 万余で，また 1970 年代後半には 3 万余で，それぞれ推移したことになる。結果として，前項で見たスキナーの推計と類似の数字が得られたと言えよう。

なお，対象地域である鄭州（チョンチョウ）市域（狭義の鄭州市である市区部の他に附属の 6 市県を含む）については，経年的数字が得られなかったが，1996 年には集市総数が 380 カ所に達しており，その内，都市部（市街地）の集市が 143 カ所（37.6 ％），農村部の集市が 237 カ所（62.4 ％）で，当然のことながら都市部の市の割合が，河南省全体に比較してより高くなっている。[49]

3　大都市とその郊外における自由市場

（1）　はじめに

本節では，大都市地域の例として，鄭州市の市街地とその郊外（いずれも鄭州市市区に属する）における集市の実態を明らかにし，住民生活にとってのその意味を考える。そのための調査は，①地方誌・統計書などによるデータの収集，②市・区人民政府および工商所における聞き取りと資料収集，③市街地 3 カ所と郊外 2 カ所の自由市場における販売者へのアンケート及びインタビューの実施，④同じく購買者へのアンケートの実施，⑤各市場の平面図の作成と業種別出店者数の計測，などによって遂行した。

表 2-6　鄭州市市区における自由市場数の変遷

年次	中原区	二七区	管城回族区	金水区	上街区	邙山区	計
1980	3(0)		5(0)	1 (0)	2(0)		11(0)
1985	7(1)	1(0)	5(0)	11 (1)	2(0)	1(1)	27(3)
1990	7(1)	1(0)	7(0)	11 (1)	3(0)	3(3)	32(5)
1991	7(1)	1(1)	8(0)	16 (3)	3(0)	3(3)	38(8)
1992	9(3)	2(2)	10(1)	17 (3)	3(0)	4(3)	45(12)
1993	12(6)	4(3)	13(3)	24 (8)	3(0)	6(5)	62(25)
1994	13(7)	8(8)	16(5)	31(14)	3(2)	8(7)	79(43)

（注）（　）内は「庁房市場」（庁や房が整備された市場）の数。鄭州市工商行政管理局から入手した資料等による。

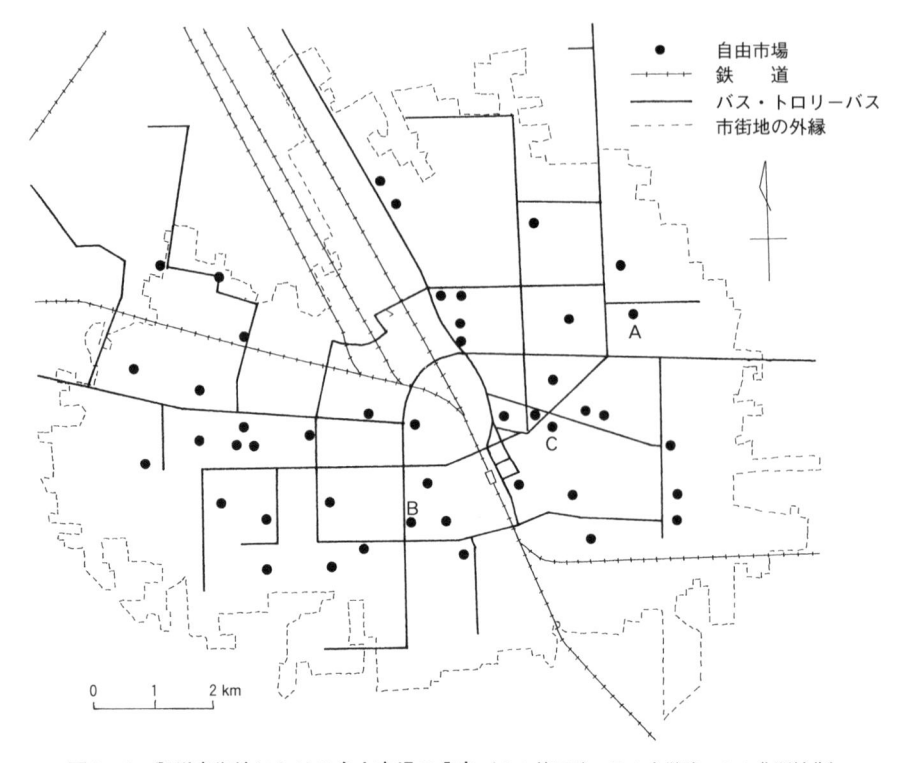

図 2-1　鄭州市街地における自由市場の分布（A：緯四路　B：大学路　C：北順城街）

（2）　自由市場の分布

鄭州市区（6区からなる）に属する集市の改革開放政策下の変遷を示したものが，**表2-6**である。1980年の11カ所から，1994年には79カ所に増加し，1995年の調査時点では，82カ所にまで達していた。市区の人口は174万人（1993年）なので，1集市当りの人口は2万人余りとなる。自由市場の配置は，住民の便宜を考慮しつつ行政当局の意志によって決定されるのであるが，現時点では，人口2万人程度で1カ所の市場が設けられているといえる。なお，表からは，一定の設備の整った「庁房市場」の割合が，年々高まりつつあることも読みとれる。

図2-1は，市街地における自由市場の分布を示している。市場は市街地の中に分散的に，しかしかなり高密度に分布しており，ほとんどの市街地住民は，1～2kmの移動で，いずれかの自由市場に到達できる。

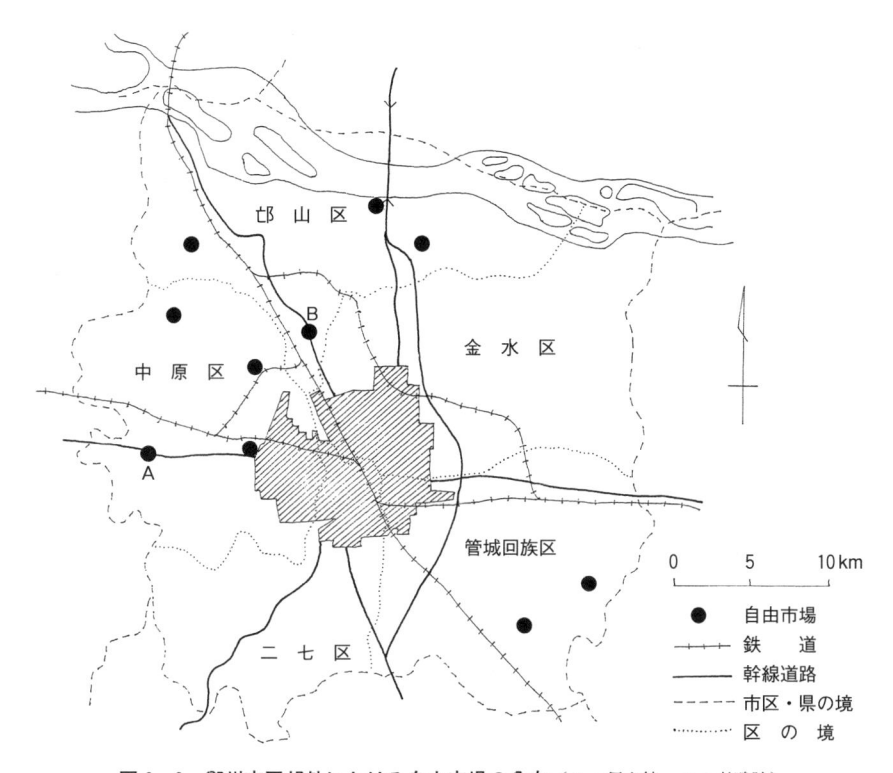

図 2-2　鄭州市区郊外における自由市場の分布（A：須水鎮　B：老鴉陳）

　一方，図 2 - 2 は，不完全なものであるが⁽⁵⁰⁾，郊外における自由市場の分布を示している。市場は，古くからの中心集落である鎮や，比較的大規模な村落にのみ立地しており，その分布密度は粗である。ここでは，市場に達するのに，住民はしばしば数 km を移動する必要がある。

（3）　**自由市場の概要**
　市街地の自由市場から，大規模市として金水区緯四路（攤位数 1,700）⁽⁵¹⁾，中規模市として二七区大学路（同 300），小規模市として管城回族区北順城街（同 180），郊外の自由市場から，比較的大規模な中原区須水鎮（同 300），小規模な邙山区老鴉陳（同 200）の各市を選び，詳細な実態調査を行なった。それぞれの市場の所在地は，**図 2 - 1** および**図 2 - 2** 中に示されている。

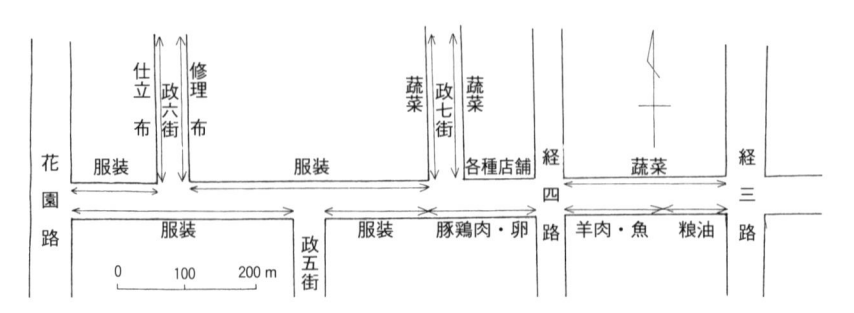

```
        仕修              蔬  蔬
        立理              菜  菜
      ┃政布政布┃        ┃政  ┃            ┃
  花  ┃六  七  ┃        ┃七  ┃            ┃経
  園  ┃街  街  ┃        ┃街  ┃   蔬菜    ┃三
  路  ┃服装┃服装┃服装┃ ┃各種店舗┃経   ┃路
      ┃    ┃    ┃政  ┃    豚鶏肉・卵 四  羊肉・魚  粮油
      ┃    0  100  200 m  五              路
                          街
```

図2-3　緯四路自由市場の平面図

　これらの市は，毎日，朝5〜7時から開かれ，夜6〜9時まで続く。最も賑わうのは朝方であるが，朝夕二つのピークがある場合もある。これらの市場の開設年は，須水鎮を除きいずれも1980年代である。改革開放政策下に，地域住民の需要に応えて開設されたと考えられる。須水鎮については，解放前から存在した伝統的集市の系譜を引く。かつて旬（十日）に2回の定期市であったのが，現在では毎日市化したが，伝統的市日には出市者が1，2割方多いと言う。

　これらの市場の近くには，工商局の出張所たる工商所が置かれていて，市場はその管理下にあり，一定数の管理人が配されている。管理人の数は，市場の規模や機能の違いによって大いに異なっている（老鴉陳の2人から緯四路の29人まで）。工商所は，市場の施設整備を行なうとともに，販売される商品の標準価格の提示，衛生面のチェック，公秤の準備などの管理行政を実行し，他方で，これら管理人を通じて，出市者から管理費を徴収している。

　市場の大部分は，**図2-3**の緯四路の市場のように街路にそって開かれる。露店の他に，工商局などによって，道路上の上屋（棚頂という）の他，道路沿いの個割の小店舗（房と呼ばれる）やコンクリートの大きな建物（庁と呼ばれる）が設置されている場合もある。房を借りる場合には借料（租房費）が必要で，その月額は数百元とかなり高額である。棚頂や庁内の売り場を借りる場合も借料がいるが，租房費ほど高額ではない。なお，出市者を道路上の露店から房や庁に移すことを，当地では「退路進庁」と呼んでおり，現在の市場政策の重要項目の一つである。調査対象の市場中，大学路市場は，房や庁の整備が進んでいるので，「模範市場」とされている。以上の市場が道路沿いに開かれて

第2章 商業の変貌と自由市場の発展　69

表2-7　調査対象自由市場の業種構成

市場名	市街地の市場			郊外の市場	
	緯四路	大学路	北順城街	須水鎮	老鴉陳
野菜・果物	520(30.2)	45(28.3)	136(60.1)	124(39.7)	50(34.5)
水産物	100(5.8)	23(14.5)	5(2.2)	0(0.0)	0(0.0)
肉・卵	210(12.2)	39(24.5)	47(20.8)	16(5.1)	11(7.6)
その他食品	30(1.7)	47(29.6)	26(11.5)		22(15.2)
服装	560(32.5)	0(0.0)	0(0.0)	61(19.6)	14(9.7)
布	160(9.2)	0(0.0)	2(0.9)	37(11.9)	13(9.0)
その他工業品		4(2.5)	6(2.7)	74(23.7)	18(12.4)
修理	40(2.3)	0(0.0)	2(0.9)		5(3.4)
仕立て	50(2.9)	0(0.0)	0(0.0)		5(3.4)
その他サービス		1(0.6)	2(0.9)		7(4.8)
分類不明	53(3.1)				
計	1,723(100)	159(100)	226(100)	312(100)	145(100)

（注）　大学路・北順城街・老鴉陳の数字は，現地調査による。緯四路・須水鎮の数字は，管理当局による。須水鎮の「野菜・果物」の数字には，「水産物」「その他の食品」が含まれている。（　）内は構成比。

いるのに対して，須水鎮市場は，塀に囲まれた大きな広場で開かれており，平面形態に関する限り異なったタイプの市場といえる。当市場は，伝統的に鎮の中心街路で開かれていたものを，交通の障害にもなっていたので，「退路進庁」政策の一環として，1994年に現在位置に計画的に移転開設したものである。市場の敷地は，約3万m²と広大で，その中にいくつかの巨大な上屋と多数の房が配されている。いずれの形をとるにせよ，道路上の露天市（「馬路市場」と言う）を，次第に設備の整った「庁房市場」へ変えていくのが政策目標とされている。

　売り手の経営単位を当地の用語で「攤位」という。攤位の内には，毎日出店し，出店場所が決っている「固定攤位」と，時々出店するのみで，出店場所が決っていない「臨時攤位」とがある。両者の数は，市場の整備が進んでいる市では，前者が後者を上回っている。固定攤位は月額で管理費を払っており，出店許可証を得ている。それに対して，臨時攤位は出店した日に日額で管理費を払う。いずれにせよ，出店場所はほぼ業種毎に指定されており，**図2-3**に示されているように，業種別のセクションが形成されている。

　攤位の業種別構成は，**表2-7**に示した。市街地の市場の多くでは，大学路

や北順城街の市場のように，売り手の大部分が，食料，特に生鮮食料品を扱っている。しかし，市街地でも大規模な市である緯四路市場では，衣類・布の販売や仕立て・修理などのサービスが加わっている。同様に，須水鎮や老鴉陳など郊外の市場でも，食料の他に，衣類・雑貨・サービスなどのセクションが重要である。

市の規模を示す数値としては，上記の攤位数の他に，年間売上高が挙げられる。緯四路の市が3億5,000万元の売上があるのに対して，老鴉陳は1,500万元の売上しかない。一般に売上高は攤位数に比例するが，市街地の市は郊外の市より売上がかなり多い。

購買者の参集範囲については，後述のように一般に市街地の市は参集範囲が狭く，特に，生鮮食料品中心の大学路や北順城街の市では，近隣から集まるに過ぎない。ただ，規模が極めて大きく，衣類のセクションの充実した緯四路の市は，市街地の広い範囲から購買者を集めている。一方，立地が疎な郊外の市は，規模が小さくとも広い範囲から顧客を集めている。

（4） 販売者の実態

販売者の実態を知るため，上記の5つの市場でランダムにサンプリングした116人の販売者に対して，その属性，出市行動，および営業活動に関するアンケート調査を行なった。その結果は以下のとおりである。

まずアンケート対象販売者の属性について見ると，性別では，全体で男性が約6割，女性が約4割を占めている。年齢別では，10代から60代に及ぶが，20代が最も多く，30代がこれに次ぐ（平均は，35.0歳）。市がこのような若い年齢層の人々にとっても，就労の場となっていることに注目すべきであろう。

職業別では，市街地の市と郊外の市で大きな違いがある。市街地の市では，個体商人（個人営業商人）が最も多く，次いで農民，退休者（退職・休職者）・無職者の順であった。個体商人は，いうまでもなく，市営業を主業とする商人である。「農民」と答えた販売者の多くも，インタビューを試みた結果によれば，近郊の生産者農民が出市しているのはむしろ少なく，その多くは，鄭州市内の卸売市場で仕入れた商品（主に野菜・果物）を売る事実上の小商人である。彼らは河南省の遠隔地農村出身の，いわゆる「流動人口」[53]で，鄭州市街地に連続する近郊農村に出来ている小さな貸間に居住していることが多い。

この点，1988年に筆者が蘇州（スーチョウ）市で行なった調査結果では，野菜・果物の売り手のほとんどが近郊の生産者農民であったのに比べ，大いに異なっている。一方，衣類などの売り手の中には，インタビュー結果によれば，業績の良くない国営工場等を退・休職した失業・半失業人口が多く含まれている。自由市場は，これらの流動人口や失業・半失業人口に収入の場を提供しているといえよう。

一方，郊外の市の場合，販売者のほとんどは，職業は「農民」と答えている。確かに彼らのほとんどは，戸籍上「農民戸籍」であり，なにがしかの請負耕地を保有している。しかしその実態はさまざまであり，大きく分けて，①地元「農民」であるが，衣類・布・その他の工業品を販売する市商人として営業している者，②遠隔地農村出身の「農民」で，上記市街地の市の場合と同様，主として農産物を卸売市場で仕入れて販売する者，③地元「農民」で，自家製または近所の農家から仕入れた農産物を販売する者から成っている。ここでも，自由市場は，農家の生産物の販売の場であるのに加えて，いやむしろそれ以上に，地元および遠隔地農村出身の小商人に活動の場を与えているといえよう。

次に販売者の出市行動を検討してみよう。まず，彼らの居住地であるが，市街地の市の場合，市街地内に居住する者と，郊外に居住する者とが拮抗している。郊外に住む者のなかには，近郊の農民の他に，前述のように，遠隔地農村出身者を含んでいる。一方，郊外の市の場合は，ほとんどが郊外居住者である。なお，どちらの市においても，鄭州市所属の他市県や鄭州市以外の居住者が，若干含まれている。彼らは，例えば北順城街市場における羊肉販売者（回族である）のように，やや特殊な商品の販売者である。販売者の出店に際しての移動距離は，1km未満が最も多く，5km未満からの出市者が大部分であるが，他方では，10kmや100kmを越す移動を行なって出市した者も含まれているので，移動距離の平均は7.9kmとなる。移動の手段は，後部が荷台となっている三輪自転車が最も多く，次が一般の自転車で，両者で大部分を占める。この他，遠距離の場合には，オートバイやバスの利用が多くなる。トラックやバン等の利用は，回答者からは得られなかった。

出市頻度については，平均で週6.1回と，きわめて高頻度である。毎日出市する者が最も多く，特に市街地の市の場合ほとんどの者がそうである。次いで，週に6回ないし5回出市する者もかなりいるが，彼らの場合も，週1，2日の

休息日ないし仕入れ日を組み込んだ専業的な市商人といえよう。これに対して週2〜4回の出市者が少数いるが，彼らの場合，兼業的な市販売者ないし自家製品を市で売る農民等の生産者であろう。

最後に，販売者の営業活動について見てみよう。まずアンケート対象販売者の主要販売商品を見ると，野菜・果物が最も多く，水産物，肉・卵，他の食品，服装・布，他の工業製品がこれに次いでいる。このような構成は，**表2－7**で示した全販売者の業種別構成に比較的類似しており，それらを比較的よく代表していると言えよう。

商品の仕入れ地は，2割弱の自家製の場合を除くと，大部分が鄭州市街地，一部が鄭州郊外（野菜など）およびその他の地域（羊肉・日用雑貨など）である。仕入れ先は，卸売市場が過半で，その他に，卸売商店，商業公司，工場，農業，養殖場，農家等が挙げられている。なお，自家製が比較的多い商品は，野菜・肉・豆腐類・その他の食品である。

各攤位の従業者数を見ると，1人の場合がちょうど半数を占め，残り半数が2人以上の従業者からなり，平均では1.62人となる。特に，市街地の市の場合，2人以上の従業者を持つ攤位が多い。このような複数の従業者がいる場合，彼らの間の関係を問うたところ，最も多くが家族（夫婦・親子・兄弟姉妹）であり，次いで親族が挙げられ，そのほかには，友人というのが若干見られたに過ぎない。したがって，ほとんどの場合が血縁関係で結ばれていて，明確な雇用関係は存在しないと判断される。

各攤位の管理費と借料を見ると，管理費はほとんど全てが支払っており，その月額は多くが20〜200元の間で，平均では88.0元である。次に設備の借料は，約6割が支払っており，その月額は攤位間の格差が大きく，20〜1,000元の間に散らばっており，平均では296.7元である。

各攤位が陳列している商品の総額は，業種や規模によって格差が大きく，多くは200〜10,000元の間に分散しており，その平均は3,007元である。1日当たりの売上高は，200元未満が最も多く，ついで200〜1,000元が多いが，平均では294.8元である。売上高から，仕入高および諸経費を差し引いた1日当たりの利益額は，10〜50元に集中しており，平均では32.7元である。この平均日額は，もし毎日出市した場合，月額で1,000元近くになることを意味している。この数字は，当地の一般の労働者の月収が数百元であるのと比較する

と，1攤位当たりの従業者数が1.62人であることを考慮に入れたとしても，決して低い値であるとは言えない。

なお，商品総額，1日当たり売上高，1日当たり利益額を，主要販売商品別に見ると，これらの値が高いものは，肉類，水産物，その他の工業製品であり，逆に最も低いものは，野菜・果物で，衣類がこれに次ぐ。インタビュー調査によれば，野菜・果物の商人に，遠隔地農村からの出稼ぎ農民が多く，衣類商に失業・半失業人口が多かったが，これらの業種は，利益こそ少ないが，資本（商品総額）は比較的少なくてすみ，参入しやすい業種のようである。

(5) 購買者の実態

一方，市購買者の実態を知るため，上記の5つの市場においてランダムにサンプリングした129人の購買者（買物後，帰途につこうとしている者）に対して，その属性，出市行動，および購買行動に関するアンケート調査を行なった。その結果は，以下のとおりである。

まず購買者の属性について見ると，性別では，男女がおおよそ半々である。夫婦共稼ぎが普通である中国では，生鮮食料品の買物でも，夫婦が平等に行なうのが通例であることを反映している。年齢別では，10代から60代までに分散している（比較的多いのは20代から50代）。平均は36.7歳で，販売者のそれにほぼ等しい。職業別では，市街地の市では，工人（労働者），幹部等（ホワイトカラー），専門職，商人，退職・休職・無職者などが多く，一方郊外の市では，農民と工人が多い。それぞれの地域の特徴を反映しているが，いずれにしても地域のあらゆる職業の人々が市を利用していると言える。農民の場合の請負耕地面積は，2〜4.9畝（ムー）[55]階層が最も多い。戸主の年収は，著しく分化しており，5〜9.9千元層に最頻値があるが，最低は1千元未満，最高は10万元以上に達しており，平均では1.37万元である。以上のことから，市を利用する住民は，あらゆる職業，さまざまな所得，あらゆる年齢階層の男女であり，地域住民一般であると判断することが出来よう。

次に購買者の出市行動を検討して見ると，まず購買者の居住地であるが，当然のことながら，市街地の市のそれはほとんどが市街地内，郊外の市のそれはほとんどが郊外である。市までの移動距離は，全体の平均で2.2kmで，販売者のそれよりははるかに短い。市街地の市の場合，1km未満が最も多く，ほ

とんどが5km未満である。一方，郊外の市では，2～4.9kmが最も多く，5km以上の割合もやや高く，移動距離は一般より長い。市までの移動手段は，自転車による者が過半を占め，オートバイ，徒歩，三輪自転車，バスによる者がこれに次いでいる。市街地の市では，徒歩による者がかなりの割合を占めるが，郊外の市の場合，それがほとんどなく，代わってオートバイやバスの割合がやや高いのは，移動距離の相対的な長さを克服するためであろう。

　最後に購買者の購買行動を見てみよう。購買額は，20～49.9元の階層が最も多く，その前後の階層がそれに続く。しかし200元を越えるような高額の購買者も一定数存在するので，購買額の平均値は，94.1元とかなり高くなる。

　購買者は，1回の買物に際して複数の商品を購買するのが通例であるが，そのなかで，最も購買額が大きかった商品を「主な購買品」として集計してみると，最も多いのが「肉・卵」，以下，「野菜・果物」「他の食料品」「衣類・布」「他の工業製品」「水産物」の順であった。購買頻度としては「野菜・果物」が最も高いのであるが，その単価が安いため，購買頻度はやや低いが値段の高い「肉・卵」が最上位となったと考えられる。以上により自由市場の最も重要な機能が，食料品，特に肉や野菜などの生鮮食料品の売買にあることが，理解されよう。ただし，郊外の各市場および市街地でも緯四路市場では，「衣類・布」や「その他の工業製品」の割合が相対的に高く，食料品以外の日常必需品をも購買する場となっている。

　そこで，日々消費する生鮮食料品を自由市場で購買する割合を問うたところ，ほとんどの購買者が，その70％以上を自由市場で購買すると答えた（平均では78.7％）。なお，自由市場以外の主な入手先としては，自家生産や農家からの直接購入などが挙げられた。また，アンケート調査を実施した市場の他に，利用する自由市場があるかどうかを問うたところ，「ある」と答えた者が過半数で，具体的には隣接する市場を挙げた場合が多かった。おそらく，多くの購買者にとって利用可能な距離内には複数の市場があり，彼らは，各市場の特性に合わせて，利用する市場を選択しているものと推測される。

（6）小　結

　以上，鄭州市市街地と郊外における自由市場の実態を検討してきた。明らかにされた諸点を要約すると以下のとおりである。

①鄭州市区部においても，改革開放政策の進展と共に自由市場は増加を続け，現在では，人口2万人余に1カ所の割合で開設されている。大部分の市街地住民は1～2 kmの，郊外住民は数 kmの移動によって，これらの自由市場へ到達することができる。

②自由市場は毎日開かれ，工商所の管理下にあり，一定の施設が整備されると共に，管理費や借料が徴収されている。大部分は道路沿いに開設されているが，「退路進庁」政策の実行により，道路沿いや広場の中に建物を配した市場も現われている。市街地の大部分の市は，生鮮食料品が中心であるが，市街地内でも大きな市，および郊外の市は，衣類など日用消費物全般を扱う。

③自由市場の販売者の内，自己の生産物を売る農民の割合は低下しており，遠隔地出身の農民（流動人口）が小商人として青果物を商ったり，都市の失業・半失業人口が衣類等の商人になっている例が生じている。彼らの多くは，鄭州市内の卸売市場で商品を仕入れ，毎日，自転車で市場に出る。毎日出市する店の場合，平均1,000元近くの月収があると推計される。

④自由市場の購買者の大部分は，周辺地域のあらゆる階層の住民である。生鮮食料品の購買が主であるが，衣類など日常必需品をも購入し，複数の市場を訪れる者が多い。生鮮食料品に関しては，大部分の者が自由市場にそのほとんどを依存している。

4　農村地域における自由市場

（1）はじめに

大都市とは対照的な農村地域を背景とする自由市場の実態を明らかにするため，鄭州市域に属するが，市区から最も離れていて，農村的性格の強い登封市域をとりあげた。調査は，①地方誌・統計書などによるデータの収集，②市工商行政管理局および各郷鎮の工商所における聞き取りとデータ収集，③農村部10カ所と都市部3カ所の自由市場における販売者へのアンケートの実施，④同じく購買者へのアンケートの実施，⑤主要市場での平面図の作成と業種別の出店者数の計測，⑥若干の市場での販売者への詳細なインタビューの実施などによって遂行した。

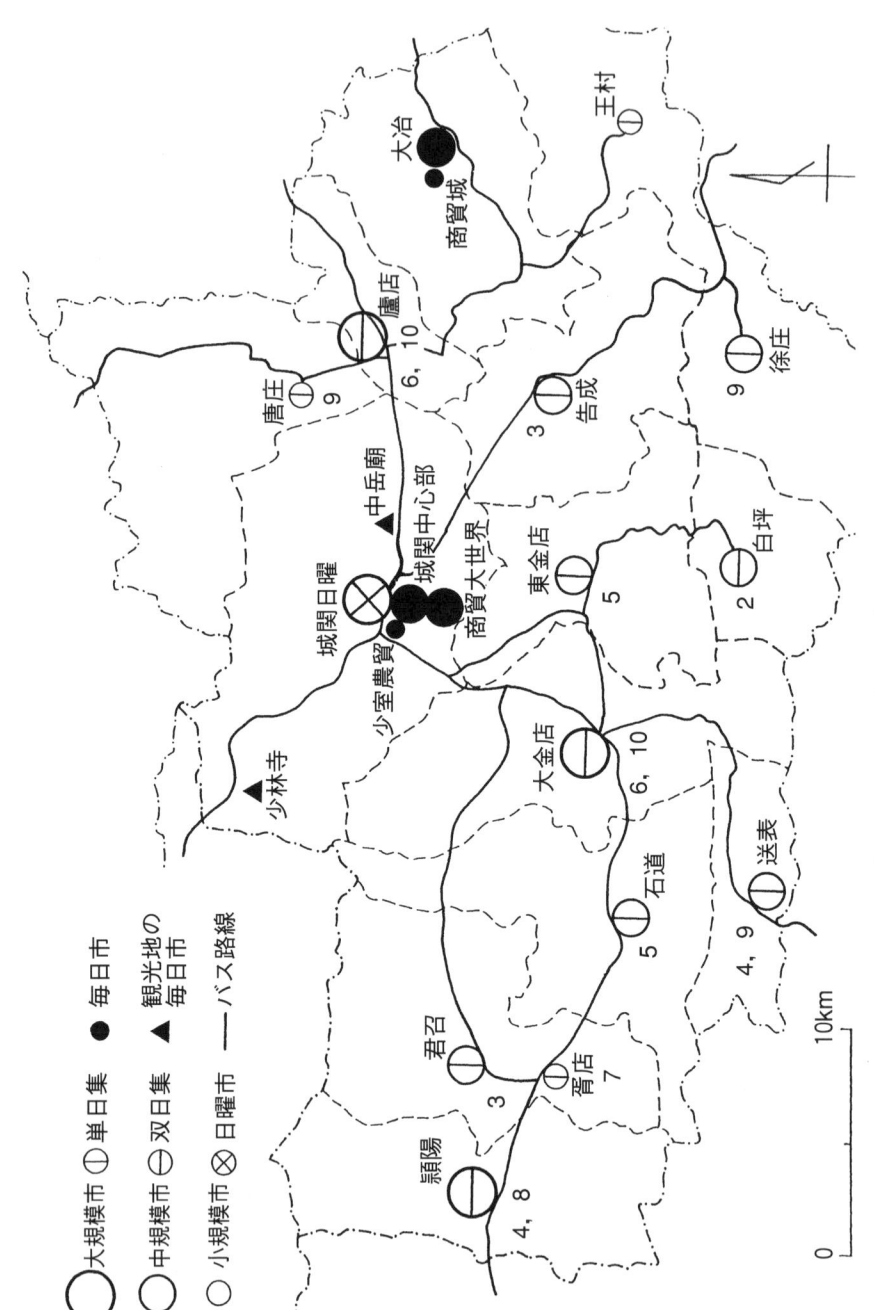

図2-4 登封市域における自由市場の分布（数字は「会」の日を示す。）

（2） 自由市場の分布

　登封市域（旧登封県）には，『登封県志』[57]や『登封県工商誌』[58]によれば，解放前には，10ヵ所の「大鎮」，即ち，城関，唐庄，廬店，告成，大冶，東金店，大金店，石道，君召，および頴陽に集市（定期市）があったが，大躍進期や文化大革命期には，これらはほとんど機能しなくなっていたと言う。しかし，1978年以降の改革開放政策の下で，それらは全面的に復活し，さらに新たな立地点を加えて行った。

　現地調査により，1997年現在の集市の立地状態を検討してみると，図2-4のように，城関鎮に3つの毎日市と1つの日曜市が，大冶鎮に2つの毎日市が，廬店，徐庄，大金店，走表，頴陽の5ヵ所の郷鎮政府所在地にに双日集（偶数日に開市）が，唐庄，告成，大冶，王村，東金店，白坪，石道，君召の8ヵ所の郷鎮政府所在地と君召郷の胥店に単日集（奇数日に開市）が立地している。これらの「集」の日の他に，廬店，大金店，送表，頴陽は旬（10日）に2回の，唐庄，告成，石道，徐庄，白坪，君召，胥店は旬に1回の，それぞれ「会」[59]の日をも持っている。なお，これらの市日は，現在でも全て旧暦（陰暦，中国では「農暦」と呼ばれる）によっている。この他，少林寺と中岳廟の門前には，観光客向けの特殊な毎日市も現われており，これらをあわせると，現在，市域内には，21の自由市場が存在する。現在の登封市域の人口は約60万人であるので，人口3万人弱に1ヵ所の割合で市場があることになる。

　その規模別の配置状態を図2-4から見ると，旧県城であり，バス交通の集中する城関鎮（人口約7万人）の市街地に立地する4市場のうち，特に日曜市は規模が大きい。城関鎮以外でも，廬店，大金店，頴陽の各市場は，その伝統と地理的好位置を反映して規模が大きい。郷鎮政府の所在集落の大部分，即ち，大冶，告成，徐庄，東金店，大金店，白坪，送表，石道，君召の市場は，中程度の規模である。一方，唐庄の市場は，廬店のそれに近すぎるが故に近年規模が縮小し，王村の市場は，その最も隔絶された位置の故に小規模に止まっている。また，大冶鎮の商貿城および君召郷の胥店の市場も，歴史が浅いせいか小規模に止まっている。

（3） 自由市場の概要

　市域内のほとんどの市場について，その管理責任者（工商所長など）に面

接し，市場の概況の把握につとめた。以下その結果を記す。
　まず，市場の開設年については，前述のとおり約半数が解放前であり，残りが1978年の改革開放以後である。解放前からの市については，文化大革命期に市の状況はどうであったかと問うたところ，「消滅していた」との答えもあったが，「完全に消滅したわけではなく，野菜などが細々と売られていたが，個人の販売は禁止されていたので，生産隊など集体としての販売が行なわれていた」との答えが多かった。
　市は，多くは道路敷で開かれ，一部は専用の広場で開かれる。道路で開かれるものは「馬路市場」と呼ばれ，一般に何らの設備もない。販売者の大部分は，露天で，あるいは自ら持参したテントや傘の下で営業している。ただ，一部の市場では，「頂棚」（上屋）や小屋掛けが工商所によりなされており，販売者に割り当てられ賃貸されている。また，屋根は無いが商品をその上に並べるコンクリート製の「售貨台」がつくられている市場や，「售貨台」に代替する組立式の木製の「架子」が工商所によって貸し出される例も見られる。「退路進庁」政策は，当地域では，まだ充分進んでいるとは言えないが，それでも城関鎮の商貿大世界，少室農貿市場や大冶鎮市場には，上屋や小屋掛けの設置が既になされており，調査期間中にも，城関鎮の中心部市場（鶏鳴街）と大金店市場の生鮮食料品部分について，上屋の建設が進められていた。
　各郷鎮には，工商局の出張所たる工商所が置かれていて，全ての市場は直接その管理下にある。工商所には市場担当の係員がおり，また，その委嘱を受けて管理費の徴収や公秤の運用に協力する「協管員」がいる場合もある。これら管理人の人数は，おおよそ市場の規模に比例している。工商所は，中規模以上の全ての市場において，販売者から管理費を徴収する。その額は，市場によりまた商品の種類や量によっても異なるが，固定攤位からは月決めで数十元程度である。臨時攤位からは出店日毎に1元前後を徴収するが，農民が少量の自家産の野菜や果物を売る場合には，管理費を取らない場合が多い。また，農村部の小規模市の場合，市を振興するために管理費の徴収を行なわない場合がある。唐庄や胥店の市がその例である。なお，工商所は，管理費を徴収する反面，上述の設備の充実の他に，出店者の場所割り，標準価格の提示，衛生面のチェック，公秤の準備，トラブルの解決などの管理行政を実施している。閉市後の市場の清掃については，工商所，郷鎮政府，または居民委員会が，数人の「衛生

隊」員を雇ってこれを行なっている。したがって，多くの市において，上記の管理費の他に，これらの清掃主体によって若干の衛生費が徴収される。

市の出店数は，「会」の日と「集」の日では大いに異なる。まず「会」の日について見ると，大規模なものは500を越えており，小規模なものでは100前後である。これらは固定攤位と臨時攤位から構成されており，大部分の市では後者の方が多い。一方「集」の日の出店数は，最大のもので300に達しているが，大部分は数十のオーダーにすぎない。さらに，各工商所に市の年間売上額の推計値を問うた結果，最大のものは3,000万元に達しているが，他は比較的大きいもので1,000万元ないし2,000万元台で，小さなものは1,000万元未満である。

ところで，これらの市の開催地は，各種の中心地施設や常設店舗を伴っているのが一般である。金融機関（銀行，信用社，貯蓄所）と郵便局は，全ての市立地集落に1つ以上備わっている。また，全ての市立地集落において，数十戸以上の常設店舗の集積があり，その大きいものは，数百戸に及び，最大は言うまでもなく，数千戸の集積を見る登封城関鎮である。なお，前述のように，市立地集落の多くは，郷鎮政府の所在地であり，工商所，警察派出所，基礎供鎖社等々の行政機関が集中立地しており，その意味でも，中心集落としての性格を明瞭に示している。

また，市場の構造と出店者の業種構成に関して，市域内のほとんどの市について実地調査を行なった。

まず，市場の構造についてであるが，出店者は，工商所より出店許可を得て，工商所が指定する市場内の商品毎のセクションの中に位置を占める。食料，特に生鮮食料品のセクション（野菜，果物，肉，卵，水産物などに細分される）と，衣類・雑貨のセクション（布，既製服，靴・鞄，靴下・下着，小間物，雑貨，工芸品などに細分される）が重要であり，軽食堂や各種の修理（自転車修理，靴修理，時計修理等），仕立て，占いなど各種のサービスのセクションもある。

図2-5は，郷鎮政府所在集落で開かれる中規模市の典型である石道市場の，実地調査に基づき作成した平面図である。この市は，東西に走る公路と直交して南北に走る集落の中心街路で開かれるいわゆる「馬路市場」で，設備は特にない。図中の記号は，個々の攤位の業種を示している。一部混在状態の部分も

80

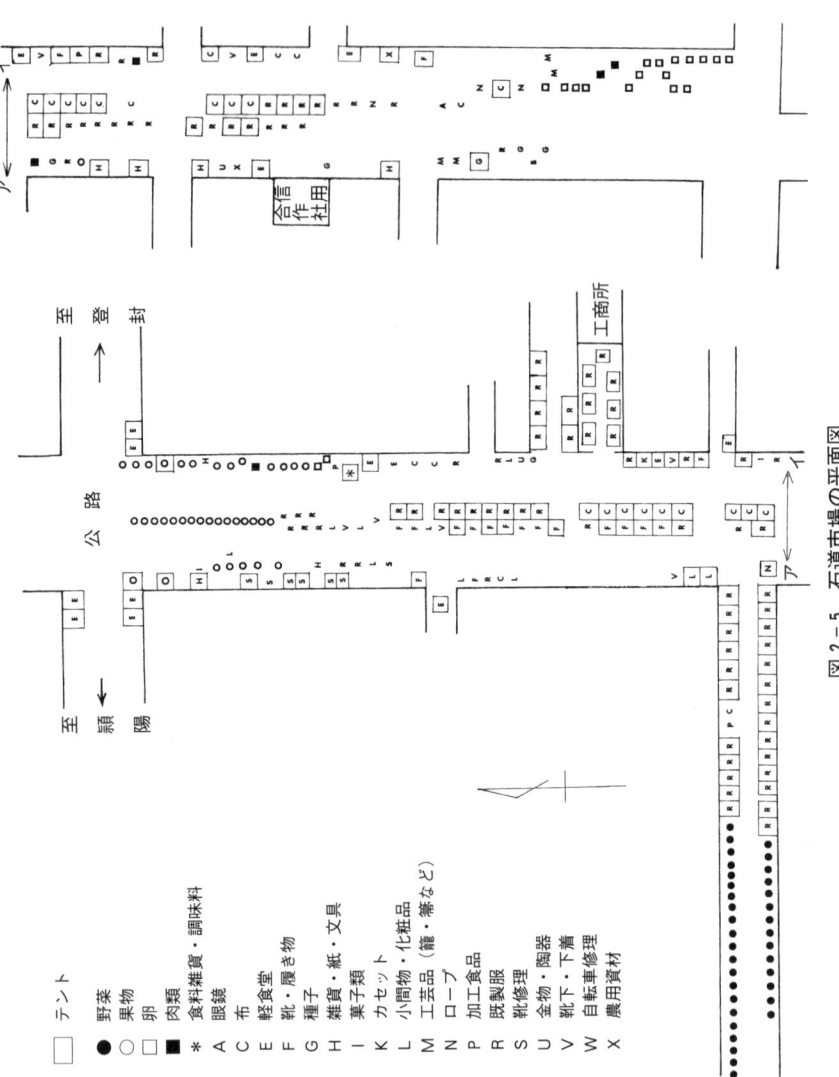

図2-5 石道市場の平面図

凡例:
- □ テント
- ● 野菜
- ○ 果物
- □ 卵
- ■ 肉類
- * 食料雑貨・調味料
- A 眼鏡
- C 布
- E 軽食堂
- F 靴・履き物
- G 種子
- H 雑貨・紙・文具
- I 菓子類
- K カセット
- L 小間物・化粧品
- M 工芸品（籠・箒など）
- N ロープ
- P 加工食品
- R 既製服
- S 靴修理
- U 金物・陶器
- V 靴下・下着
- W 自転車修理
- X 農用資材

地図中の表示：至登封、公路、至潁陽、合作社信用、工商所、ア-イ

あるが，かなり明瞭なセクションの形成が認められる。また，一般にテントを伴う商人的販売者は市の中央部を占め，周辺部には露店が多いことも指摘できる。同様の検討を他の市場について行なった結果によれば，市場は一般に規模が大きくなるほど，セクションの形成が明瞭になり，テントを備えた販売者の割合が増え，かつ街路の構成など構造も複雑になる傾向がある。

次に，**表2－8**は，15の市（農村部11，都市部4，定期市11，毎日市4）について，実地調査により集計した出店者の業種構成を示している。合計欄で全体の業種構成を見ると，30種の業種中，構成比が特に大きいのは，既製服（17.8％），野菜（13.7％），果物（13.2％），布類（12.7％）であり，軽食堂（5.7％），靴・履き物（5.2％）がこれに次ぎ，靴下・下着（3.3％），小間物等（3.1％），飲料・菓子（2.5％），雑貨・紙（2.5％），肉類（2.4％），靴修理（2.2％），卵（2.1％），加工食品（2.0％）もかなりの構成比を示す。衣料品を中心とする工業製品の販売者の割合が最も高く，全体の約半数を占めており，次いで生鮮食料品を中心とする食料品の販売店が約40％，残り約10％を軽食堂や各種の修理などのサービス提供者が占めている。

次に農村部の11市場と都市部の4市場を比較してみると，まず農村部市場が都市部市場の約2倍あるいはそれ以上の構成比を示す業種は，既製服，工芸品・家具類，その他工業品，薬・農薬・肥料，種子，農機具，仕立て，各種修理，占い，その他のサービスである。農村部では，生鮮食料品の自給がある程度可能であるから，それらの比率は相対的に低く，それに代わって常設店舗の不足等により，衣類を中心とする工業製品を扱う販売者，および各種のサービスの提供者が相対的に多いことがわかる。農薬，種子，農機具の構成比が相対的に高いことは，農村部だから当然のことであろう。なお，農村部の市場には水産物の販売者が皆無である。当地方の農村部住民は，基本的に魚は食べないという。一方，都市部の市場で農村部市場の約2倍ないしそれ以上の構成比を示すのは，野菜，肉類，水産物，穀物・食料油，加工食品，食料雑貨・調味料，靴下・下着類，ペットである。都市住民にとって自給不可能な食料品，特に生鮮食料品の割合が相対的に高いこと，これに対して，工業製品や各種サービスは，常設店舗からも供給されるので，構成比が相対的に低いことが明らかである。

表 2-8 登封市域における自由市場の業種構成

	都市部計	農村部計	全体合計
野菜	259(21.4)	496(11.5)	755(13.7)
果物	158(13.0)	573(13.3)	731(13.2)
肉類	59(4.9)	71(1.6)	130(2.4)
卵類	13(1.1)	104(2.4)	117(2.1)
水産物	11(0.9)	0(0.0)	11(0.2)
穀物・食用油	5(0.4)	9(0.2)	14(0.3)
加工食品	52(4.3)	57(1.3)	109(2.0)
食料雑貨・調味料	41(3.4)	32(0.7)	73(1.3)
飲料・菓子・タバコ	35(2.9)	100(2.3)	135(2.4)
布・ふとん・糸	114(9.4)	588(13.6)	702(12.7)
既製服	124(10.2)	863(20.0)	987(17.8)
靴・はきもの	47(3.9)	241(5.6)	288(5.2)
鞄・ベルト・財布	20(1.7)	49(1.1)	69(1.2)
靴下・下着	75(6.2)	108(2.5)	183(3.3)
小間物	23(1.9)	148(3.4)	171(3.1)
装身具・化粧品	9(0.7)	24(0.6)	33(0.6)
什器(金物・陶器等)	11(0.9)	26(0.6)	37(0.7)
雑貨・紙	24(2.0)	113(2.6)	137(2.5)
工芸品・家具類	4(0.3)	94(2.2)	98(1.8)
その他工業製品	9(0.7)	74(1.7)	83(1.5)
薬・農薬・肥料	3(0.2)	30(0.7)	33(0.6)
種子	2(0.2)	84(1.9)	86(1.6)
農機具		25(0.6)	25(0.5)
ペット	2(0.2)	0(0.0)	2(0.0)
仕立て		19(0.4)	19(0.3)
靴修理	38(3.1)	84(1.9)	122(2.2)
各種修理	1(0.1)	30(0.7)	31(0.6)
占い	1(0.1)	17(0.4)	18(0.3)
軽食堂	71(5.9)	243(5.6)	314(5.7)
その他サービス		18(0.4)	14(0.3)
合計	1,211(100)	4,320(100)	5,531(100)

(注) 現地調査による。( ) 内は構成比。

(4) 販売者の実態

市販売者の実態を明らかにするため,合計14の市場(農村部10,都市部4)において,ランダムに選んだ203人の売り手に対して,彼らの属性・出市行動・営業活動に関するアンケート調査を実施した。その結果は,以下のとおりである。

まず第一に彼らの属性を見ると，性別では，女性よりも男性がやや多い構成となっている。年齢別では，10代から60代以上まで全年齢層に亘っているが，最も多いのが30代，ついで20代，40代で，平均では35.1歳である。市での営業が，青・壮年層によって支えられていることがわかる。職業については，56％が「農民」と回答し，38％が「商人」と回答した。後述するように，「農民」と答えた者の内，一部は確かに自家生産物を売りに来ている農民であるが，多くは，農業と兼業しつつ様々な商品を扱っている市商人である。市はこのように農民にとって重要な兼業の場となっている。販売者の世帯の請負（承包）耕地面積を見ると，最頻値は3.0～4.9畝（ムー）の階層にあり，平均値では2.8畝にすぎない。この程度の耕地面積では，商品作物にでも特化しない限り，十分な収入を農業のみから期待することは難しく，このことが兼業としての市営業を促進していると考えられる。

次に販売者の出市行動を検討してみよう。まず居住地についてみると，当該市場と同一集落内または同一郷鎮内が6割を越すが，登封市域内他郷鎮と他市県からの販売者も一定程度存在する。従って，居住地から当該市場までの距離は，平均では9.9 kmとなる。出市の際の交通手段には，徒歩，自転車，三輪自転車，トラクター，オートバイ，オート三輪，バス，荷車，トラック（賃送が普通）など多様である。そのうちでは，三輪自転車が最も多く利用され，バスがそれに次いでいる。

出市頻度は，1月当たり1～6回の者と25回以上の者が多く，両極分解している。前者は自家製の農産物や家内工業製品を売る販売者であると考えられ，後者は商人的性格のより強い販売者であると思われる。全体の平均値は，13.9回となっている。なお，他の市場にも出市するかどうかを問うたところ，「する」と答えた者が過半数で，市廻りの販売者が多いことを示している。

図2－6は，販売者の移動状況を地図化したものである。この図から，上で述べた出市行動が具体的に確認される。まず，いずれの市も，同一集落ないし同一郷鎮内から多くの販売者を集めている。しかし郷鎮の境界を越える販売者もかなり多く，市域の境界部では，当然のことながら市県界を越える者も見られる。城関鎮など都市的な集落の市よりも，むしろ農村中心的集落の市の方が，他郷鎮からの販売者の割合が多い。そして，販売者の郷鎮間の移動から，この地域の定期市は，二つのグループを形成しているように見える。即ち，一つは，

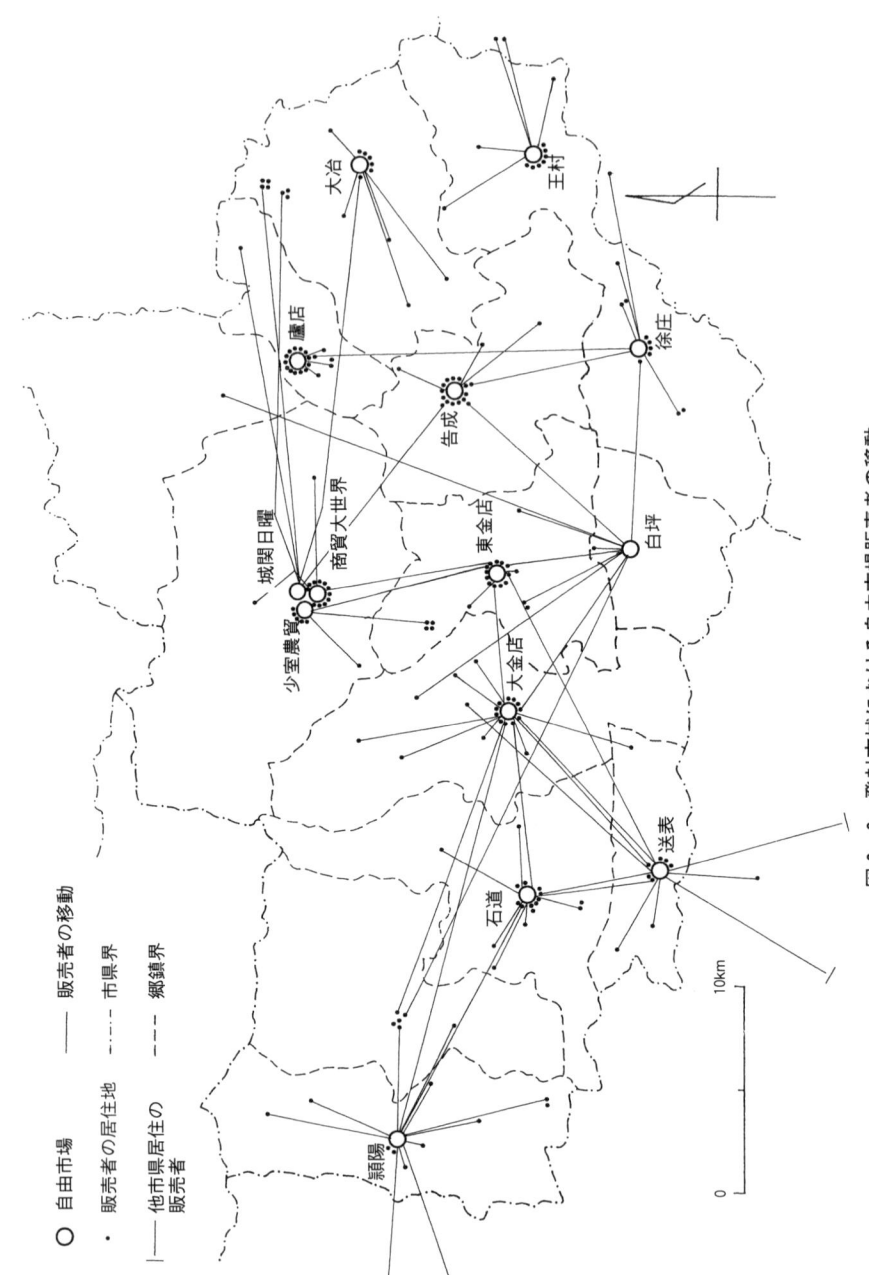

図 2-6　登封市域における自由市場販売者の移動

西部の潁陽（「会」の日：4，8），石道（5），送表（4，9），大金店（6，10）のグループで，図には示されていないが，君召（3），胥店（7）の市もこれに属すると考えられる。グループ内では，4の日を除き市日の競合はなく，市廻り商人は，バス等を使って容易に複数の市に出市可能である。もう一つのグループは，中央部の城関鎮（「会」の日：日曜），廬店（6，10），告成（3），徐庄（9），白坪（2），東金店（5）のグループで，図には示されていないが，唐庄（9）もこれに属すると考えられる。やはり，9の日を除き市日の競合はなく，バス等を使って市廻り商人の移動が容易である。ただし，白坪，東金店の両市は，西部のグループとも関係を持ち，両者を繋ぐ役割をもはたしているように見える。なお，東部の大冶，王村の両市は，旬ごとの「会」の日を持たないためか，このような連鎖からは，やや孤立しているように見える。

　さらに販売者の営業活動の実態を探って見よう。まず主要取り扱い商品であるが，様々な食料品，工業製品，サービスに亘っており，なかでも野菜・布類・既製服の割合が高いことなどは，**表2－7**で見た諸市場の悉皆調査による業種別構成と傾向を一にしている。

　商品の来源について見ると，78％が仕入れによるとしているが，残りは自家生産と答えている。自家生産品は野菜や果物が多いが，一部は家内工業製品である。仕入れた場合の仕入れ先は，生産者からが2割強，残りは全て卸売商からである。生産者からの仕入れ品も，農産物ないし家内工業製品である。商品の仕入れ地は，鄭州が最も多いが，洛陽（特にその南部にある関林の卸売市場）がそれに次ぎ，登封の地理的位置を反映している。3番目には登封市域が挙げられているが，この内には，城関鎮などの卸売商から仕入れる場合と，農民など生産者から仕入れる場合が含まれている。

　利用している設備は，頂棚（上屋）利用者が23％，非利用者（露天またはテント使用）が71％である。各難位の販売従事者数は，1人が半数強を占め，2人が約4割で，3人以上は少数である（平均では1.5人）。販売従事者が2人以上いる場合の相互の関係は，夫婦が最も多く，これに親子，兄弟姉妹，親戚を加えると，9割を越える。雇用関係にあるのは，6例にすぎなかった。販売者が支払う管理費は，月額10～19元程度の者が多いが，他方では50元，100元以上を支払う者もかなりおり，平均では28.2元である。販売者のうち，頂棚など設備を借りている者が支払う借料は，月額100～199元の者が最も多

く，平均では 171.5 元である。

　保有している商品の総額は，100 元未満の者から 10,000 元以上の者まで，階層差が激しいが，2,000～4,999 元の層が最も多く，平均は 3,748.5 元である。市商人とはいえ，かなりの額の商品を保有していることがわかる。1 日当たりの平均売上げ高も，49 元以下の層から 1,000 元以上の層まで，階層差がかなり激しい。200～499 元の階層が最も多く，平均は 220.0 元である。1 日当たりの利益も，9 元以下の階層から，200 元以上の階層まで，階層差が見られるが，20～49 元の階層が最も多く，平均は 38.5 元である。前述の月当たり平均出市頻度と，1 日当たり平均利益を掛けあわせると，535.2 元となる。この数値は，当地の郷鎮企業労働者の月収が 300～700 元程度であるのに対して，見劣りしない額であるが，1 攤位当たり販売従事者数が 1.5 人であることをも考慮する必要があろう。

　以上は，アンケート調査に基づく検討であるが，これに加えて，6 つの市場においてランダムに 28 名の販売者に対して詳細なインタビュー調査を試みた。主な聞き取り内容は，①農業の経営状況，②家族メンバーの就労状況，③主たる収入源，④出市パターン，⑤商品の仕入れ方法，⑥現在の居住状況である。以下，この順で，聞き取り結果を整理して述べる。

　まず，インタビュー対象者の全員が，戸籍上自らを「農民」であると答え，いずれもが現住所で，あるいは出稼ぎ状態の場合は郷里で，請負耕地を保有すると答えた。ただし，鎮の市街地や隣接村の居住者の場合，請負耕地面積は 2 畝以下と極めて零細であり，「農民」とは言え，兼業なしには生計を立てられないことは自明である。栽培作目は，請負耕地規模の大小にかかわらず，大部分がトウモロコシと小麦の組み合わせであり，自給的性格が強い。当地域は乾燥度が高く，灌漑用水が十分に得られる地区以外では，商品作目の栽培に困難が伴うため，インタビュー対象者のうち，商品作目中心の経営を行なっているのは，自家製の野菜または果物を売っていた 2 人だけであった。

　家族の就業状況は，労働力が 2 人（夫婦）の場合は，片方が市営業に従事し，他方が農業に従事するタイプが多い。しかし一部には夫婦ともに市営業に従事し，農業は農繁期などにのみ従事する者もいる。労働力が 3 人以上（2 世代に亘るのが普通）の場合には，いずれかの世代の 1 人ないし 2 人が市営業に従事し，他が農業ないし他の兼業（建設労務と石炭・セメント工場勤務など）に従

事するのが一般で，兼業状況がより多様になる。いずれにせよ，市営業者のほとんどは農繁期には農業労働を行なうと答えており，農業と縁が切れてはいない。各世帯は，請負耕地規模と労働力構成に応じて，多様な兼業を営んでおり，市営業がその中の選択肢の一つとなっていると言えよう。

そこで，主たる収入源がなにであるかを問うたところ，市営業が主であるとした者が多く，農業あるいは他の兼業が主であるとした者は一部であった。このことは，兼業として選択された市営業が，もはや多くの世帯において，生計の主要部分を支えていることを物語っている。

これら市営業者の出市パターンは，いくつかのタイプに分類される。一つは，仕入れた商品（特に既製服・布・靴等）を売る市廻りの販売者で，居住地の最寄りの市を中心に，近隣のいくつかの市に市日の違いを利用して出店する。二つ目は，自家製の農産物や手工業製品を売るか，軽食の提供や各種のサービスを行なう者で，その多くは最寄りの単一の市に出店する。この中には，毎日出店する者（毎日市での営業）と数日に1度の割合で出店する者（普段は農産物や家内工業製品生産に従事し「会」の日にだけ出市する者）とが見られる。

商品を仕入れる出店者について，仕入れの仕方を問うたところ，以下のような諸タイプが認められた。最も多いのは鄭州や洛陽（関林）など大都市の卸売市場にバスを利用して自ら仕入れに行くタイプで，既製服・布・小間物・靴などの工業製品の場合である。二つ目は，遠方の生産地までトラックをチャーターして買い付けに行くタイプで，果物（西瓜など）・野菜・卵などに見られる。三つ目は，地元の市場や近在の村で卸売人や生産者から買い付けるタイプで，野菜や果物の一部に見られる。

出店者の居住状態については興味深い事実が明らかになった。28人のうち6人が，町場（城関鎮・大冶鎮・盧店鎮）に一時的に住む「流動人口」であった。彼らは，登封市域または他市県の農村地域に本来の住所があり，家族の一部をそこに残すか，少なくとも請負耕地をそこに保有している。単身で来ている者が多いが，夫婦で，あるいは一家で来ている例もあった。宿舎は，借家・借間・親戚の家への寄留・旅館暮らしとさまざまで，多くは定期的に帰郷している。扱っている商品はさまざまであり，とにかく市営業を出稼ぎの仕事としている。このような出稼ぎ人口は，前節で見たように鄭州市区の特に野菜売りの露店商の場合に広範に認められたが，当地域の中小都市にも一定程度確認さ

れたと言えるであろう。
　最後に，筆者は，廬店工商所の「個体工商戸開業登記台帳」の1997年1月～7月届け出分を閲覧する機会を得た。この期間に廬店鎮域全体で68件の届け出があったが，廬店市場での開業の届け出は25件であった。その大部分は，市場内で露天または小屋を借りて営業する者，一部が市場に面した房（棟割り店舗）で営業する者である。その内訳は，各種商品の販売業20，各種のサービス業3，飲食店1，不明1である。性別では，男性が約3分の2，世帯の住所は，廬店の町が半数強であるが，廬店鎮の農村部，他郷鎮の者も含まれている。従業員数は，ほとんどが1人のみ，一部が2人である。開業資金（商品等の仕入れ額と店の賃貸料等からなると推測される）は，平均で5,550元であるが，この値は，市場に面した房で開業した建築機具や電気器具の店が平均を押し上げているため，市場内の営業者の場合は，1,000～2,000元前後の場合が多い。以上のように，「個体工商戸開業登記台帳」によって確認し得る市場営業者の実態は，前述のアンケート調査やインタビュー調査より伺い得た市場販売者の実態と整合するものである。

（5）　購買者の実態
　購買者の実態を把握するため，15の市場（農村部11，都市部4）において，ランダムに選んだ199人の購買者に対して，彼らの属性・出市行動・購買活動に関するアンケート調査を実施した。その結果は，以下のとおりである。
　まず，購買者の属性を見てみると，性別構成は，男性がやや多く，販売者のそれと類似している。また，年齢別構成でも，10代から60歳以上まで全年齢層を含み，20代，30代，40代が多く，平均では35.1歳で，販売者のそれとほぼ等しい。
　購買者の職業は，農民が過半を占めるが，工人，商人，幹部等，さまざまな職種の者，学生，退休・無職者をも含んでいる。市の購買者は，市周辺の住民の全階層であると言えよう。請負（承包）耕地面積は，全体としては，3.0～4.9畝の階層が多く，平均では3.1畝で，販売者のそれ（2.8畝）よりやや大きい。購買者の世帯の年収は，全体では，2,000元未満から20,000元以上まで格差が大きいが，5,000～6,999元とその前後の階層に多くが集中している。全体の平均値は7,147元であるが，戸主の職業が農民の場合が6,470元

に対して，非農民の場合は 9,490 元と，かなりの違いがある。

次に購買者の出市行動を見てみよう。まず，購買者の居住地は，当該市場と同一集落内が 3 割，同一郷鎮内他集落が 5 割強であるのに対し，市域内他郷鎮や他市県からの利用は少数で，販売者の場合に比べてその割合はかなり低い。居住地から当該市場までの移動距離は，2.0～4.9 km の者が最も多く，平均では 5.2 km で，販売者の移動距離の平均が 9.9 km であったのに対し，より近くから来ていると言えよう。市場への交通手段は，徒歩，自転車，三輪自転車，オートバイ，及びバスが用いられるが，荷物が多くないので，販売者のように，オート三輪，トラック，荷車を利用する者はなかった。自転車利用者が最も多く，オートバイ，バス利用者がこれに次いでいる。

出市頻度は，月当たり 1～6 回の者が最も多く，これは旬に 1，2 回開かれる「会」に出る程度の頻度である。ただし 7 回以上の出市者もかなりいるので，平均は 7.5 回となるが，いずれにせよ，販売者の平均が 13.9 回であったのに比べ，かなり低いと言えよう。他の市場に出市するかどうかの問いに対しては，「する」と答えた者は 3 分の 1 に満たない。これは，過半数が「する」と答えた販売者の場合と大いに異なる点である。

図 2-7 は，以上のような購買者の行動を具体的に確認するため，その移動状況を地図化したものである。この図から，まず，城関鎮の商貿大世界と少室農貿市場は，同鎮の市街地のみから購買客を集めていることがわかる。それに対して，同鎮の日曜市は，鎮内のみならず，遠距離の他郷鎮からも購買者を集めている。一方，農村部の諸市場は，周辺地域から広く客を集めているが，ほとんどの客は，同一郷鎮内からであり，他郷鎮からの者はごく一部である。したがって，販売者の移動を示した図 2-6 に比べ，一般に移動トリップが相当短くなっている。

さらに，購買者の購買活動について検討して見よう。まず，当日の全ての購買品の延べ数で集計してみると，野菜（16.9%），既製服（16.3%），その他の工業製品（15.5%），肉・魚（14.0%），靴・鞄（10.5%）の順となる。次に，各購買者の当日の購買品の内で，購買額が最大のものを「主要購買品」として集計してみると，既製服が最も多く（21.0%），その他の工業製品（19.5%），肉・魚（14.5%），靴・鞄（12.0%），布類（9.5%）がそれに次ぐ。「全購買品」に比べ，野菜のように単価が低いものが構成比を下げ，単価の高

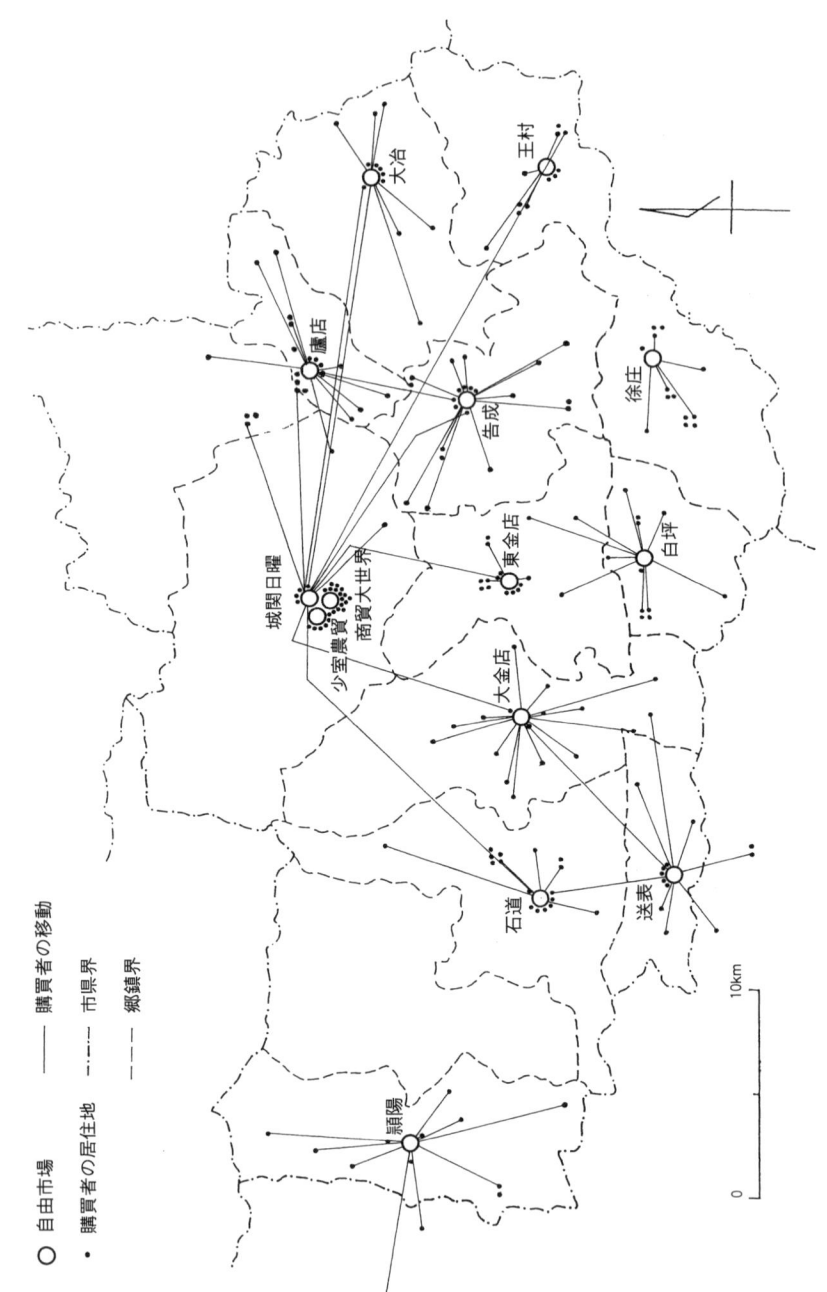

図 2-7 登封市域における自由市場購買者の移動

いものが構成比を上げている。野菜など生鮮食料品は，購買件数は多いが，購買額ではウエイトがあまり高くないことを示唆している。当日の市場での各人の購買額合計を出してみると，10元以下の者から，500元以上の者まで，格差が著しいが，50.0～99.9元の階級の者が最も多く，平均値は83.7元でかなりの額にのぼる。また，生鮮食料品に限って，その全消費高に対する市場での購入額の割合（市場依存率）を問うたところ，10～29％の者が最も多いが，他方では90％以上と答えた者もかなりおり，平均では39.5％であった。これは農村地域である当地方では，生鮮食料品の消費に自給部分が相当あることを示している。

(6) 小　結

　以上，農村部が主体で一部都市部を含む登封市域の自由市場の現況を検討してきた。明らかにされた諸点を要約すると以下のとおりである。
　①登封市域では，改革開放政策下に自由市場が復活・発展し，現在では，人口3万人弱に1カ所の割で，21カ所の市場が分布している。ほとんどの郷鎮政府所在地には中規模以上の市場が立地しており，それらの多くは隔日市で一部が毎日市であるが，前者は，旬に1・2回の「会」の日を持っている。
　②自由市場は，道路敷や広場を利用して開かれ，工商所の管理下にあり，上屋等の設備がなされている場合もあるが，「退路進庁」はあまり進んではいない。大部分の市では，販売者は管理費を払い，出店許可証を得て，商品毎に指定されたセクションに出店する。提供される商品は，生鮮食料品をはじめとする食料品，衣料品をはじめとする工業製品及び各種のサービスからなっている。
　③自由市場の販売者は，青・壮年層を中心とする男女で，農家の副業としての市営業が広く見られ，町場では農村部からの出稼ぎ人口の就労の場としての市営業が注目される。販売者は，三輪自転車・バス等を利用し平均10km近くを移動し，1カ所の市に出る者と，複数の市を廻る者とに分かれている。平均的な出市者の月収は，500元以上になると推定される。
　④自由市場での購買者は，市場周辺に住む住民一般で，様々な職業の者が含まれる。平均5km程度を，自転車やオートバイ・バスを利用し，月に7回程度出市する者が多く，複数の市に出市する者は少ない。購買品は各種の商品からなるが，購買額では衣料品など工業製品のウエイトが高く，生鮮食料品につ

いては，市場で購入する他に，かなりの自給部分がある。出市頻度は高くはないが，1回当たりの購買額はかなり高い。

5　おわりに

　第1節で論じたように，自由市場に対する政策は，計画経済期には度々変更されたが，概して抑圧的であった。これに対して改革開放期に入ると，自由市場はむしろ積極的に推進された。

　その結果，第2節で見たように，全国的にも，また河南省や鄭州市の範囲で見ても，自由市場は改革開放期に一貫して発展してきた。

　ただし，第3節で論じた大都市地域と，第4節で検討した農村地域を比較すると，以下のような相違点が指摘される。

　①大都市地域に比べ農村地域では，自由市場の分布が空間的にも疎であるのみならず対人口比においてもやや疎である。また，大都市地域では毎日市が一般的であるが，農村地域では，ほとんどの市が定期市である。

　②工商所による市場管理の仕組みや市場の構造は両地域とも類似している。しかし「退路進庁」政策の実行は，大都市地域でより進んでいる。

　③大都市地域では失業・半失業人口が市営業に参加しているのに対し，農村地域では零細な農民が兼業の一つとして市営業を選択している。農村出身の「流動人口」が市営業に従事する現象は，大都市地域では広範に見られ，中小都市でもある程度確認された。

　④生鮮食料品購買の市場依存率は，大都市地域では高いが，農村地域では低く自給部分があることが推測される。購買額の最も大きい商品は，大都市地域では生鮮食料品であるが，農村地域では衣料品である。また，市密度が高い大都市地域では，購買者の多くが複数の市場を利用しているのに対し，農村地域では，購買者の多くは単一の市場を訪問するだけである。

　このように，自由市場は，一方で都市のいわゆる「流動人口」や失業・半失業人口にインフォーマル・セクターとして生計の場を与えると共に，他方農村部では零細農民に副業の場を与えており，加えて，都市住民には主として生鮮食料品の，農村住民には衣料品を中心とする生活必需品の購入の場として，欠くことの出来ない存在となっている。「退路進庁」政策の進展と共にその外貌

は変化すると考えられるが，今後も，少なくとも当分の間，その活況は続くものと予想される。

（1） 久重福三郎「新中国経済建設下の商業の動向」『太平洋問題』（9/10, 1954年）1‐10頁。
（2） 久重福三郎「中国国営商業の市場支配」『神戸外大論叢』（7‐1/2/3, 1956年）349‐372頁。
（3） G. W.スキナー，今井・中村・原田訳『中国農村の市場・社会構造』（法律文化社，1979年，原著，1964/65年）110頁。
（4） 久重福三郎「中共の市場自由化について」『神戸外大論叢』（7‐5, 1957年）1‐25頁。
（5） 菅沼正久「社会主義革命達成後の中国国内市場の変化」『中国資料月報』（110, 1957年）36‐38頁。
（6） 久重福三郎「中共の市場管理再強化と物資の統一配分」『神戸外大論叢』（9‐1, 1956年）67‐79頁。浅田喬二「農業協同化達成後の中国農村市場の若干の問題」『農業総合研究』（12‐3, 1958年）237頁。
（7） 米沢秀夫「人民公社化後の商品流通機構」『中国資料月報』（140, 1959年）4‐5頁。
（8） 南部稔「中国における商品流通の計画化と自由化」（1）・（2）『季刊東亜』（9/10, 1970年）85頁。
（9） スキナー，前掲（3）120頁。
（10） 南部，前掲（8）85‐86頁。
（11） スキナー，前掲（3）120頁。
（12） 草野文男「中国商業の構造と農村商業の機能」『拓殖大学論集』（120, 1979年）23‐24頁。
（13） 米沢，前掲（7）21‐25頁。
（14） 大崎富士夫「中国の集市とその実態」『広島商大論集』（2‐1, 1961年）85‐87頁。
（15） スキナー，前掲（3）125頁。
（16） 南部，前掲（8）91頁。
（17） 土井章「中国の商業改革」『昭和同人』（1970‐4, 1970年）12頁。南部，前掲（8）43頁。
（18） 立石昌広「中国における商業・サービス業をめぐる最近の議論」『研究論集』（神奈川大学大学院経済学研究科，53, 1981年）86頁。
（19） 宮下忠雄「文革と中国の商業組織」『季刊東亜』（13, 1971年）10‐11頁。
（20） 宮下，前掲（19）10‐11頁。
（21） 土井，前掲（17）16頁。

(22) 南部稔「中国の商品流通と価格メカニズム」『商大論集』(神戸商科大学経済研究所, 32‐3, 1981年) 119‐123頁。黄洪年「中国の商業流通の現状」『日中経済協会会報』(115, 1983年) 28頁。『中国年鑑』1988年版, 115頁。『中国年鑑』1990年版, 115頁。

(23) 浜勝彦「本格化する中国流通部門の改革」『アジアトレンド』(アジア経済研究所, 25, 1983年) 98‐99頁。中島誠一「商業・流通体制の改革」『中国経済』(217, 1984年) 49‐50頁。『北京週報』(21‐5, 1983年), 6頁。『中国年鑑』1986年版, 81頁。『中国年鑑』1988年版, 115頁。

(24) 横井靖男「中国の商業・物資流通事情」『中国経済』(216, 1983年) 52‐62頁。浜, 前掲 (23) 95‐97頁。中島, 前掲 (23) 48‐53頁。『北京週報』(21‐5, 1983年), 6頁。

(25) 南部, 前掲 (22) 125‐126頁。黄, 前掲 (22) 30‐31頁。横井靖男「中国の商業・物資・物流事情および近年の日中経済交流」『アジア交流』(49, 1984年) 88‐89頁。浜勝彦「広東省の流通改革の現状」『中国経済』(228, 1984年) 46‐53頁。入柿秀俊・水野百合「中国の流通」『基金調査季報』(海外経済協力基金, 51, 1986年) 165頁。『中国年鑑』1986年版, 80‐81頁。

(26) 南部, 前掲 (22) 119頁。及び黄, 前掲 (22) 28‐30頁。

(27) 浜, 前掲 (23) 98頁。

(28) 『中国工業通訊』(193/194, 1982年) 4頁。南部, 前掲 (22) 123頁。謝庭亨「自由市場の運営状態」『日中経済協会会報』(114, 1983年) 26‐27頁。

(29) 浜, 前掲 (23) 91頁。中島, 前掲 (23) 48頁。『中国年鑑』1988年版, 115頁。

(30) 池上彰英「食糧の流通・価格問題」阪本楠彦・川村嘉夫編『中国農村の改革』(アジア経済研究所, 1989年) 80頁。

(31) 森久男「都市改革と生鮮食料品流通機構の再編」阪本楠彦・川村嘉夫編『中国農村の改革』(アジア経済研究所, 1989年) 122頁。

(32) 森, 前掲 (31) 119‐183頁。

(33) 『中国年鑑』1991年版, 96‐97頁。同1992年版, 119頁。同1993年版, 123頁。同1994年版, 125頁。同1995年版, 140頁。

(34) 『中国年鑑』1993年版, 122頁。同1994年版, 124‐125頁。同1995年版, 139‐140頁。同1996年版, 147‐148頁。同1997年版, 155頁。

(35) 『中国年鑑』1994年版, 125頁。同1995年版, 140頁。同1996年版, 147‐148頁。同1997年版, 155頁。

(36) 菅沼圭輔「農産物流通の自由化と広域流通の展開」加藤弘之編『中国の農村発展と市場化』(世界思想社, 1995年), 81頁。

(37) スキナー, 前掲 (3) 107頁。

(38) 南部, 前掲 (8) 52‐56頁。

(39) 菅沼, 前掲 (5) 36頁。

(40) スキナー, 前掲 (3) 119頁。

(41) 南部,前掲(8)91頁.
(42) スキナー,前掲(3)130頁.
(43) スキナー,前掲(3)131頁.
(44) これらの統計は,本来国営および集体の小売業(いずれも基本的に店舗商業)を管理して来た商貿局系統の統計であると考えられる.これに対して,集市は工商行政管理局の管轄下にある.
(45) 「集市」の中に卸売市場が含まれることは,以下の資料により明らかである.国家工商行政管理局・中国農村経営報社編『全国主要集市名冊』(農村読物出版社,1987年).中国集市大観編写組編『中国集市大観』(中南工業大学出版社,1988年).
　なお,これらの資料の分析については,石原潤「中国の自由市場について」『名古屋大学文学部研究論集』(110,1991年)および,石原潤「『中国集市大観』に見る中国の自由市場」『名古屋大学文学部研究論集』(119,1994年).
(46) 池上彰英「経済発展と農業成長」加藤弘之編『中国の農村発展と市場化』(世界思想社,1995年)51-76頁.
(47) 河南省経済社会発展戦略規画指導委員会・河南省人民政府調査研究室編著『河南省情』(河南人民出版社,1987年).
(48) 『河南統計年鑑』1995,および1997年版,中国統計出版社.
(49) 『河南統計年鑑』1997年版,中国統計出版社.
(50) 郊外の集貿市場については,中原区,管城回族区,および邙山区に関しては,その分布が判明したが,その他の区については,情報が得られなかった.
(51) 「攤位」については,後述.
(52) 当市場は,古くは5と10の日に開かれる定期市(集)であった.したがって,現在地に移転後も,5と10の日には,普段より,売り手・買い手ともに1,2割参加者が多いという.
(53) 「流動人口」とは,都市戸籍を持たずに,農民戸籍のままで,一時的に都市に居住する人口を言う.
(54) 石原潤「中国の自由市場について」『名古屋大学文学部研究論集』(110,1991年).
(55) 1畝(ムー)は,約0.067ヘクタール.
(56) 彼らは,市場で購入した商品を再販売する小商人や大単位の調理場担当者である.
(57) 登封県地方志編纂委員会編『登封県志』(河南人民出版社,1990年).
(58) 登封県工商行政管理局編『登封県工商誌』(登封県工商局,1988年).
(59) 中国では,短い周期で開かれる定期市を「集」(華北)・「場」(四川等)・「虚」(華南)などと呼ぶのに対して,年に1ないし数回程度開かれる大市を一般に「会」と呼んできた.その代表的なものは,寺院の祭礼と関連して開かれる「廟会」である.しかしながら,調査地域一帯では,現在では,毎日市及び隔日市を

「集」と呼び，旬に1～3回程度開かれる定期市をも「会」と呼んでいる。本稿では，この用例にしたがって記述する。

第3章　経済改革下の郷鎮企業の発展方向

■林　和生

1　めざましい発展をとげた郷鎮企業

（1）　改革開放政策開始より 20 年

　1978年12月19日の「中国共産党第11期第3回中央委員会全体会議」（三中全会）で経済の改革開放政策の実施が決定されてから20年余りが経過した。その間に，中国経済は外資の積極的導入策などにより大きく成長し，1998年の国内総生産（GDP）は1978年の実質6.4倍になり，国民1人当たりでも225ドルから774ドルに増加した。人々の暮らしは目に見えて豊かになり，都市部ではまずまずの生活水準である「小康」水準に到達した。この間の急速な経済成長を引っ張ってきたのは，外資系企業でも国営企業（全民所有制企業ともいう。1993年3月の全国人民代表大会で国有企業に改称された）でもなく農村から誕生した郷鎮企業であった。中華人民共和国建国後の鉱工業の発展を一貫して支えてきた国営企業は，経済の改革政策の実施後はこれまで包み込んできた数多くの問題点が一気に顕在化して経営が悪化し，牽引車としての役割を果たせなくなった。

　社会主義計画経済のもとでの国営企業は，企業としての経営自主権をもてない単なる生産単位であった。政府の投資・生産計画に従い，1本1本のネジ・釘の生産から製品の最終組立まで一貫して行なうため，内製率は高いが生産効率は低いフルセット型生産（大而全，小而全）を続けてきた。また計画に従って命令があれば，収益性に乏しい製品でも生産しなければならなかった。そして製品は国の販売計画に従い，全量が国営商業機構か他の国営企業に引き取られる仕組みであった。利益は政府に全て上納され，企業には設備更新や研究開

表 3-1 中国における郷鎮企業の地位（％）

年次	I	II	III	IV	V
1978	9.2	24.0	2.0	9.1	77.6
1980	9.4	23.5	2.4	9.9	76.0
1985	18.8	43.0	7.4	18.8	64.9
1990	22.1	57.7	13.9	25.3	54.6
1994	26.9	69.4	22.2	42.0	37.3
1995	28.6	77.2	33.0	44.2	32.6
1996	29.8	—	32.0	—	28.5

I：農村労働力に占める郷鎮企業就業者数の割合
II：農村総生産額に占める郷鎮企業生産額の割合
III：国の税収全体に占める郷鎮企業の納税額の割合
IV：工業総生産額に占める郷鎮工業生産額の割合
V：工業総生産額に占める国有工業生産額の割合
（注）『中国統計年鑑』『中国郷鎮企業年鑑』『中国農村統計年鑑』より作成。

発など自主的に経営投資できる資金は残されなかった。さらに国営企業は老朽化した設備と生産に直接従事しない従業員を多数抱え，重化学工業を中心に市場競争を度外視して市場の需要にも合致しない製品も生産してきた。すなわち国営企業は資本主義的な市場機構を排除する国家の政策のもとで，非効率な経営を続けてきたのである。ところが三中全会で決定された経済の改革開放政策の実体は，市場経済化を進めようという政策の大転換であった。計画経済の下で発展を続けてきた国営企業が，それに直ちに適応できなかったのは当然のことであった。

　低迷する国営企業に対して，1980年代以降に猛烈な勢いで発展をとげたのが，すでに多くの研究が指摘するところの郷鎮企業だった[1]。郷鎮企業の中核をなす工業企業を例にとると，国内の工業生産額に占める郷鎮企業の割合は，1978年には9.1％にすぎなかったが，1990年には25％を越え，1995年には44.2％に達し，32.6％を占める国有企業を大きく引き離した[2]（表3-1参照）。また従業員数でも全従業員の49.6％を郷鎮企業が占めるのに対して，国有企業は31.6％にすぎない。

　郷鎮企業は繊維製品や雑貨品・家庭電化製品を中心に，日用非耐久消費財の生産に重点をおいて急速に発展をとげてきた。それによって従来重化学工業に

著しく偏重していた工業の生産構造が変化した。さらに国家の税収に占める郷鎮企業の納税額の割合も，1978年の僅か2.0％から1994年には22.2％へと大幅に増加し，国家財政の財源としても赤字企業が3分の1以上を占めるといわれる国有企業に代わり重要性を増している。そして郷鎮企業はわが国の中学校や高校の地理教科書にも登場するまでになった。

本章の目的は，中国の中部地区に位置する河南（ホーナン）省鄭州（チョンチョウ）市域の郷鎮企業の活動を通して，蘇南（スーナン）地区や珠江（チューチャン）三角州など沿海地区と較べてこれまでほとんど報告がなかった内陸地区の郷鎮企業がもつ特色をとらえることにある。内陸という立地条件が，郷鎮企業に沿海地区とは異なったパフォーマンスを展開させているのではないかと考えたからである。

（2） 社会主義市場経済と郷鎮企業のめざましい発展

1980年代以降，郷鎮企業は決して一本調子で急発展を続けてきたわけではない。度々繰り返された経済過熱の主犯にされたり，国営企業から度々「国営大企業からエネルギー・原材料を奪い取った」とか「社会不正の源」と批判された。政府内でも「郷鎮企業性悪論」が時に台頭し，優遇措置が取り消されたり制裁措置がとられたりした。1988年に，価格改革を引き金に建国以来最悪のインフレが起こったが，インフレに対する政府の対策の柱は金融引き締め策の実施だった。銀行による運転資金の貸し渋りは，自己資本比率が低く経営基盤が脆弱な郷鎮企業を直撃した。さらに政府は国営企業を保護するために，重要な生産資材を国営企業に独占的に生産させ，郷鎮企業に対するそれまでの財政上の優遇措置を撤廃し，逆に課税の強化をはかった。そのため，郷鎮企業への資金，エネルギー，原材料の供給が逼迫した。さらに全国的な消費不況が追い打ちをかけ，資金繰りの悪化から全国で数多くの郷鎮企業が倒産に追い込まれ，多数の失業者が発生した。正確な倒産数は不明だが，『中国郷鎮企業年鑑』によると，1988年から1990年の2年間に工業企業は51.5万社減少し，従業員数も工業企業で131.7万人，建築業企業で130万人減少している。郷鎮企業の倒産により就業先を失った農村労働力が大都市や沿海部に仕事を求めて流出するいわゆる「民工盲流」現象も顕著になった。

政府が経済の整理・整頓政策を強力にとり続けた結果，インフレはしだいに

収束し全国卸売物価指数の上昇率は1990年には2.1％，1991年には2.9％と鎮静化した。そのためこれ以上の引き締め策はかえって経済に悪影響をおよぼすという認識が政府内で広まった。また再度，農村の近代化には郷鎮企業の発展が不可欠だという認識も政府内部で強まり，農業部は1990年1月に①郷鎮企業を発展させる政策，②公有制を主体とし，各種所有制の企業を発展させる政策，③計画経済と市場経済を結合させる政策，④労働に応じての分配を中心とする各種の分配形式を堅持する政策，⑤郷鎮企業の請負経営責任制と工場長責任制を堅持する政策，⑥郷鎮企業の営業担当者の役割を発揮させる政策，⑦科学技術者の農村への派遣を促進する政策，⑧郷鎮企業管理部門と他の部門との関係を協調させる政策の8政策は不変であると発表した。さらに農業部は郷鎮企業の権益を法的に保護するために，3月に「農民株式共同企業臨時規定」を公布し，6月に国務院は「中華人民共和国郷村集団所有制企業条例」を公布した。

　1992年の1～2月に華中・華南地方への長期の視察旅行を行なった鄧小平は，各地で重要談話（いわゆる「南巡講話」）を発表して，強い調子でより大胆に改革開放を進め，経済改革の速度を加速することを訴えた。この中で鄧小平は「国営大中型企業と郷鎮企業はともに社会主義の優位性を示すもの」であり，「郷鎮企業は別働隊のように突然現われた（原文では『異軍突起』）」[3]と郷鎮企業の力量を讃えた。郷鎮企業が農村変革の牽引車であることを最高権力者が公認したのである。この「南巡講話」をうけた同年10月の党の第14期全国代表大会では，「社会主義市場経済体制」を経済の改革の目標体制とすることを決定し，経済体制として全面的な市場経済化を正式に容認した。鄧小平の「南巡講話」はまた郷鎮企業を興すことに躊躇していた農民や農村幹部を大いに励まし，郷鎮企業はまた猛烈な勢いの発展を再び始めた。

　1993年2月，国務院は東部沿海地区と中部・西部地区の経済の発展格差の主たる原因が郷鎮企業の発展格差にあるという認識から，農業部の『中西部地域の郷鎮企業の発展を加速させることに関する決定』を承認し，郷鎮企業の発展をはかるための様々な施策を提起した。とくに中部・西部地区は独自で郷鎮企業を発展させる力量に乏しいため，沿海地区の郷鎮企業や大中都市の国有企業による中部・西部地区への投資が奨励され，単独投資や地元企業との合弁事業に対して一定期間の税金の減免などの優遇措置が与えられた。

1993年11月，党の14期3中全会で『社会主義市場経済体制を確立する上での若干の問題についての中共中央の決定』(略称50カ条)が採択され，市場経済化への具体的道筋が示された。農村の余剰労働力の受け皿となる郷鎮企業については「農村経済の重要な支柱」と位置づけ，財産権制度と経営方式の革新による一層の活性化を要求した。

1996年4月の第8期全国人民代表大会第4回会議で正式に決定された「第9次5カ年計画(1996～2000年)及び2010年に至る長期計画目標」では，郷鎮企業の発展を農村経済発展の戦略的重点と位置づけた。そのため郷鎮企業の資質と水準を向上させ，郷鎮企業を適度に集中立地させ，郷鎮企業の発展と小都市(小城鎮)の建設とを結びつけ，農業余剰労働力の秩序ある移転を促すことを要求した。郷鎮企業を農村での「都市的空間」建設の主要な担い手と位置づけ，環境汚染源でもある郷鎮企業を「都市的空間」に集中立地させることで，インフラ施設や排出物処理施設の効率的建設や運用などといった集積の効果も期待された。

「第9次5カ年計画」は，毎年の経済成長率目標を8％とし，うち郷鎮企業の分担分は56％，すなわち4.48％は郷鎮企業の成長で達成されるという計画である。その達成には，郷鎮企業は年率平均18％の高度成長を持続することが必要である。また農業の年率4％成長，農民収入の5％以上の成長，農村労働力年間500万人収容等の目標は，郷鎮企業が毎年18％以上の成長を達成してこそ可能となる。郷鎮企業が高い成長を持続することが，中国の経済成長，農村の近代化の成否の鍵となっている。

2　郷鎮企業の基本的特質と地域発展モデル

(1)　郷鎮企業の定義と基本的特質

郷鎮企業の性格については，郷鎮企業が猛烈に発展しかつその変貌ぶりも急激であるため，数多くの議論がある。郷鎮企業の定義については一定の共通認識ができあがりつつあるが，議論を進めるに際し，改めて郷鎮企業の基本的特性を整理しよう。

郷鎮企業の前身は人民公社と生産大隊・生産隊が所有・経営する「社隊企業」であったが，人民公社の解体にともない「郷鎮企業」に改称された。また

その範囲も従来の社隊企業（郷・鎮営企業と村営企業に名称変更）に加えて，複数の農民が共同で設立した合作企業，その他の形式の合作企業，個人経営企業も含むように大幅に拡張された。その具体的範囲を政府の統計部門と郷鎮企業の主管部門の規定に従って，所有制度の特色から整理すると，以下のようになる。[6] ①郷・鎮営企業，②村営企業，③組営企業，④農民聯戸企業，⑤個人企業，⑥私営企業（雇用労働者が7人以下なら個人企業，8人以上なら私営企業）。そのほか郷鎮企業主管部門が規定する統計の範囲には，郷鎮企業の基本的特徴を備えていないが，管理と統計上の便宜から「城鎮街道営企業」が郷鎮企業に含まれる。

ここでいう郷鎮企業の基本的特徴とは，次の3点である。

①郷鎮企業の労働者はみな地元の農民出身であり，農業からは完全に離脱していない。

②郷鎮企業の労働者は農地と密接な関係にある。彼らはみな農村に自己の請負農地を持ち，それを家族に耕作させたり，暫時別の農民に転包させたりしている。

③郷鎮企業は農民（郷・鎮政府や村政府，農民個人）が所有・経営し，農民が生産，収入，利益の分配などを自主的に行ない，農村経済の一部分を構成する。

農村・農業と密接な血縁関係と土地関係，経済関係を保持した農村経済の構成部分で，生産，流通およびサービス活動を行なう農民が所有し自主的に経営する独立採算の経済組織が郷鎮企業である。国有企業と100％外資企業をのぞいた農村で活動するあらゆる企業をひとまとめにして郷鎮企業と呼ぶ。[7] 郷鎮企業の活動範囲は，初期には「因地制宜」（各地の事情にふさわしい方法，手段）の前提のもとで，「三就地」＝「就地取材，就地加工，就地鎖售」（原材料の確保，加工，販売を地元で行なうという）の原則で局地的な市場に限られていた。これは社隊企業が人民公社内部で必要とする物資の生産に活動範囲を限定して発達したという特徴を郷鎮企業が引き継いだことによる。しかし，この「三就地」の原則は郷鎮企業が大都市の生活物資や輸出品の生産拠点となることですぐに突破され，郷鎮企業の空間的活動範囲は全国市場や国際市場にまで拡大し

ていった。

　また郷鎮企業の条件に①農村に所在，②非国有，③非外資独資企業をあげることがあるが，そのうち農村に所在という条件は，大都市域や経済開発区に投資して製造業やサービス業を経営する事例が増えているため，もはや郷鎮企業を定義づける条件にはなりえない。また労働力も企業の発展に伴い郷鎮や村の境界を越えて省内各地や他省からより低賃金の労働者を雇用したり，工場長を請負制で農民外から募集するのが当たり前になっている。さらに農村経済から独立して企業自身の発展だけを目的とした経営を行なう企業も増えているため，「農村で活動」とか「地元農民を雇用」といった郷鎮企業の概念も修正する必要がある。長江（チャンチャン）三角州や珠江三角州で見られるような最新鋭のFA化（工場生産の自動化）した設備をもつ巨大工場も，また民家の一部を改造して細々と縫製業を営む零細工場もともに郷鎮企業である。従業員が3万人をこえる炭鉱も，数千人の女工が3交代制で働く紡績工場も，あるいは個人で石炭・石材をトラクターで輸送したり，集貿市場の一角で小間物屋や飯屋を営むのも等しく郷鎮企業である。こうしたきわめて多彩な郷鎮企業の現実のパフォーマンスをみると，郷鎮企業とは「農民や農村基層政府（郷・鎮政府や村民委員会）が所有あるいは一部出資した企業」ときわめてあいまいに定義づけるしかないのではなかろうか。[8]それほど郷鎮企業のパフォーマンスは多彩となり，また市場の動向に敏感に反応して迅速かつ変幻自在に変貌を続けているのである。

（2）　郷鎮企業の地域発展モデル

　中国では全国の農村の近代化を迅速に実現するうえで，お手本となる地域経済の発展モデル探しが，経済学者や農村社会学者，政府の経済政策担当幹部によって活発に行なわれてきた。その目的はとくに未発達地域の経済をテイクオフさせるお手本を探すことにあった。全国から経済発展が著しい地域をピックアップし，その地域の郷鎮企業の発展形態と経済の発展の特色を，郷鎮企業を駆動輪とした地域経済の発展モデルとしてとらえ，その発展の要因と経験を様々な角度から分析して他地域でも実行可能な方策を探っているのである。

　郷鎮企業の地域モデルを最初に提示したのは費孝通である。費孝通は彼が中心となって組織した「江蘇省小城鎮研究会」の第1文集『小城鎮　大問題』に

寄せた「小城鎮　再探索」の一文のなかで，蘇州（スーチョウ）・無錫（ウーシー）・常州（チャンチョウ）・南通4市を中心とする蘇南地区に特徴的な，都市の国営工業と連携した郷鎮工業が主導する農村工業化の経済モデルを「蘇南地区模式」と名づけた。費孝通は郷鎮企業の発展モデルとして蘇南模式のほかに，江蘇（チャンスー）省北部の「耿車模式」，浙江（チョーチャン）省南部の「温州（ウェンチョウ）模式」，河南省東部の「民権模式」，広東（コワントン）省の「珠江模式」，福建（フーチェン）省の「僑郷模式」を取りあげている。

　蘇南模式は以下の理由から内外の注目を集め，一躍有名になった。その理由を列挙すると，提唱者の費孝通が国内外で著名な社会学者で中国の政界・学界に大きな影響力をもつこと，蘇南地区の農村が郷鎮企業を駆動輪にして空前の経済成長を遂げ農民の生活が目に見えて豊かになったこと，国家資金を投入することなく農村の内部蓄積で内発的に農村を迅速に近代化する方策として党・政府が注目し，当時の党総書記胡耀邦が費孝通の論文を絶賛し『瞭望』をはじめ全国各地の新聞・雑誌に転載されたことなどである。『1984年の農村工作に関する中共中央の通知』で，党中央が社隊企業を農村経済の重要な柱石としてその発展を積極的に支持したのも，費孝通の主張と蘇南模式を農村近代化の最も有効な方策として公認したからであった。こうして費孝通と彼の研究グループが析出した農村経済の地域発展モデルは，大きな関心を集め，関連した調査・研究が数多く行なわれた。それらの調査・研究では，費孝通たちが提唱した発展模式の発展プロセスや発展条件の分析，および実態分析，あるいは新たな地域発展模式の発見などが精力的に行なわれた。例えば張毅は集団経済が主体である蘇南模式と個体連合体経済が主体である温州模式を郷鎮企業の代表的発展モデルとした。また陳吉元たちは次の7つの郷鎮企業の模式を提出し，それぞれの模式の特色に論究している。

①蘇南模式…農業発達地区型郷鎮企業模式　　　　江蘇省蘇州・無錫・常州郊区
②温州模式…市場型郷鎮企業模式　　　　　　　　浙江省温州市郊区
③耿車模式…農業未発達地区型郷鎮企業模式　　　江蘇省宿遷県耿車郷
④平定模式…資源開発利用型郷鎮企業模式　　　　山西省平定県
⑤珠江模式…外向型郷鎮企業模式　　　　　　　　広東省珠江三角州
⑥晋江模式…僑郷股份経営型郷鎮企業模式　　　　福建省晋江県

⑦滬郊模式…城郊型郷鎮企業模式　　　　　　上海市郊県

　次に『当代中国的郷鎮企業』は集団企業が主体の蘇南地区,「四輪駆動」で郷鎮企業が発展した河北省廊坊地区,家内工業から個体連合体企業が発達した温州地区を取りあげている。さらに呉天然は農村工業化の模式として①蘇南模式,②温州模式,③阜陽模式,④珠江三角州模式,⑤泉州模式,⑥平定模式,⑦広漢模式,⑧海安模式,⑨耿車模式,⑩大邱庄模式,⑪竇店模式の11の模式を提示し,それぞれの模式の特色を述べた後に,工業化の起爆剤は何かという点からこれらの11模式を(1)工業自我発動型,(2)市場拉動型,(3)農業推動型の3類型に分類した。ところでこれらの模式(モデル)はいずれも演繹的に取り出されたものではなく,郷鎮企業発展の地域的成功例として国内で有名になったもので,大島が指摘するように概念規定よりも実態がはるかに先行し,これを後に現状追認的に発展モデルとして提出したものである。

　郷鎮企業発展の初期条件から発展モデルを類型化した研究としては,秦少相による蘇南地区,温州地区,集団企業を主体とし私営企業と三資企業も迅速に発展している両江地区(珠江三角州と閩江三角州),伝統的農業を基礎に農村工業化が始まった諸城市に関する分析がある。彼は特に蘇南地区と温州地区について発展の初期条件を詳細に比較分析している。また中国社会科学院と世界銀行が行なった郷鎮企業の共同研究のなかで,簡・斯維納,潘承芬は郷鎮工業の発展状況に大きな違いがある長江三角州の無錫県,珠江三角州の南海県,江淮平原の界首県,武夷山北麓の上繞県の4県をとりあげ,発展に相違を生じさせた地域的諸条件について詳細な分析を行なった。さらに王拓宇は全国を郷鎮工業の発達度合から3地区に区分し,郷営・村営の両級工業の主要業種の組合せ(機械‐紡績型,機械‐建材型,石炭‐建材型,建材‐食品型,建材‐機械型,その他の型の6類型)と対比させて郷鎮工業の発達度合における地域的相違の要因を考察している。

　日本人による郷鎮企業の研究としては,上野和彦が都市‐農村関係に着目して,特定の地域にとらわれずに郷村型郷鎮企業,城郷型郷鎮企業,城鎮型郷鎮企業の3つの郷鎮企業の発展形態を提示していることが注目される。

　経済の改革開放政策の申し子というべき郷鎮企業のこの約20年間の発展形態と発展の方向は,そこから数多くの地域発展モデルが取り出されているよう

に，郷鎮企業が立地する各地域がもつ固有の歴史・社会・経済の諸条件の違いからきわめて多様である。また郷鎮企業の活動分野が大きく広がると同時に，上野が指摘したように郷鎮企業の性格も大きく変化してきている。郷鎮企業がもつ最も優れた特性は，国内経済や国際経済の変化にすばやく反応して，融通無碍にその姿を変えながらも成長を持続できるという経営の柔軟さにある。よって，ある地域の特定の時期における郷鎮企業の企業活動の特徴と農村経済の発展の特徴から導き出された地域発展モデルは，その地域の経済的諸条件やマクロな市場条件が変化すれば，あるいは郷鎮企業が諸条件の変化に対応してその特性を変化させれば，モデルそのものを修正しないかぎりモデルには歴史的価値しかなくなるだろう。また地域がおかれた立地条件や地域を取り巻く諸条件は多種多様で，全く同一の条件を有する地域はまず存在しないから，成功した郷鎮企業の地域発展モデルの手法をそのまま模倣しても同じように経済発展を実現できるとは限らない。地域を取り巻く諸条件が変化したため模倣の時機を逸して失敗した例も少なくない。

3　河南省における郷鎮企業の発展

郷鎮企業の地域発展モデルの多くが江蘇省や浙江省・福建省・広東省など東部沿海地区の郷鎮企業の実態から導き出されたことからわかるように，郷鎮企業の調査・研究は東部沿海地区で重点的に実施され，内陸の中部・西部地区の郷鎮企業や農村経済に関する調査・研究はきわめて少ない。特に外国人研究者による調査・分析はほとんど行なわれてこなかった。これは郷鎮企業が東部沿海地区で猛烈な発展を持続し，その効果で農村が劇的ともいえる変化を遂げたのに対し，中部・西部地区ではその発展や変化の速度が比較的緩慢で，内外の研究者の関心を集めることが少なかったためである。また東部沿海地区の郷鎮企業のパフォーマンスが，中国の郷鎮企業の全てを代表するかのような論調もしばしば目にされる。しかし内陸地区の地域経済のなかでも郷鎮企業は高度成長セクターであり，また沿海地区の農村より貧しい経済状態にあった内陸地区の農村は，郷鎮企業の発展によって極めてドラスティックな変貌を遂げている。さらに内陸地区の郷鎮企業は後述するように，発展の初期条件や地域固有の立地条件，経済的環境の違いから，沿海地区とは違った方向への発展を見せてい

る。先に述べたように政府も郷鎮企業に中・西部地区の農村経済の発展の起爆剤としての役割を期待しているのである。

（1） 河南省の郷鎮企業の特色とその地位

河南省はGDP（国内総生産額）の規模では，香港（ホンコン）と台湾（タイワン）を除いた全国31の省・直轄市のなかで第5位に位置するが，人口が最も多い省である。そのため1人当たりのGDPでは第21位にまで後退してしまい，第1位の上海（シャンハイ）市と比較するとその約6分の1にすぎない。また全国平均のまだ73％の水準にとどまっていて，経済的にはなお遅れた地域の一つといえるだろう。

次に河南省の郷鎮企業の実態について統計にもとづいて概観する。ところで郷鎮企業に関する統計は集計の基準や項目がたびたび変更され，統計編集機関によってもデータの収集や集計の基準が異なっている。例えば生産額については，最近は総生産額とその業種別内訳が公表されず，付加価値生産額しか公表されないため，長期にわたる統計の利用ができず経年変化などをとらえることが困難になっている。こうした統計利用上の限界をふまえたうえで，河南省の郷鎮企業の動向をみていこう。表3－2に示したように1996年に省の農村総生産額に占める非農業生産額は70％をこえ，なかでも郷鎮企業の主体である農村工業の割合は全体の約半分を占める。経済の改革政策実施直後の1980年における農村工業の割合は16％にすぎなかったが，1986年には25％をこえ，1988年には30％，1992年には40％，1993年には50％をこえた。とりわけ1990年代に入って迅速に発展してきたことがわかる。これは1980年代後半に農村工業が爆発的に発展を遂げた沿海地区の江蘇省や浙江省と比較して7～8年遅れている。また郷鎮企業の生産額は1994年で農村総生産額の62％を占めているが，江蘇省や浙江省ではすでに80％前後に達している。農村工業は，江蘇省では農村総生産額の73％，浙江省では79％を占めるが，河南省ではまだ47％を占めるにすぎず，中国全体の数値57％と較べても約10ポイント低い。河南省の郷鎮企業は企業数では全国で最も多く，1992年には約216万社を数えたが，その後集計の基準が変わったため統計上での企業数は大幅に減少して1997年には21万社となった。郷鎮企業の大部分は零細な個人企業で，1992年の企業数の91％を占める。対して集団経営企業（中国語では集体企

表3-2 河南省の農業総生産額の部門別構成比

年次／省市名	農村総生産額（億元）	うち農林漁業総生産額（％）	うち非農業総生産額（％）			
			農村工業（％）	農村建築業（％）	農村運輸業（％）	農村商飲業（％）
1978年	95.4	100.0	0.0	0.0	0.0	0.0
1980年	191.6	70.3	29.7	16.0	8.7	1.6	3.4
1985年	367.2	65.8	34.2	17.5	8.6	3.8	4.3
1990年	1,028.4	48.8	51.2	31.9	7.2	6.4	5.7
1995年	4,577.8	28.5	71.5	52.8	8.2	5.8	5.0
1996年	5,711.1	28.7	71.3	51.9	8.7	5.7	4.9
河北	4,987.0	26.0	74.0	59.2	8.1	3.0	3.7
遼寧	4,213.4	21.2	78.8	55.6	6.1	5.9	11.2
上海	2,282.4	8.8	91.2	75.9	8.1	1.4	5.8
江蘇	10,413.9	17.5	82.5	69.0	5.3	2.7	5.5
浙江	7,730.2	12.4	87.8	77.0	5.1	1.8	3.5
安徽	4,330.0	26.0	74.0	45.6	10.9	7.9	9.7
福建	3,616.4	24.7	75.3	55.9	5.1	5.7	8.7
山東	8,300.1	26.3	73.7	57.4	7.5	2.2	6.7
湖南	4,368.5	28.1	71.9	59.0	6.3	3.7	7.2
広東	6,660.6	23.7	76.3	59.0	6.3	3.7	7.2
四川	5,061.2	34.3	65.7	39.0	9.4	7.7	9.6

（注）『中国農村統計年鑑』より作成。

業）である郷・鎮営企業と村営企業はそれぞれ0.7％と3.0％にすぎず，他地域と比較して集団経営企業の比率は低い。

1995年での郷鎮企業生産額に占める工業の割合は江蘇省や浙江省ではそれぞれ92％，94％と90％をこえ，まさしく郷鎮企業＝農村工業の地域である。しかし河南省では68％で，農村の産業発展において工業は主導的役割を果たしているものの，沿海2省と比較して建築業や交通運輸業・商品流通業などの割合も決して小さくない。このことを沿海2省より郷鎮企業の発展が遅れているためと考えることができるが，固有の地域的諸条件のもとで河南省では郷鎮企業が沿海地域とは異なった方向に発展していると説明することも可能だろう。

次に経営（所有）形態別に郷鎮企業の特色をみると，個人経営の郷鎮企業が

表 3－3　郷鎮企業の付加価値生産額とその経営形態別の構成比率

省市名	付加価値生産額(億元)	経営形態別付加価値生産額の構成比率　(％)				
		郷・鎮営企業	村営企業	聯営企業	私営企業	個人企業
中国	17,659.3	29.0	29.1	7.3	9.5	25.1
河南	1,366.0	16.8	25.6	11.4	16.6	29.6
河北	1,416.1	17.1	29.2	13.3	8.3	32.1
遼寧	977.2	19.3	32.8	0.0	9.0	38.9
上海	338.7	55.9	44.1	0.0	0.0	0.0
江蘇	1,775.7	50.9	36.7	1.7	2.2	8.6
浙江	1,606.6	29.9	17.3	11.8	12.7	28.4
安徽	914.0	33.5	28.3	10.7	11.1	16.3
福建	824.1	20.6	26.0	18.7	6.6	28.1
山東	17,202.2	33.7	41.3	3.8	7.6	13.5
湖南	1,055.8	18.9	15.9	3.7	8.8	52.7
広東	1,430.8	28.5	32.1	7.7	10.4	21.3
四川	787.5	29.9	15.2	1.5	9.4	44.0

（注）『中国郷鎮企業年鑑1997』より作成。

　企業数では約9割を占めるが，従業員数では約5割となり，付加価値生産額では個人企業は5割を切る。各省の郷鎮企業の付加価値生産額の構成比を示した**表3－3**をみると，省ごとにそれぞれ地域的特色がみられる。江蘇省では生産額の5割を郷・鎮営企業が占め，次いで村営企業が37％を占めるが，個人企業は1割を占めるだけで，日本の公営企業に近い性格の「郷・鎮営企業，村営企業」が郷鎮企業の主体となっている。河南省では「郷・鎮営企業，村営企業」の割合は約4割で，個人企業（「私営企業」を含む）の割合が46％と遼寧省に近い数値を示している。そして個人企業のなかでも雇用労働力が8人以上の「私営企業」の割合が17％と他の省より大きいのが特色である。従業員数でも前述のように個人企業が約5割を占め，「私営企業」も他省より割合が大きく約2割を占めている。

　上記の簡単な検討からでも，中部に位置する河南省の郷鎮企業の存在形態やその発展方向が，江蘇省や浙江省・山東省など沿海地区とは異なることを指摘できるだろう。

（2） 大鄭州市域の郷鎮企業の概要

　河南省の省都である鄭州市は，省内の政治・経済・文化の中心であると同時に，中部地区の商業の中心地で，卸売業・小売業の集積が著しい。1995年の市のGDPは390億元で，河南省のGDPの13％を占め，1人当たりのGDPも省平均の倍近いが，それでも江蘇省の約6割，上海市の約4分の1にすぎない。GDPの内訳は第二次産業が53.5％（うち工業は44％）を占めるが，第三次産業も39.2％と省内で最も割合が大きい。市の卸売額は省内の27％を，小売額は11％をしめ，卸売業の比率の方が大きい。市街地に隣接する郷では都市化が進み，郷政府が農地を次々に潰して大規模な家具・衣類・家電製品・電子部品などの卸売市場や工場，農貿市場，ホテル，飲食店，ナイトクラブ，ディスコなどを経営し，農民も農作業を雇用した出稼ぎ農民に任せて市街地で商店・飲食店を経営するなど，第三次産業分野での郷鎮企業の発達がめざましい。

　鄭州市は，市域内の鞏義市回郭鎮にみるように，省内では郷鎮企業が比較的早くから発達した地域であるが，沿海地区と比較すると鄧小平が「南巡講話」を発表する1992年までの発展速度は緩慢であった。市の農村経済の専門家の間では，年代区分で若干の食い違いがあるものの，市の郷鎮企業が次の6つの発展段階を経て発展したと考えている。(27)

①初期徘徊段階（1978年以前）
②低速発展段階（1979～1982年）
③発展段階（1983年～1985年）
④高揚段階（1986年～1988年）
⑤調整強化段階（1989年～1990年）
⑥快速発展段階（1991年以後）

（3） 郷鎮企業の発展の諸類型（諸モデル）

　郷鎮企業の発展はマクロな政策や経済環境の変化に左右されて紆余曲折の発展プロセスをたどってきたが，同時に地域のローカルな諸条件にも大きく影響を受けてきた。そのため第2節で述べたように，地域ごとに特色ある郷鎮企業や農村経済の地域発展モデルが報告されている。河南省の郷鎮企業（工業）の

発展モデルに関しては，李小建と苗長虹の研究がある。李小建は地域の持つ基礎的経済条件をもとに主成分分析から市県を単位に農村工業の発展環境を次の6類型に分類し，その省内での分布図も示している。

Ⅰ　商工業都市に依拠して発展する都市郊外型
Ⅱ　総合的な経済水準が高く，交通と商工業の環境が良好な小都市型
Ⅲ　農業の基礎が良好で，総合的経済水準は比較的高いが，鉱産資源に乏しい型
Ⅳ　経済水準は比較的高く，鉱産資源は豊富だが，農業生産が手薄な型
Ⅴ　農業の基礎は比較的良好だが，経済水準は低く，鉱産資源も乏しい型
Ⅵ　農業の基礎が脆弱で，経済水準も低く，交通が不便な型

また苗長虹は農村工業を立ち上げるのに必要な要素をもとに，省の農村工業の発展形式を次の6類型に分類した。

① 農副産品加工型　　④ 外資外貿推動型
② 都市輻射型　　　　⑤ 人才資本推動型
③ 鉱産資源開発型　　⑥ 市場‐加工循環推動型

苗は農村工業の立ち上げにはとりわけ農民企業家の個人的才覚と行動力が重要であるという「農村精英（エリート）理論」の立場から，これらの類型をさらに権力エリート推進型と経済エリート推進型に区分している。李と苗の研究は，郷鎮企業を立ち上げる際の社会・経済的初期条件が地域による違いが大きいことを明らかにした。しかし郷鎮企業の発展方向の地域的多様性と，その多様性をもたらす地域の諸条件についての具体的な論究はなされていない。

郷鎮企業の発展に有能な農民企業家が果たす役割がきわめて大きいことは，今回の聞き取り調査等からも明らかになった。ほぼ均質な地理的・経済的条件を有する地域であっても，ある鎮の中心部は近代的な建物群で整然と区画され，教育・福祉・文化施設も充実し，周囲の村々とも舗装された広い道路で結ばれ，農家は新築の2階建てが目立ち，農作物は青々として，人々の服装もこざっぱりしているのに，隣の郷では中心部の建物は薄汚れた土壁かレンガ造りで街路

はでこぼこの穴だらけ，周囲の農家はまだ泥壁の平屋ばかりで農作物も生育が悪く，人々の服装は貧しく活気が感じられないといった情景をしばしば目にした。そこで聞き取りを行なうと，こうした地域発展の格差は郷鎮企業の発展の差がもたらしたと説明され，そして後述する河南中州企業集団の張治有総経理や嵩山企業集団公司の陳鉄森氏，金星啤酒廠の張鉄山氏のように，必ずと言っていいほど郷鎮企業を飛躍的に発展させた功労者の名前とその功績が語られる。農村では有能な党・行政の指導者か農民企業家がいるかいないかで郷鎮企業の発展や農村の近代化に大きな違いがでてくる。有能な農民企業家の存在と郷鎮企業の発展の関連を苗長虹など中国の研究者はとりわけ重視して，前述のように「農村精英（エリート）理論」(30)として議論が深められた。また鶴見和子は自ら提唱する「内発的発展論」(31)を主導する「キー・パースン」(32)に農民企業家を位置づけている。鞏義市小関鎮では30名以上の有能な農民企業家を輩出したという。彼らの活躍により郷鎮企業は大きく発展し，そのおかげで鎮の近代化を実現している。農民企業家は文字通りの農民と，党や政府の幹部，郷鎮企業の労働者などその前身は様々であるが，出身地への強い帰属意識を有していることが共通した彼らの特徴である。彼らの旺盛な事業欲と豊かな経営の才覚，そして広い人的ネットワークなどをもとに郷鎮企業を興し発展させて，農村の近代化と工業化，農民の生活の向上を実現していった。

4　鄭州市域における郷鎮企業の多様な発展方向

　本節では河南省鄭州市とその管轄下にある鞏義市，新鄭市，登封市を事例地域に，1995～97年に実施した郷鎮政府・村民委員会および郷鎮企業での聞き取り調査と収集した統計資料等にもとづき，この地域の郷鎮企業の多様な発展形態と郷鎮企業の成長・変貌とその要因，郷鎮企業の発展が農村社会におよぼす効用，経済発展上の地域的問題等について考察する。これら3市は同じ鄭州市の管轄下にある新密市，滎陽市とともに河南省の18の特別試点県市に指定されている。3市の地理的立地条件は異なっており，郷鎮企業の立ち上げに利用できた地元資源もその発展方向もそれぞれ異なっている（表3－4）。

　新鄭市は鄭州市の南に続く平野に位置する農村地帯で，郷鎮企業は農産物の加工と建材製造・縫製業などから出発した。鞏義市と登封市はともに鄭州市の

第3章 経済改革下の郷鎮企業の発展方向　　113

表3-4　調査対象地域の経済の概況

			河南省	鄭州市	鞏義市	新鄭市	登封市	中　国
人　　口		（万人）	9,100.00	600.00	75.57	58.85	59.00	121,121.0
1人当りGNP		（元）	3,313	6,559	6,667	5,670	4,707	4,854
1人当り食糧生産量		（kg）	420.30	245.0	221.59	506.95	329.62	387.28
農村労働力		（万人）	3847.8	194.68	30.11	27.14	53.18	45,288.0
農民1人当り純収入		（元）	1,232	1,555	1,704	1,471	1,260	1,578
農村総生産額		（億元）	5,711.11	635.49	164.13	86.63	85.05	88,620.4
内訳	農林牧漁業	（％）	28.7	9.9	3.1	10.7	7.7	26.4
	非　農　業	（％）	71.3	90.1	96.9	89.3	92.3	73.6
内訳	農村工業	（％）	51.9	74.5	81.1	76.0	81.8	54.6
	農村建築業	（％）	8.7	7.1	7.3	6.5	3.7	7.0
	農村運輸業	（％）	5.7	5.1	5.9	3.4	4.8	5.0
	商業飲食業	（％）	4.9	3.5	2.5	3.4	2.0	7.0

（注）　人口，GDP，食糧生産量，純収入の年次は1995年，その他は1996年。
　　　『中国農村統計年鑑』，『河南農村統計年鑑』，『河南統計年鑑』より作成。

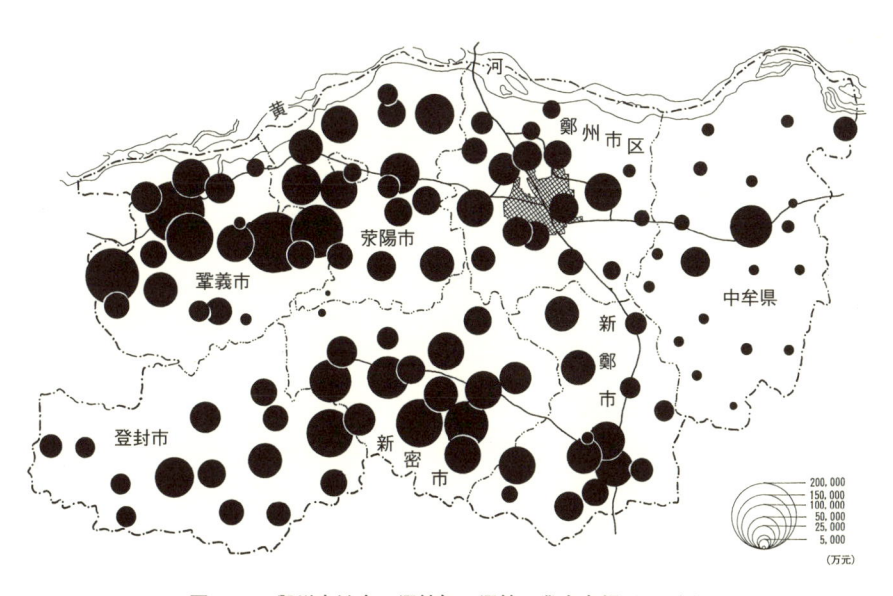

図3-1　鄭州市域内の郷鎮毎の郷鎮工業生産額（1994年）
（出所）「鄭州市郷鎮企業統計年報簡要資料」（1994年度）による。

中心部から数十km離れた西部と西南部の山地・丘陵部に位置し，石炭，石灰石，ボーキサイト，石材などの地下資源が豊富であるものの，平地には恵まれず農業の発達は貧弱である。登封市では石炭を主体に石灰石や石材などの採掘業を営む郷鎮企業が多いが，それらを加工するような製造業の発達はあまりみられない。鞏義市では，郷鎮企業は地下資源の採掘・販売から出発し，そこから耐火レンガやセメント製造など地下資源を加工して付加価値を高める産業が大きく発展し，さらに電線加工，製薬，化粧品，電子部品などより高い付加価値を生み出す技術集約的な産業が発展している。

（1） 鞏義市における郷鎮企業の発展方向

鞏義市は河南省内の市県のなかで最も郷鎮工業が発達した市で，「全国百強県」の中の69位に位置づけられている。1995年の市の郷鎮企業総生産額は168億元で，うち工業が全体の約80％の134.6億元を占める。当初，郷鎮企業は集団経営企業を主体に発展したが，近年は個人企業と共同経営企業の発達が著しく，総生産額の半分以上を占めるに至っている。また市内の18の郷鎮すべてで郷鎮企業生産額が1億元を突破し，うち8郷鎮では5億元を，4郷鎮では10億元を突破した。また298の村のうち，187村では1000万元を超え，1億元を突破した村も29村ある。市は工業化のためのインフラ整備を効率的に進めるため，工業小区（団地）の整備を進めている。例えば，站街鎮の私営工業苑には34の個人企業が進出し，また回郭鎮の電線基地には鎮営の電線・ケーブル工場を基幹に56の企業が進出している。さらに郷鎮企業の経営基盤を強化するため，有力企業を中核に企業の集団化が奨励され，すでに43の企業集団を形成している。

a） 回郭鎮＝郷鎮企業発祥の地

回郭鎮は鞏義市の西端に位置し，全国で最も早く社隊企業が発展した鎮である。元来，鞏県，登封，偃師3県の農副産品の集散地であったが，1930年代に煙草工業が，1940年代には鉄製品加工工業が発達し，工業生産額は省内開封市に匹敵していた。しかし1950年代後半に，煙草工業も鉄製品加工工業もそれぞれ国営企業1社に統合され，さらに工場は鎮外に移転していった。「大躍進」期になると，人民公社経営の工場が次々に設立された。その多くは経済

調整期に閉鎖に追い込まれたが，一部の農機具や生活用具を生産する工場だけは生産を拡大していった。そして1966年の文化大革命が始まると，都市の国営企業は混乱から操業停止や生産縮小を余儀なくされ，農村への農業資材や水利機械の供給が滞った。そこで「農民は農業生産が第一だが，条件があれば集団経営の小工廠も興すべき」という毛沢東の指示もあって，回郭鎮人民公社は「農業が工業を経営する場合は，農業の発展を促すよう工業を効果的に経営する」方針のもとに新たに農業資材工場を1966年に建設した。1970年代に入ると農業機械化のために，いわゆる地方「五小」工業の発展が指示されたことを受けて，次々に化学肥料，鋳造，変圧器，電気材料，通信機器などの工場を建設した。1974年には企業数は57，従業員は3,657人，生産額は鎮の農村総生産額の56.3％にあたる1,017万元，利潤は321万元に達した。これに注目した『河南日報』は1974年12月15日付で「光り輝く希望」という見出しで回郭鎮を調査した記事を第1面に掲載した。この報道を中共中央と国務院が注目し，さらに毛沢東がこの記事を高く評価し，鄧小平に指示して10月11日付の『人民日報』第1面に「偉大な光り輝く希望」の見出しで回郭鎮が社隊企業を大いに発展させた経験を全国に報道させた。併せて郭大江の署名で「あふれんばかりの熱意で社隊企業を経営する」という論評を加えた。このことで回郭鎮は「社隊企業発祥の地」というお墨付きを得て，社隊企業を発展させた模範として全国から数多くの視察団が訪れるようになった。全国で最も郷鎮企業が発展した蘇南地区も回郭鎮の社隊企業をお手本にしたのだと工業担当の副鎮長は強調していた。

　三中全会以後には家電組立，機械加工，鋳造，化繊，紡績，電線，バネなどの工場が次々に設立され，さらに家内工業としての開業も急増して農家7戸当たり2つもの小規模な工場が設立された。農業生産責任制が導入された時期には，農民は農業に力を入れたため集団経営企業の生産は一時的に落ち込んだが，農民たちの副業から発展した個人企業は発展を続けた。1985年には工業企業数は853社，従業員は15,000人をこえ，生産額は1億元を突破した。1987年の工業企業は1,691社，うち鎮営が24，村営が109，村民小組営が76，共同経営が463，個人経営が1,019であった。そして村ごとに特定の業種の個人企業が発展して地場産業化し，電線村，刺繡村，電器村，鋳造村，スプリング村など専業村が形成された。個人企業の生産額は，郷鎮企業総生産額の30％前

後を占めている。1989年には郷鎮企業数は2,450社になり，その工業生産額は農村総生産額全体の91％を占めた。また海南省に「回郭鎮駐海南弁事処」を設置し，さらに香港企業との合弁で鄭州の高新技術開発区に「東方金属製品有限公司」を設立するなど，鎮の範囲をこえた投資活動も活発になった。

　1990年代に入ると市場経済の急速な発展によって，産業構造と郷鎮企業の経営環境が大きく変化した。国有企業に比べて生産規模が零細で技術水準が低く製品の質量が劣る郷鎮企業は，市場が要求する高い質量の製品の生産が困難となり，激しい市場競争に取り残されるようになった。そのため個人企業間では合併を，鎮営企業も企業集団化を進めて企業規模の拡大を図り，市場の変化に対応できる力をつけようとしている。

b）企業集団化を進める小関鎮

　小関鎮は鞏義市東部の低山丘陵部に位置する。鎮内を鄭州市に至る310号国道が通り，また隴海鉄道から分岐して国営の大峪溝炭鉱に至る石炭専用鉄道の駅が二つある。1990年10月に郷から鎮に昇格したが，1994年11月には管轄下の竹林村が工業化が進んだことで鎮に昇格して小関鎮から独立した。小関鎮は郷鎮企業が発展したことで，鄭州市域の30強鎮中の第2位に位置する。1993年には国務院より経済発展の実験地域の一つに指定され，また農業部から優秀鎮の称号を，省政府から10大優秀鎮の一つとして「中州名鎮」の称号を受けた。さらに1995年には中央政府から「中国郷鎮の明星」の称号を授かった。

　小関鎮は平地に乏しい。トウモロコシ・雑穀など主食作物が中心の農業は自給的性格が強く，商品作物はほとんど生産できない。が，地下資源は非常に豊富で石灰石，ボーキサイト，石炭，鉄鉱石，白雲石，大理石，燧石などを産出する。小関鎮では「地下資源開発を突破口に，工業で鎮を発展させる」方針で，豊富な地下資源の採掘・販売から経済開発に着手した。

　人民公社の時期から石炭など地下資源の採掘・販売と砥石への加工が副業として行なわれていた。地下資源の付加価値を高め収入を増やすため，1969年に溶鉱炉用の耐火レンガを生産する中州耐火材料廠を従業員20人で設立した。レンガの生産量は1986年からの第7次5カ年計画以降に急増し，それに刺激されて新たな耐火材料工場を次々に設立していった（表3－5）。

表 3-5 小関鎮の鉱工業生産額の推移

	郷鎮企業総生産額(万元)	鉱工業生産額(万元)	鉱工業の比率(％)	年間賃金(元)
1974	—	200	—	—
1980	—	788	—	652
1984	—	2,200	—	—
1985	5,641	4,431	78.6	770
1990	23,493	20,715	88.2	1,348
1994	177,156	154,258	87.1	3,207

（注）年間賃金は鎮営企業の賃金。小関鎮政府提供資料より作成。

　鎮の郷鎮企業の基幹は鉱工業で，1995年では企業数の38％，従業員数の44％，生産額の約90％を占めている。数の上では個人企業が圧倒的に多いが，企業数では7％にすぎない村営企業が従業員数と生産額のそれぞれ半分近くを占めている。鎮営企業は5社だけだが，従業員数と生産額の約2割を占める。村営企業の多くは社隊企業の時代に創業し，労働集約的で生産設備が古く生産性も低いため，賃金水準は個人企業の65％程度にとどまっている。低賃金は村営企業から有能な人材を流出させ，さらに経営が困難にさせる要因になっている。

　鎮の基幹産業は耐火レンガ製造とセメント業，石炭採掘業である。なかでも耐火レンガは鎮の看板産業で現在50社以上の企業が操業し，それぞれ特殊な用途の耐火レンガを生産している。鎮政府は郷鎮企業の経営基盤の安定と強化を目的に，企業の集団化を推進している。集団化には最低3企業の参加が必要だが，多くの場合は原材料生産企業と加工企業，販売企業が集団化して，原料生産から製品の販売まで一貫させたり，同業種の企業が集団化してそれぞれの企業が得意とする製品に専業化して，製品の重複や競合を避け，また互いに補完して製品の種類や生産規模を拡大して，販売力の強化と経営基盤の安定をめざしている。なかでも15企業を擁する河南中州企業集団公司と，6企業からなる河南水泥（セメント）工業公司が鎮を代表する企業集団である。

　イ．河南中州企業集団公司

　4つの分公司と15企業からなる鎮最大の鎮営企業集団である。1994年の生産額は2.16億元で，固定資産額は1.5億元である。全国の五百強企業，また

省の百強企業の一つで，大型二級企業に指定されている。集団の中核企業は1969年に設立された中州耐火材料廠で，農民企業家の張治有が1984年に廠長に就任してから急成長をとげた。当初は2基の焼成炉のみで年産100万元前後の零細工場であった。張治有は積極的に硅質耐火材料の新製品の開発に投資して増収増益を図り，また多角化のため伝統家具工場を新設した。1985年には硅質耐火材料工場を新設し，1986年には粘土質耐火材料の生産ラインを増設した。耐火材料の生産量は1983年の400トンから2.9万トンに急増した。1987年にはマグネサイトブリックとアルミナシリカ質の耐火材料を生産する2工場をさらに新設し，硅質耐火材料工廠には大型のトンネル窯を増設した。生産能力は3.54万トンに増加し，年販売額も2,000万元に達した。

1990年代に入ると，さらに各種の耐火材料を生産する工場を次々に新設し，1994年には年産6.6万トンの規模となった。1995年には建築用装飾タイルを生産する工場を建設し，またアメリカ資本との合弁で橋梁用の建築材料を生産する工場の新設を計画している。今後は地元の地下資源を活用した各種の耐火材料や建築材料の生産を主体に，ウォータージェット織機，自動車部品用新合金，新素材の耐火材料などの開発による経営の多角化，ハイテク化をめざしている。

1980年代後半には，効率的に生産と販売を行なうために，関連企業と下請け企業を業種ごとに次の4集団に組織した。

① 採鉱集団：4郷の60余の集団経営企業と個人企業を組織し，採掘の機械化を推進
② 販売集団：製品の主な納入先である製鉄所や精錬所と産鎖共同体を組織
③ 包装集団：工場で必要な梱包材料を安定的に確保するため，中牟県や邙山区の郷と藁縄や筵の生産契約を締結
④ 輸送集団：年10万トン余の製品・原材料の輸送に，100余の運送業者と長期契約を締結

これにより周辺地域で2,000人以上の雇用と200〜300万元の利益を新たに生み出したという。

さらに1993年より企業集団化も進め，耐火材料公司，有色金属公司，建築材料公司，陶磁器公司の4つの分公司を新設し，傘下の15企業を業種毎に分属させた。鎮政府は張治有氏を集団公司の総経理に任命した。集団公司は鎮営企業であるため，鎮政府と共産党委員会が設置した工業総公司の監督・指導を

受ける。工業総公司は村営企業を指導・監督する各村の工業弁公室も管轄するので，鎮政府と共産党委員会は鎮工業総公司→村工業弁公室を通して鎮営企業と村営企業の経営を指導・監督している。鎮営企業の経営トップである総経理や工場長は鎮政府から任命され，工業総公司を通じて指導・監督を受ける。しかし党・国家の経済政策に従って順調に経営して多額の利潤を鎮政府に上納する限り，細かな経営内容までは鎮政府は干渉をしないという。

　各分公司の総経理は集団公司の総経理が任命し，集団公司の副経理も兼ねる。彼らは所属する企業の工場長を任命し，工場長は分公司の副経理も兼ねる。集団公司は事業や生産の計画，新規事業への投資や既存の事業の見直しと撤退の決定など，全体の経営方針を立案・決定するのが主たる業務である。また傘下の企業間の事業内容の調整，合同の商談会の開催，製品の品質検査，福利施設の建設と運営，求人活動，鎮政府や工業総公司との交渉なども行なう。分公司は傘下の企業間の製品の重複や競合を調整して，合理的な生産分担や協業関係を結ばせ，各企業に集団公司の経営方針を伝達・実行させる役割を分担する。個々の企業では経営を工場長に請け負わせる工場長責任制を実施している。生産計画の立案や資金の調達は工場長の判断に委ねられ，損失が出た場合には工場長個人の責任となる。製品の販売も各企業が独自に行なうが，年に数回合同の商談会を開催して集団公司が一括して契約を結び各企業に発注する方法もとられる。新製品の開発は各企業が独自に行なうが，商業生産に着手するかは集団公司の役員会で決定される。製品の品質管理は集団公司の技術管理課に設置された質量検査センターで一括して行なわれ，分公司にも審理課，企業管理処が設置されている。

　企業は税金として国家に企業所得税と増値税（付加価値税で国家と地方で分割する）を，鎮政府には企業管理費（販売額の0.5％で，鎮の取り分は0.3～0.4％。残りは工業総公司を通して鞏義市政府に上納される）を納付する。また次年度の生産計画をたてる際に，鎮政府への利益の上納割合を決めるが，**表3－6**のように利益の大部分は新規投資のため集団公司に留保されていることが注目される。集団公司は従業員や顧客，訪問者のために宿泊施設，レストラン，プール，浴場，各種学校，病院，アパートなどの整備を進めている。

　集団公司全体の常勤の従業員は約3,000人で，その内訳は管理職：3％，事務職：13％，技術職：5％，営業職：5％，現業職：74％である。従業員の

表 3-6　河南中州企業集団公司の経営の推移

(単位：万元)

		1980年	1985年	1990年	1994年
総生産額		72.2	503.9	3,117.0	21,687.0
販売収入額		52.0	347.0	2,819.0	18,528.4
賃金総額		5.1	28.4	216.4	829.8
利潤総額		11.9	129.9	338.4	1,859.0
納税額		6.6	28.5	101.0	306.0
利潤上納額		4.0	15.0	30.0	40.0
企業留保額		5.6	92.4	266.3	1,698.1
内訳	発展基金	3.9	64.7	186.4	1,188.7
	複利基金	0.8	13.8	39.9	254.7
	奨励基金	0.9	13.9	40.0	254.7
新規投資額		不明	521.0	1,063.0	1,940.0

(注)　集団公司提供資料を整理。

　出身地の内訳は鎮内が72％，鞏義市内が7％，河南省内から14％，河南省外から7％であるが，臨時工を含めると河南省内の他地域や河南省外からの出稼ぎ者の割合はより大きくなる。技術者は理工学系の大学卒業者を採用するほか，国営企業の定年退職者を招聘したり，大学や研究機関に一時的な派遣を要請している。生産現場の労働者には鎮外の出身者が多く，河南省内では所得水準が低い南部や西部，省外では四川（スーチョワン）省出身者が多い。また積極的に現場労働者を社内で研修あるいは大学・研究機関に派遣して技術者に育てている。管理職には鎮政府の工業担当者を任命したり，国営企業から招聘したり，優秀な従業員を抜擢する。従業員の賃金は職種や能力で異なるが，現業職と営業職は1995年で月平均400元，事務職が450元，技術職は1,000元であるが，企業が招聘した技術者には1,200元が支給される。管理職の月給は平均1,200元である。給与水準は他の郷鎮企業とほぼ同じであるが，労働請負制を採用して従業員ごとに請負契約を結び，生産目標を超過した場合には昇給し，未達成の場合は減給される。年末には平均400元の奨金が支給されるが，従業員ごとに支給額に差がある。労働模範や優秀な従業員には年末の表彰大会で多額の奨金が支給され，1,000元を超えることもある。また勤続15年以上，あるいは5年以上優秀労働者や3年以上労働模範に表彰された従業員には4LDKのマ

ンションや自家用車が支給されるが，その対象になるのは技術職か営業職が多い。生産現場の労働は3交代制で日8時間勤務，週休は1日であるが，国の規定で1996年6月1日より週休2日となった。農繁期の一斉休業制度はなく，従業員が個々に休暇をとり責任田の耕作を行なっている。

河南中州企業集団公司は地元で豊富に埋蔵する地下資源を原材料に，各種の耐火材料製品を生産して企業を発展させてきた。さらに新素材の耐火材料に加えて，新型の織機や合成樹脂製品，自動車部品用の新合金の開発など地元産資源に依存せず，ハイテク技術を必要とする分野への進出も進めている。企業集団はこれまで鎮内に全工場を新設してきたが，合成樹脂工場を鄭州市の高新技術開発区に設立し，外国企業との合弁を進めるなど，地元立地という従来の郷鎮企業の範疇には収まらない企業活動を開始している。しかし集団公司の所有権は鎮政府にあり，集団傘下の各企業は工場長請負制で経営されるが，工場長は分公司の総経理から，分公司の総経理は集団公司の総経理から任命される。そして集団公司の総経理は鎮政府から任命され，また政府と党が設置した工業総公司の指導・監督を受ける点で，集団企業の経営には鎮政府と共産党の意向が強く反映されていると考えられる。

地元産の地下資源の採掘・販売から出発した鞏義市の有力郷鎮企業は，河南中州企業集団公司や前稿で取り上げた竹林鎮の竹林実業集団総公司にみるように，郷鎮政府が実質的に所有・経営する公有企業的な性格をもちながら，大都市の開発区に投資して企業や工場を新設するなど郷鎮の領域を大きく越えた積極的な企業活動も展開している。郷鎮政府と郷鎮企業の幹部はかなりの割合で重複しているものの，郷鎮企業を地元民の雇用の場や財源ととらえる郷鎮政府の位置づけと郷鎮企業自身の将来への経営構想との間に矛盾が生じ，そのことが郷鎮企業の今後の発展にとって足かせのひとつになるのではないだろうか。

(2) 新鄭市における郷鎮企業の発展方向
 a) 農産品加工業が主導する観音寺郷

観音寺郷は新鄭市の南西部に位置し，その南部は具茨山地とそれに続く丘陵地である。北部には沖積平原が広がり，小麦，トウモロコシなど主食作物中心の農業が営まれ，養鶏業も盛んで「新鄭の穀倉」と呼ばれている。郷鎮企業は1959年の野菜農場と農機具の部品工場から始まり，1970年代には石材採掘場，

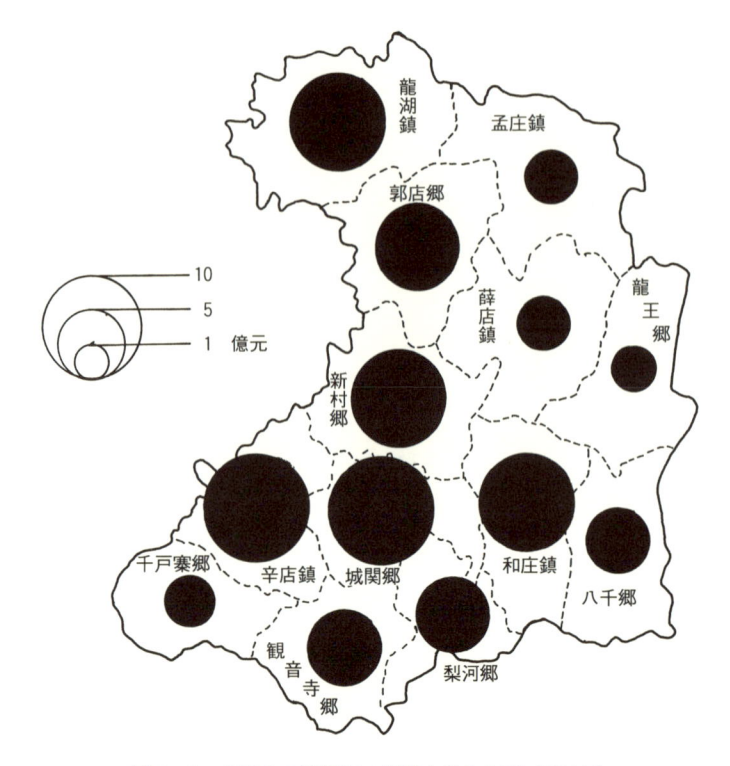

図 3-2　新鄭市の郷鎮毎の郷鎮企業生産額（1994年）

レンガ工場，製粉工場，醬色工場，養殖場などが設立された。1980年代にはガラス繊維工場，金物工場，印刷所，修理工場，商業公司，建設隊などが設立され，1986年の企業数は861社，従業員数は5,542人，生産額は1,662万元に達し農業を追い抜いた。1990年代には，養鶏業を中心に果樹栽培や施設園芸にも力が入れられている。郷鎮企業の発展により，郷政府の周辺には敬老院，衛生院，食糧管理所，幼稚園，中学校，職業訓練学校，図書館，体育館などの公共施設が次々に整備され，また新しい商店街も建設されて小城鎮に発達している。また郷内の住民は全て合作医療制度に加入し，薬剤費を一部負担するだけで医療サービスを受けられるが，これも郷鎮企業からの納付金で豊かになった郷政府の財政から支出されている。

イ．新鄭市冷凍廠

観音寺郷では養鶏業が盛んであるが，不需要期の過剰な若鶏の処理が農家に

とっての大きな問題であった。若鶏が売れ残れば農家は赤字となる。さらに価格の自由化で飼料価格が大幅に上昇して利益が出なくなり，営農意欲を失う農民が多くなった。そのため郷政府は養鶏業の振興と経営の安定を目的に，生産過剰の若鶏を冷凍加工・貯蔵して需給を調整するための大型の冷凍倉庫と鶏肉処理場を1995年に建設した。働く従業員の半数は郷内の身障者が占め，民政局より福利企業に指定され免税措置を受けている。鶏肉は手作業で部位に分けて小袋に詰めてから冷凍処理し，「軒轅門」印の「炎都鮮鶏」ブランドで出荷している。工場が操業してからは，農家はヒナ鶏と配合飼料の購入代金を支払っても，若鶏1羽当たり2～3元の利益が出るようになった。工場設立後の1996年には郷内で約5,000戸の農家が養鶏業を営み，2,000～3,000羽規模の養鶏場も100近くに増えた。農家は夏と冬の3カ月を除く9カ月間若鶏の飼育を続け，年に6回出荷する。出荷の度に毎回5,000元ずつ，年間3万元の利益を得る農家も出現している。冷凍加工工場の設立は養鶏業の経営を安定させ，農家の増収に大きな効果を上げているといえる。農家は郷内10カ所の郷営孵化場からヒナを購入し，飼料も2つの郷営の配合飼料工場より購入している。孵化場は有精卵を郷内の専業農家から購入する。飼料工場では郷内の鶏の生育に適した配合飼料を製造しているが，生産能力が不足気味で，他郷の飼料工場からも飼料を購入している。1997年には冷凍工場の敷地内に新しい配合飼料工場を建設し，飼料不足問題を解決した。

　冷凍廠の総経理は郷出身で，国有の水産物加工工場に籍を置いたまま総経理に応募して経営を請け負っている。もし中途退職した場合には国有企業に復帰できる。夏と冬の3カ月間は若鶏が入らないので，基本給のみを従業員に支払って休業している。冷凍倉庫の貯蔵能力を倍増する工事を進めているが，郷内の養鶏農家の飼育数だけでは必要量を確保できない。安定して若鶏を確保するため，直営の大型養鶏場を1996年末を目標に建設している。今後は冷凍鶏肉の販売を柱に，飼料製造と直営の養鶏業で企業を発展させ，また郷内の養鶏業と採卵業をさらに振興させる計画である。

　ロ．新鄭市軒轅家禽実業公司

　菜園王村の村営養鶏場で，1996年に農民が共同経営していた聯営採卵場を村が吸収して設立された。村には工業開発の基礎条件がなく採卵業で村を振興させることを決めたが，採卵のノウハウはなかった。そのため村内の「菜王種

鶏場」に経営を請け負わせる形で「新鄭市軒轅家禽実業公司」を設立した。村が無償で提供した採卵場用地に「菜王種鶏場」は移転し，資金は村が30万元，村民が5万元，従業員が18万元，広西壮族自治区の販売先が10万元出資し，さらに20万元を銀行融資で調達した。「菜王種鶏場」は1990年に設立され，1992年から採卵用の鶏を飼育して有精卵を広西壮族自治区へ輸送し販売していた。高温多湿の華南では鶏は産卵数が少ない上に有精卵率が低く，病気にも罹りやすかった。そのため「北方で卵を産ませて，南方で育てるのがよい」といわれる。1994年からはアヒルの採卵も始めた。村営の採卵場は「菜王種鶏場」の事業をそのまま引き継いだものである。有精卵に加え，ヒナの販売も始めた。飼料配合から採卵，孵化，ヒナの生育まで一貫して行ない，従業員は作業を分担して請け負っている。村内では農家の約3割が養鶏業を営み，うち80％が採卵業を，20％が若鶏を飼育している。採取した有精卵は実業公司がまとめて集荷し，広西方面へ販売することで農家の経営を安定させている。卵を産み終えた鶏は鶏肉用として，上海方面などへ販売される。

八．新鄭市石材開発総公司

南部の具茨山地の中腹に位置する石固堆村では，耕地の半分以上が傾斜地に分布する。また土壌も劣悪なため，土地生産性が低く農業だけでは生活が成り立たなかった。そのため1984年に人民公社が解体されるやいなや，村の幹部を含む3分の1以上の村民が親類や知人を頼って平地の村に移動していった。残った村の幹部は，建設ブームで需要が急増した砕石の開発で生活を豊かにして村を再建することを決めた。そして1989年に村営の「新鄭市石材開発総公司」を設立した。砕石の販売は順調で，次々に採石場を増設して13カ所に増やし，手作業から一部機械化へと進んだ。従業員は900人以上で，村内のほとんどの男子労働力がこの企業で働き，さらに周辺の村々や隣接県から500人以上を雇用している。1980年代の農家の平均年収は約600元だったが，1995年には約1800元に増加した。1996年には約2000元に達する見込みで，農家の総収入の7割を占める。村での生活が可能となったので，平地へ出ていった村民も戻ってきた。山地斜面に立地するため飲料水が不足していたが，石材廠の利益で深井戸を掘り，全戸に水道水を供給している。また小学校など公共施設も次々に改築された。最近，石材の成分を分析したところ，良質のセメント原料になることがわかったので，石材の付加価値を高めて事業を多角化するた

めセメント工場の設立が計画されている。

b）個人企業が基幹の辛店鎮

辛店鎮は市の西部に位置し，東部には沖積平原が広がり，農業が盛んである。また，郷鎮企業の発展も著しく，1995年の郷鎮企業総生産額は**図3-2**のように新鄭市内で最も多い。鎮では1970年代から様々な業種の集団経営の工場が相次いで設立されたが，現在の辛店鎮の郷鎮企業の柱は，電気機械，建材，服装加工の3業種である。建材工業と服装加工業は個人・共同経営の企業が大部分で，電気機械業は鎮営の変圧器企業とその下請けの材料・部品工場群からなる。

鎮内の郷鎮企業で働く労働者は約19,000人で鎮の農村労働力の約1.5倍に達する。その40〜50％は鎮外からの出稼ぎ労働力で，河南省東部や南部など省内の経済が遅れた地域からの出身者がその主体である。鎮の住民の多くは企業の経営・管理・販売業務に従事し，現場労働を出稼ぎ労働力に依存している。農作業は機械化されているが，農繁期には河北省などからの出稼ぎ農民を雇用する農家が多い。

イ．新鄭市機製瓦総廠──個人企業を集約化した村営企業

辛店鎮では手作業によるコンクリート製建材の生産が盛んで「河南省の手作りレンガ郷」と呼ばれ，新聞やテレビでもしばしば取り上げられている。辛店村では1980年から建材業が始まったが，建設ブームで販売が好調だったので周りの農民が一斉に参入して，短期間で鎮を代表する産業に発展した。村営企業もあるが，1,400戸を越える農家が専業戸として建材生産に従事している。これに原材料や製品の輸送・販売などに従事する人数を加えると，鎮の労働人口の実に46％が建材業に従事している。[36] 1995年の生産額は5.6億元で，鎮の郷鎮企業総生産額の約50％を占める。辛店，前小庄，后小庄，徐溝などの村は建材業の専業村として知られている。

この鎮で建材業が発達した理由は，高度な専門技術が不要で，僅かな資金でだれでも容易に参入可能であったからで，農業以外で手っ取り早く現金収入が得られる数少ない手段の一つであった。また経済改革が進んで全国的に建築・建設ブームが巻きおこり，どんな建材でも飛ぶように売れ，いち早く始めた農民が莫大な利益を得たことも大きな刺激となった。さらに沿海部や大都市へ出

稼ぎに行った農民が，そこの工事現場で大量の建材需要があることを知り，出稼ぎで稼いだ金を元手に故郷で始めたことも理由の一つに挙げられる。

当初は鎮内で生産して，大都市などに輸送して販売したが，重量物で輸送コストが大きいため，生産量の急増と販売地域の拡大にともない需要地である大都市の近郊に作業場を設けて現地生産を行なうようになった。全国で建材の製造・輸送・販売に従事する鎮出身者の数は鎮政府も正確には把握できていないが，約7,000人ともいわれる。鎮出身者が全国的に活動しているので，新たな種類の建材やその需要についての情報がすぐに鎮にもたらされ，新製品を素速く製造・出荷できるという有利性がある。しかし建材製造は新規参入がきわめて容易で，各地に同業者が急増して競争が激化したため，価格の引き下げで新規参入者に対抗している。手作業の建材が売れる最大の理由は価格の安さにあるが，価格や製造コストの引き下げにも限界があり，利益率は大きく低下している。さらに事故の多発による建築基準の強化や生活水準の上昇により，より高品質の建材に建設業界の需要が移りつつある。そのため1996年に20以上の中堅企業で建築材料協会を組織して建材業の指導・監督を行ない，さらに建築材料集団公司を設立して企業の集約化をめざしている。が，大多数を占める零細個人企業が参加せず，それらの活動を指導・監督できないことが問題である。しかしここで取り上げる「新鄭市機製瓦総廠」のように，零細個人企業を村営企業に集約して経営基盤を強化する動きも現われている。

「新鄭市機製瓦総廠」は1994年に建材業の専業村として有名な前小庄村が設立した村営企業である。この村では28の小企業と150以上の個人企業が建材を製造していた。しかしいずれも零細で経営基盤が脆弱なため，村民委員会が将来性に危惧して村内の企業を集約化して設立した。が，高い技術を要する製品の製造は困難だったため，生産工程が単純なスレート建材を製造することになった。総額500万元（うち銀行融資110万元，農民出資300万元，村民委員会出資90万元）の投資で工場を建設した。出資した農民には銀行利息と同率の配当金が支払われる約束である。個人事業者は工場の労働者に，小企業の経営者は幹部や営業員になった。村民委員会や村民小組の幹部が企業の経営幹部になったが，それは行政幹部の給与が低いため，企業の幹部を兼務して収入を増やすことが目的であった。販路は個人企業が持っていた販路をそのまま引き継いだ。工場の敷地は農民から借り上げ，補償金として主食作物に換算して1

ムー当たり500元程度が毎年支払われる。従業員は農業にも従事するが，中には休日などを利用してなお手作業の建材製造を「庭園経済」（家内工業）で続ける者もいる。また個人の建材業者の全てを集約できず，依然100戸以上が専業戸として建材生産を続けている。

ところで村の幹部も兼ねる経営幹部には企業経営の知識・経験が乏しく，長期的な経営方針をたてられないという問題がある。他の郷鎮営企業と同様に，経営感覚に鋭い農民企業家に経営を請け負わせることが問題の解決になるのではないだろうか。

c）技術提携・技術導入で伸びる城関郷

新鄭市の中心部に位置し，市内の14郷鎮中の経済力は第1位，郷鎮企業生産額では辛店鎮に次ぎ第2位である。107号国道など多くの主要道がここを通り，また新密鉄路と登杞地方鉄路も通り京広鉄路の新鄭駅にも近接するなど交通条件に優れている。農業の条件にも恵まれ土地生産性は市内で最も高い。工業に関しては，社会基盤の整備が市内で最も進み，市街地の西部には面積300haの西関工業団地が造成された。1958年に城関人民公社が養蜂業の経営を開始したのがこの郷の郷鎮企業の嚆矢で，翌年には製粉工場が建設された。1970年代には様々な社隊工業企業が設立された。1980年代にもさらに多くの工業企業が設立され，運輸業，貿易公司など第三次産業の設立も相次いだ。現在の主要業種は建築材料，化学工業，紡績，服装加工，食品加工などである。

イ．鄭州京新化工工業有限公司

1994年設立の紙巻きタバコ用の接着剤を製造する国有企業との合弁企業である。副董事長で総経理の高金献が実際の経営者である。彼は高級中学卒業後に自宅で防水建材の製造を始めたが，利益が少なかった。「庭園経済」では将来性がないため，もっと有望な仕事を模索した。そして接着剤の製造が将来的にも有望と考え，1989年に「新鄭市接着剤工廠」を設立して民生用接着剤と断熱材の生産を開始した。生産は小規模だったが利益率が高く，事業は順調に発展した。さらに国有の「北京有機化工廠」が独占的に製造販売している紙巻きタバコの接着剤の利益率が非常に高いことを知り，タバコ産業が基幹産業である河南省でこれを製造販売すれば利益がもっと増えると考えた。そこで市政府を通して「北京有機化工廠」に合弁の可能性を打診したが，はなから相手に

されなかった。高金献はあきらめずに化工廠の工場長，副工場長，党書記を新鄭市に招待して，「タバコ王国」である河南省で接着剤を製造する有利性を熱心に説いて，ついに合弁事業を承諾させた。1994年4月に西関工業団地の使用権を得て高の工場を移転し，社名も変更した。

　投資額は600万元で，高金献が51％，化工廠が49％を出資し，生産設備と生産技術，原材料は化工廠より導入した。1996年から正式に生産を開始し，化工廠から取引を譲渡された新鄭市，南陽市，洛陽市などの河南省の紙巻きタバコ工場に製品を納入した。合弁期間は15年間で，化工廠の幹部が董事長に，高が副董事長に就任した。化工廠側は技術指導と製品の品質管理を担当し，経営には関与しない。従業員のほとんどが城関郷出身で，女性が8割を占める。現在は二交代制で自動化された生産ラインで1日20時間操業している。高が経営する株式経営の私営企業であるが，有利に企業を経営するため名目的に郷営の合弁企業の形をとっている。

　ロ．新台大根陶瓷有限公司

　この企業の前身は郷営のタイル工場であったが，ずさんな経理から経営不振に陥った。郷長や党書記が次々に工場長に就任して経営の建て直しをはかったが，赤字額が膨らむ一方でついに倒産に追い込まれた。倒産企業の経営を請け負った劉大根は1949年生まれで，小学校を2年で中退して農業に従事し，その後人民解放軍に入隊し1977年に除隊した。除隊後，郷の工作組に入り，建材工場に就職した。1979年にプラスチック工場の副工場長に招聘されたが，経営管理の知識と経験がないため辞退して食堂の責任者に就いた。1981年にタイル工場（新鄭市新興陶瓷廠）の守衛に転職したが，上記のように工場は1984年に倒産した。倒産後も工場の資産を保全する仕事を続け，夏に副工場長に，翌年には工場長に任命された。彼は生産を再開しようとしたが，従業員が未払いの給料代わりに機械類を持ち出し売却してしまった。また守衛が工場長になるような工場には銀行は追加融資してくれなかった。そのため知人から借金して，未払い給与と銀行からの融資を返済し，とりあえずボイラーの燃焼効率を高める部品の製造を始めた。部品の販売は好調で，納税後の利益をタイルの生産設備の修理や購入にあてたが，資金繰りは苦しかった。部品が売れるまで生産を停止し，代金が入ったら原材料を購入してまた生産を再開するという自転車操業を繰り返した。

親戚や知人からさらに借金を重ねて生産設備を整え，ようやくタイル生産を再開した。従業員と必死に働いたことで，生産は順調に伸び負債も返済し，従業員数も増加した。ところが1988年に経理担当の副工場長が運転資金を横領したため，再び操業停止と倒産の危機に直面した。工場を閉鎖すれば従業員の生活を保障できないため，幹部と協議して八方手を尽くして運転資金を集め生産を再開した。また経営幹部の不正行為を断つため，厳守すべき遵守規則を定めた。生産や販売が計画目標を超過達成すれば，その部門の責任者には1万元の奨金を支給するが，逆に達成できなかった場合には5,000元の罰金を課したり，解任する。また生産ラインの不良品率が5％を越えると，責任者は奨金を支給されず，逆に自己責任で不良品を販売する責任を課すことにした。

1990年に生産能力が限界に達したので，生産ラインを新設するため福建省の陶瓷業を視察した。そこで機械化と焼成前の検査で不良品率を減らすことが大幅な生産コストのカットにつながることを知り，すぐに工程を改良した上で生産ラインを増設した。1993年には衛生用陶器の生産ラインを新設し，翌年生産額は1,000万元を突破した。1995年に台湾企業の投資を受け5年間の合弁契約で「新台大根陶瓷有限公司」を設立した。外国製の設備を導入した新工場は年1,000万元以上の生産能力をもつ。2社は経理上は別々の企業だが，統一的に経営している。鄭州市域では，建物の外壁にはたいていこの2社の白色タイルが使用されているという。劉の働きぶりは日本の猛烈サラリーマンそっくりなので，郷内の人々は彼を「日本人」と呼ぶ。現在は二つの企業の経営で精一杯で，経営の将来については明確な構想を持っていないという。

新鄭市では，郷鎮間での経済条件の違いから郷鎮企業の発展に大きな地域差が生じている。技術集約的・資本集約的な企業は辛店鎮や城関郷に立地するごく少数の企業で，建材製造や石材採掘など労働集約的な企業が大部分を占めている。なかでも農牧業が比較的発展していることを背景に，農家の農業経営を発展させる目的で設立された農畜産物を加工する企業が多いことが注目される。新鄭市は鄭州市に隣接し，新鄭州空港が市域内にあることから，多くの国有企業が立地している。しかし地元の郷鎮企業となにがしかの関係を有している企業はほとんどない。郷鎮企業の今後の発展にとって，市内に立地する有力な国有企業と連携していくことが重要な契機のひとつになるのではないだろうか。

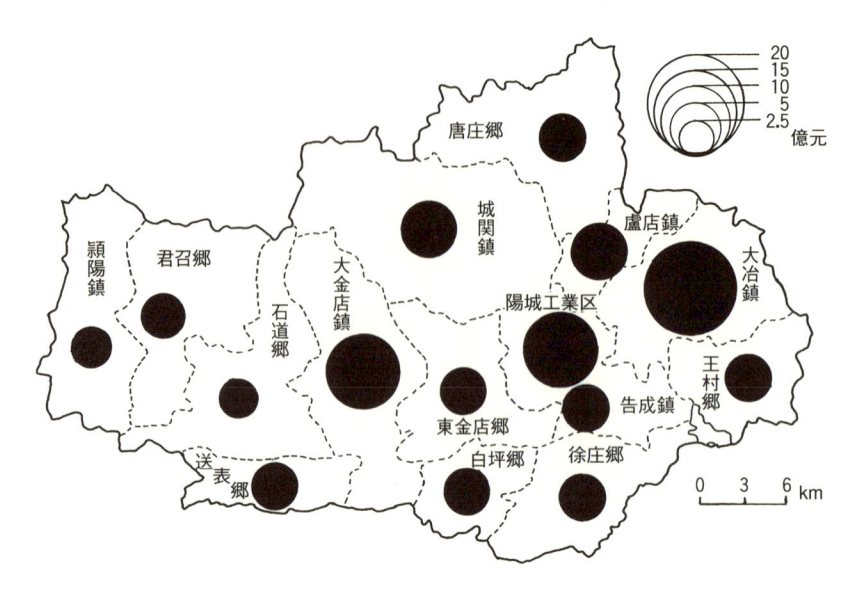

図 3-3　登封市の郷鎮毎の郷鎮企業生産額（1996年）

（3） 登封市における郷鎮企業の発展方向

　山地・丘陵部に位置する登封市は石炭，ボーキサイトなど地下資源に恵まれ，石炭を基幹に鉱業が発達している。1980年代からのエネルギー需要の急増で新たな炭坑の開発が進み，産炭量は1980年の156万トンが1996年には750万トンと約5倍に増えた。生産量の約7割が華中地区の発電所や工場に販売されている。坑内作業は重労働で危険を伴うものの，製造業より賃金が多いため男子労働力の多くを吸収し，そのため製造業の発達は鄭州都市圏内では遅れている。また市政府は少林寺など中国有数の価値を持つ歴史・文化遺産と美しい自然景観を活かした観光旅行業を鉱業に並ぶ市の重要産業の中核に位置づけ，工場の進出を規制する政策をとっている。市内の製造業は鉱業企業の多角化の一環として設立されているが，多くは地下資源の加工業にかたより，日用非耐久消費財を生産する企業はごく一部にとどまっている。

a）鉱産地域における郷鎮企業の発展——大冶鎮

　大冶鎮は市の東部に位置し，炭坑を主体郷鎮企業生産額が図3-3のように市内で最も多い郷鎮である。大冶鎮は829年に白居易が石炭を燃料に製陶を住

民に教えたことに因み古来「陶冶鎮」と呼ばれ，古くから石炭を燃料に手工業が発達していた。

鎮は石炭，ボーキサイト，鉄鉱石，燐鉱石，石灰岩，白雲石など豊富な地下資源に恵まれる。清代から石炭の商業的採掘が始まり，民国代には小規模な炭坑が15坑あった。1948年に大冶区政府が小河炭坑を開発し，また1956年には4つの農業合作社が共同で東施村で炭坑を開発した。1958年に大冶人民公社は露天掘りの小炭坑を開発し，1965年には窯坡山炭坑，東施村炭坑，雅山炭坑，王楼炭坑を次々に開発していった。

経済改革の下，エネルギー増産のため石炭採掘が奨励されて，農民たちは競って石炭を採掘し大きな利益を上げた農民も出た。しかし手作業による採掘では採掘量は限られ，多くの炭坑は操業後しばらくすると放棄された。集団や個人による開発が相次いだ結果，1984年末の鎮内の炭坑は87坑に増加したが，その後法的基準を満たせない危険な炭坑は強制的に閉鎖されて，1992年には53坑（うち鎮営5坑，村営35坑，個人営13坑）になった。1985年に国の資金で開発が始まった向陽炭坑は炭層の発見に失敗したが，鎮に移管された後に有望な炭層を発見し，年産40万トン余の鎮最大の炭坑となった。1996年には炭坑の電力を自給するため，鎮が独力で火力発電所の建設に着手した。1996年の鎮内の炭坑数は58（うち鎮営8坑，村営6坑，共同経営と個人営44坑）で，村営が急減し，共通経営と個人営の炭坑が増加した。産炭量は1984年の50万トンが，1992年には213万トン，1996年には300万トンに増加した。生産額は鉱工業全体の4～5割を占め，他の郷鎮企業の振興や社会基盤の整備などに多額の資金を提供し，また農村の近代化も支えている。

さらにボーキサイトの開発も1967年から始まり，鉱山数は1972年の20余が1996年には63に増加し，石炭に次ぐ鉱業の柱になっている。

鉱業以外に大冶鎮には，民国時代に陶瓷廠のほか，鍛冶屋・陶工・宝飾加工・染物屋など80家余の手工業者がいた。建国後，1953年に鉄冶社，1954年に木器生産合作社と陶瓷生産合作社が組織された。1958年に陶瓷生産合作社と鉄冶社は国営企業に昇格・移管された。1969年には人民公社営の耐火材料廠が創設され，1971年以後は村（生産大隊）営の鋳造，煉瓦窯，石灰窯，砂利廠，製粉場，陶瓷場などが次々に創業し，また公社営のセメント工場や製紙工場も創業し，主に地下資源を加工する社隊企業が発達した。1978年末の社

隊企業数は39社，従業員は2,231人，年生産額は約880万元に達した。

経済の改革政策の下で郷鎮企業は順調に発展を続けた。1985年には，村営企業の生産額が弋湾村で689万元，西施村で568万元，栂頭村で612万元に達し，3村は登封県の「四強村」に選ばれた。

1986年以降，鎮政府は鎮営及び村営企業に対する工場長責任制の実施や，経営管理費や地方税率の軽減，鄭州市等での合作相手や投資家の募集，技術者・研究者の招聘，大学や研究機関への労働者の派遣，有望な技術・製品の調査など，鉱工業を発展させるため様々な政策を他の郷鎮に先駆けて実施した。

郷鎮企業の生産額は，1985～1990年の5年間には2.2倍の成長だったが，次の1990～1995年の5年間には7.3倍（激しいインフレの影響も小さくないが）に急成長した。鎮は地下資源の採掘に依存した経済から脱却するため，製造業の発達に力を入れているが，新規創業の企業を含めて，製造業の大部分がなお地下資源を加工する業種であり，業種の多角化は容易ではない。主要な製造業企業は，耐火材料廠が58，セメント廠が4，建材廠が39，陶器廠が29，研磨材廠が7，大理石加工場が2などである。1991年には全国2,093の億元郷鎮の中での利益率がトップになり，1992年には鄭州市政府から「強郷鎮」に，1993年には全国発展郷鎮先進鎮に，1995年には河南省の50個の改革発展建設総合試点鎮の一つに選ばれた。郷鎮企業の従業者は約34,300人で，うち14,000人は鎮外からの労働者である。とくに炭坑労働者の40％は，四川・浙江・山西など経済が未発達の地域からの出稼ぎ労働者が占めている。

b）炭鉱が中核の鎮営企業集団が発展——陽城工業区

大冶鎮の西に位置する陽城工業区には，陽城炭鉱を中核とした鎮営の企業集団である河南省登封市陽城企業集団有限公司が展開している。1984年に河南省石炭庁（当時）が主導し湖南省の国営企業などの出資で，告成郷と合作して炭坑の開発が始まった。しかし2年かけても有望な炭層を発見できず，資金も底を尽いた。1986年に坑長に就いた趙更新（現陽城企業集団公司総経理）は苦労して調達した追加資金で探査を続行し，6万トンの生産に成功した。翌年，年産9万トンから出発し，1992年に年産20万トンに規模を拡大した。坑内作業は8時間労働の3交代制で，生産は2交代，坑道整備に1交代をあてている。従業員は月に24日坑内作業に従事する。農繁期にも休業はしないが，春節に

は15日間坑内作業を休止する。賃金は各従業員の生産実績に応じて支給され毎月1000～1600元である。危険な重労働であるため製造業よりもかなり高給である。また年2回300～500元の奨金が支給される。石炭は需要家がトラックで炭鉱に直接買いつけに来る。

炭鉱の関連企業は1988年設立の炭鉱の機械設備を製造する機械工場だけだったが，1990年代から経営の多角化にのりだした。まず1993年に1970年創業で破産寸前だった鎮営セメント工場を買収した。また研磨材製造の個人企業に400万元出資したが，輸出が不可能なため耐火材料の製造に転換させた。1996年には将来有望なシリコン鉄製造の工場を設立し，また酸化クロム製造の工場の建設にも着手した。1997年には経営不振の国営楊家門炭鉱を買収した。この炭鉱は1970年に開発され，年産30万トン，従業員数1400人で，陽城炭鉱より大きな炭鉱だったが，ずさんな経営と運転資金不足で破産状態となり競売にかけられた。8社との競争入札に勝ち買収したが，約20ヵ月未払いだった給与の支払いにさらに300万元を投資した。現在も資金援助を続けながら経営の安定をめざしている。郷鎮企業が国営企業を買収したことで「蛇呑大象（蛇が大象を呑み込む）」事件として話題となった。同じ年に7社で河南省登封市陽城企業集団有限公司を設立し，趙更新が董事長兼総経理に就任した。企業集団を組織することで経営規模の拡大と経営基盤の強化ができ，金融機関への信用力が増し融資や投資を受けやすくなるからである。

c）工業専業村に発達——大金店鎮三里庄村

地下資源に乏しい地域では，商業が発達した城関鎮と廬店鎮を除いて農業が経済の基盤で，商工業が発達した地域と収入に大きな差が生じている。その中で村をあげて工業化を進めているのが大金店鎮三里庄村である。そこでは鞏義市の竹林村（現竹林鎮）[37]と同様，進取の気質に富んだ指導者＝農民企業家が先頭に立って工業化に努力している。三里庄村は平野に位置し三里庄と陳家湾からなる人口約1,000人の小さな村である。村は高温素子工場を中核に図3－4のように7企業の企業集団公司を自前で発展させ，その利益で村内の社会基盤の整備を行ない，周辺農村より豊かな生活を実現して1996年に小康村に指定された。

農業の土地生産性は高いものの，1人当たりの耕地は1畝に満たず，農業だ

```
1984年  ┌レンガ工場┐
1985年       │
1986年     操業停止    ┌建材用彩色┐
                       │タイル工場│
1987年
1988年              操業停止
1989年  ┌高温素子工場┐─────────┐
1990年      ↑原                │
1991年      料                  │
            供
1992年      給
1993年  ┌モリブデン粉工場┐
1994年      ↑原       ┌電機機械工場┐ ┌製粉・製麺工場┐
            料
1995年      供       ┌タングステン粉工場┐ ┌省電力部品工場┐
            給
1996年  ┌モリブデン酸アンモニウム工場┐ ┌河南省鄭州市嵩山┐
                                       │企業集団公司    │設立
1997年  ┌薬剤包装材工場┐（建設中） 専業農民 → 独立採算単位に組織
```

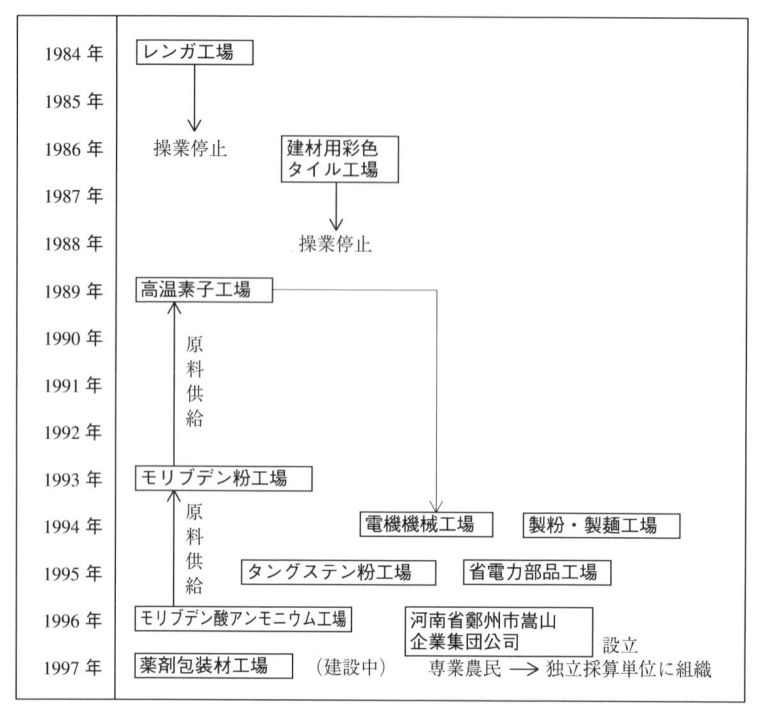

図3-4　大金店鎮三里庄村における郷鎮企業の発展過程

けでは衣食にも事欠く貧しい農村だった。また村内には石炭・ボーキサイトなどの地下資源はあるものの埋蔵量に乏しかった。村の幹部は工業が村を豊かにできる唯一の道と考え，陳鉄森氏が主導して1984年から煉瓦製造を始めた。煉瓦は農業よりも利益は大きいが農地の土を大量に使うため，1986年には建材用彩色タイルの製造に転換した。彩色タイルは少林寺の修築などに採用されたが，煉瓦同様に土を大量に消費することからまもなく中断した。陳氏は付加価値の高い製品を求めて，村出身で天津の珪酸塩研究所に勤める研究者に相談した。研究者は高温素子が有望であると推奨し，仲間を引き連れ自ら帰村して製品化の研究に着手した。1989年に1,000℃以上の高温に耐える素子の開発に成功し，工場を設立した。必要資金は煉瓦工場の利益の蓄積と村民の出資で調達した。出資金は株式に転換され，毎年配当金が分配されている。製品の販売は光学用ガラス工場向けが中心で，経営は順調に発展した。

　1992年にはシリコン炭素棒の生産にも着手し，1993年には高温素子の原料

となるモリブデン粉製造の工場を新設した。1994年には機械製造・修理部門を独立させて電機機械工場と，村内産の小麦を加工する製粉・製麺工場を新設した。1995年には省電力部品の工場と電球のエレメントの原料となるタングステン粉製造の工場を，1996年にはモリブデン粉の原料となるモリブデン酸アンモニウム製造の工場を新設し，これで高温素子の原料から製品までの一貫生産体制を確立した。モリブデン酸アンモニウムの原料となる鉱石は蒾川県の鉱山から購入している。高温素子を製造する工場はもとは上海と天津だけにあったが，参入する企業があいつぎ18社に増加した。製品価格は企業ごとにバラバラだったため，18社が集まり価格協定を結んだ。現在，この企業の生産能力が国内最大である。1996年に上記の7企業で「河南省鄭州市嵩山企業集団有限公司」という企業集団を形成した。1997年からは薬品包装材製造の工場建設に着手した。集団公司の総生産額は1995年は5,500万元，1996年には12,000万元に増加し，利益と税金は合わせて2,200万元に達した。集団公司は利益を学校・敬老院・病院や道路・送電網・情報通信網・河川整備など村の社会基盤整備に投入した。小・中学校には最新の設備を整えて優秀な教員を集めたため，教育水準が高いと評判になり，村外からの入学者が増えている。

　工場で働く労働者は合計380人で，うち200人が村民で残りが招聘技術者や村外からの就業者である。各企業の経営は独立採算制で，競争入札で経営を請け負わせている。村民が請け負う企業は3社で，他の4社は村外者が経営を請け負っている。入札を行なって，より多くの利益を提示した人が経営を請け負う。請負期間は3年で，請負額以上の超過利益は工場長に与えられるが，利益が請負額に達しない場合は，差額を工場長が負担することを義務づけている。

　村民委員会主任で党書記の陳鉄森氏が集団公司の総経理を兼務するなど，村の幹部の多くが集団公司の幹部を兼任しているが，工場長や村外者も経営幹部に就任しているため村とは完全に一体ではない。各企業は請け負った利益を集団公司に納付し，集団公司は村への納付額や，新規事業や傘下企業の設備更新など利益の投資先を決定する。郷鎮企業を集団公司に組織して行政から分離することで，行政の経営への介入や不明瞭な利潤の上納を防ぎ，郷鎮企業の健全な発展を確保できるというが，行政機関が企業に様々な名目で寄付を強要することがまだ少なくないという。

　集団公司の工場は全て工業園区（団地）内に立地し，共同の大食堂もある。

また優れた人材の確保が企業の発展の鍵となるという認識から，積極的に各地の大学や研究機関，国営企業などと技術提携し，定年退職した技術者や一時出向の技術者を招聘している。招聘した技術者には高い給与に併せて部屋数が多く広いアパートを提供して優遇している。郷鎮企業の発展で村民の年収は1984年の300元から1996年には3,500元に増加した。また陳鉄森氏は村を豊かにした実績を上級機関に認められ，大金店鎮の副鎮長・党副書記に任命された。

専業農家は村の独立採算単位に組織されている。10戸の農家が400畝の村の山林を請け負ってリンゴ園を経営したり，工場労働者の責任田の耕作権を譲り受けて耕作している。農家は収益から農業税を村民委員会に納付する。専業農民も農業公司に組織して集団公司の一部門に取り込む計画だが，農地の帰属と農業税の徴収など村との調整が必要である。村は工業にも農業にも従事しない村民を日雇いの建設労働者として雇用している。

登封市は炭坑を核に鉱産企業の力で農村を近代化させる「以砿帯村発展戦略」を推進している。そのため石炭など地下資源に乏しい地域で，三里庄村のように地下資源加工型ではない郷鎮企業が比較的発展しているほかは，市内の郷鎮企業の大部分が大冶鎮のように地下資源を採掘する企業で，一部で地下資源を加工する工業企業が発達しているにすぎない。石炭産業など鉱産業は日本と違って中国では現在も成長を続ける有望産業である。鉱産業が基幹産業である登封市で，日用非耐久消費財を生産するような郷鎮企業が大きく発達することは現在はまだ期待できないと考える。

(4) 鄭州市市区における郷鎮企業の発展方向

a）市街地化した管城回族区東城郷

鄭州市の中心商業地区である二七広場のすぐ東の旧鄭州城内に位置し，すでに市街地の一部になっている管城回族区東城郷にはなお200畝余の農地がある。郷は5村からなり，約5,000人の人口の大部分はなお農民戸籍で「都会農業人口」と呼ばれる。うち労働力人口は約3,000人で，300～400人が農業に従事し，残りは商工業に従事している。農業は蔬菜栽培が中心で，以前は市の蔬菜生産地に指定されていた。郷政府のサンプル調査によると，1994年の農民の収入は2,650元であるが，実際はもっと多いという。

郷の土地は周囲の街道委員会の土地と錯綜している。市街地の一部となったため，行政上は郷政府を撤廃して街道委員会を設置すべきだが，街道になると農村ではなくなり，土地の所有権（正確には使用権）が村民委員会から市政府に移管されてしまう。農村なら土地は集団所有で村民委員会に帰属し，土地からの収益の分配を受ける権利を農民ももつが，市政府に移管されるとその権利を失い，郷営・村営企業の収益の恩恵も得られなくなる。また村営企業なら従業員は農業に従事していた期間も加算されて年金が支給されるが，街道に移管して非農業戸籍になると加算されない。年配者は市営企業に就職しても就業年数が短くなり，退職後の年金支給額が非常に少なくなる。郷政府や村民委員会は行政の裁量権が比較的大きく，企業経営による豊かな財政で独自の社会資本の整備や福祉政策を実施できるし，村民には様々な名目で補助金を支給できる。しかし街道委員会や居民委員会は市政府の政策を区から上意下達する行政の末端機構的性格が強いうえ，市営企業からは納付金は得られず独自の政策を実施する財源確保ができないため，郷の幹部も住民も街道に移管することに反対しているという。

　郷鎮企業の主体は村営企業で，郷営企業は盛んでない。郷の土地は村民委員会の所有で，村は土地の賃貸や，土地を担保に融資を受け様々な郷鎮企業を興した。郷は人民公社の時期の蓄積をもとに企業を興したものの，追加の投資ができず経営状態は芳しくない。東城郷の各村は土地の使用権を運用して得た資金で様々な業種の村営企業は経営し，財政収入は郷政府より村の方が潤沢である。東城郷の村が経営する郷鎮企業は工業よりも，ホテル，ディスコ，飲食店，賃貸ビル，卸売市場，農貿市場など商業・サービス業に分類される企業が多い。次に村による郷鎮企業の経営状況を，ビール会社を経営する隴海村を事例に見てみよう。

　イ．「国家大型一級企業」の村営ビール工場を経営する隴海村

　隴海村の人口は660人で，東城郷の南，隴海鉄道を挟んで鄭州市街地の南端に連続する。村の土地は隣接する街道委員会と錯綜し，また分散しているため，正確な面積を村民委員会は把握できていない。村営企業は金星啤酒廠，藍馬啤酒廠，太平実業公司の3社であるが，村の経済は金星啤酒廠とともに発展してきた。1984年以前には，小さなラベル印刷工場があるだけで，村民の大部分は農業に従事し，市内でもとりわけ貧しい村のひとつであった。村の幹部は村

を豊かにする方策を検討した結果，ビール醸造に村の将来を賭ける決断をした。当時，鄭州には国営の鄭州啤酒廠があったが，青島ビールや北京ビールと較べて味が劣り人気はなかった。ビール市場は急速に拡大を続けていて，品質がよい製品を生産すれば将来性が大きいと考え，1984年に生産設備を導入した。しかし試験醸造したビールは味が劣り，販売できなかった。専門技術者を招聘してさらに試験を繰り返しやっと良質のビールを醸造できたが，次の課題は村には企業経営ができる人材がいないことだった。そのため農民企業家の張鉄山を工場長に招聘し，張は工場の経営を請け負った。さらに醸造技術を国営有力企業の北京啤酒廠から導入してさらに改良を加え生産を開始した。

当初は「管城東風啤酒廠」を名のったが，1989年に「金星牌」を企業名とした。工場の設立資金には土地を市政府に売った売却代金と金融機関からの融資をあて，さらに村民や従業員に社債を売った。社債は年度末毎に配当するが，経営が順調で配当率も高いため，社債を転売して多額の現金を手にした村民もいた。ビールは味と品質で消費者に高く評価され，生産量は年々急増した。ビールの品質と味をさらに高めて市場競争力を強化して経営を発展させるため，各地の醸造企業の幹部や技術者を引き抜いたり，国内外の有力企業から製造技術や経営のノウハウを積極的に導入した。

1990年以降，省内のビールの需要が急増し，生産量も大きく伸びた。1993年には国内外で広く販売できるビールを生産するため，アメリカのLANDMARK社と合弁で「藍馬啤酒廠」を設立し，「藍馬」ブランドで高級ビールの製造を始めた。1995年からは，「金星」より高級な「金星王」ブランドのビールの生産も始め，自前のビール瓶工場や麦芽工場も設立した。生産量は操業開始時の年産2,000トンから1996年には25万トンに増加し，「国家大型一級企業」に指定され，全国十大ビールの一つに数えられるまでに成長した。今後は缶ビールの生産ラインの建設と省外にもビール工場を建設して，生産と市場のさらなる拡大を進めている。約2,000人いる従業員のうち，元々の村民は約300人だけで，招聘技術者や大学卒業生で村に入籍した人を含めても約600人である。労働力を村内ではまかなえず，周辺農村と省内南東部の駐馬店，周口，平頂山，泌陽など貧困地区や，黒竜江（ヘイロンチャン），安徽（アンホイ）などからの出稼ぎ労働者を多数雇用している。

張鉄山が経営が請け負った金星啤酒廠の業績は順調に発展し，その多額の上

納金によって隴海村の財政は潤沢になった。そして郷鎮企業の先進村として，また納税額が多い村として表彰された。1994年には省より「明星村」と命名され，「小康村」にも選定された。小・中学生の学費は村が全額負担し，また大学進学者の学費も一部負担している。また市街地再開発の一環で9棟の高層アパートを建築して，古い住宅に住む村民を入居させる計画を進めている。

村内にはまだ畑地が約60畝あり，郷鎮企業で働かない約60人の中・高年の村民に耕作を請け負わせている。主に野菜を栽培して市内の農貿市場で販売している。水道と電気は村の負担で供給し，村民は少額の上納金を支払うだけである。しかし現在建設中の紫荊山通りが完成した暁には，農地を転用してホテルや商業ビルを建設する計画がある。

大都市に隣接した地域では，郷鎮政府よりも農地の所有権をもっている村民委員会がきわめて積極的な経済活動を展開している。金星啤酒廠のように大消費市場をめざした消費財を生産する郷鎮企業を経営したり，農地を転用して家具や家電製品，繊維製品などの卸売市場やホテル・百貨店・ダンスホール・ボーリング場など商業・サービス業を経営している。さらに旧い市街地を高層アパートやオフィスビル・商業ビルに次々建て替えて賃貸するなど，不動産業や建設業にも積極的に進出している。

5　郷鎮企業の郷鎮財政への貢献

地方政府が郷鎮企業の振興に力を入れる最大の目的は，農村の社会基盤の整備に必要な地方の財源を確保することにある。道路や公共施設の建設など農村の社会基盤の整備，社会福祉，医療・衛生，農業の基盤整備などは郷鎮・村政府が費用を負担する事業である。しかし中国では住民税や固定資産税など地方の税制度やその配分方法がまだ確立しておらず，また国・省など上級政府からの交付金制度も不十分であるため，財政基盤は一般に脆弱である。そのため郷鎮企業からの納付金は貴重な財源であり，その多寡が各地方政府の社会基盤の整備状況や社会福祉の充実ぶりにそのまま反映される。前述したように農村を歩くと，でこぼこ道で旧い煉瓦積みの家屋が並ぶ伝統的な農村景観が，別の村や郷鎮に入ったとたん歩道付きの舗装街路にモダンなビルが建ち並ぶ整然とした町並みに変わるのは，郷鎮企業の発展に大きな地域差があることを反映して

表3-7 肇義市回郭鎮の財政の推移

年 次	1980	1985	1990	1994
歳入決算額(元)	25,800,000	34,000,000	67,000,000	104,000,000
歳出決算額(元)	20,440,000	28,890,000	51,990,000	82,740,000
歳入の項目別構成比(%)				
郷鎮企業上納金	5.8	7.4	6.0	4.8
投資収入	72.9	74.3	81.2	85.6
「聯合体」上納金	7.8	8.8	7.5	5.8
請負農家上納金	1.7	1.9	1.2	1.0
上級政府交付金	2.9	0.9	0.4	0.8
前年剰余額	7.0	4.7	2.5	1.2
歳出の項目別構成比(%)				
郷鎮企業投資支出金	4.9	5.2	4.8	5.4
直営経営部門支出金	24.5	51.9	57.7	60.4
固定資産購入費	9.8	13.8	13.5	12.1
道路・橋梁建設費	1.0	1.4	1.2	1.2
電線架設費	0.5	0.7	0.6	0.6
「五保戸」補助費	0.0	0.0	0.0	0.0
「烈軍属」補助費	0.1	0.2	0.2	0.1
「困難戸」補助費	0.1	0.1	0.1	0.1
学校建設・文化事業費	2.4	5.2	4.8	4.8
「民辦教師」給与等支出金	2.4	3.1	2.3	1.8
「計画生育」費	0.7	0.7	0.8	0.7
「合作医療」費	0.3	0.4	0.4	0.4
「民兵訓練」費	0.0	0.0	0.0	0.0
行政経費	1.5	1.7	1.3	1.2
農地整備・水利事業費	4.4	2.4	1.9	1.8
農業補助費	0.7	0.9	0.8	0.7
上級政府上納金	9.8	12.1	9.6	8.5

(注) 回郭鎮政府提供資料より作成。

いる。

　農村財政への郷鎮企業の貢献については，江蘇省無錫県で鎮財政と村財政が郷鎮企業からの上納金で維持されていることを報告した大島一二の研究と，上海市奉賢県青村郷唐家村を事例に1980年代の農村財政と郷村建設について詳細な調査を行なった石田浩の報告がある。筆者も各市の郷鎮企業管理委員会を通して，各郷鎮の郷鎮企業管理委員会に調査用紙を配布し記入を依頼する方法で調査した。しかし郷鎮政府に赴いて直接出納担当者に面接調査をしなかったことと，郷鎮政府の出納担当者に調査用紙が届かなかった場合もあって回収率は悪かった。また回収できても一般に歳出・歳入の明細の公表をためらうせいか，記載はあらましだけか記載内容に疑問点・不一致点があって，郷鎮政府間での比較は十分にできなかった。そのため，歳入・歳出項目を整理して，決算額とその項目別構成比率だけを表にまとめて考察した。

　河南省内で郷鎮企業が最も発達を遂げた鞏義市の回郭鎮の財政の推移を示した表3-7と比較して，表3-8に示した登封市の6つの郷鎮の財政規模がいずれも一桁（君召郷は二桁）小さいことがまず指摘できる。大島一二が郷鎮・村財政が郷鎮企業なしに考えられないと指摘しているように，郷鎮企業が発展すればその納付金で財政規模が大きくなるから，回郭鎮と比較して登封市の郷鎮では郷鎮企業がまだ未発達なために財政規模が小さいと考えられる。郷鎮企業から郷鎮・村政府への納付金は企業管理費や株式の配当，各種の負担金などであるが，表には郷鎮企業からの上納金と利潤，及び投資収入という項目で計上されている。

　表3-8で1996年の決算をみると，歳入に占める納付金の割合は徐庄郷では約90％，唐庄郷と告成鎮では約60％，穎陽鎮では約28％，大金店鎮では約21％で，郷鎮によって差が大きい。また穎陽鎮・告成鎮・唐庄郷では，郷鎮政府が所有する土地を請け負って果樹園などを経営する農家からの納付金が20～35％を占め，郷鎮企業に次ぐ収入源となっている。大金店鎮の場合，鎮政府の鉱工業担当の副書記の話では郷鎮企業からの納付金は歳入の約3分の1を占め，また果樹園を請け負う農家からの納付金も3分の1を占めているという。郷政府では国家に納付する工商税の1％を，鎮政府の場合には7％を留保して郷鎮財政に組み入れることができるというが，それを具体的に明らかにすることはできなかった。君召郷は鄭州市管轄下の120の郷鎮の中で郷鎮企業の

表 3 – 8 – 1　郷鎮財政の推移（郷政府の場合）

郷名	唐庄郷					徐庄郷			君召郷	
年次	1980	1985	1990	1995	1996	1990	1995	1996	1995	1996
歳入決算額(元)	18,061	187,585	708,775	2,001,000	2,727,000	1,229,501	2,428,000	3,502,000	692,472	584,240
歳出決算額(元)	13,613	134,069	527,937	2,776,000	3,134,000	1,229,501	2,428,000	3,502,000	692,472	584,240
歳入の項目別構成比(%)										
郷鎮企業上納金		63.5	65.1	33.4	35.7	64.2	27.1	34.6		
郷鎮企業利潤	30.1			42.8	25.7		54.7	58.8		
投資収入		35.2	34.9	23.0	20.3	35.8				
請負農家上納金				0.7	18.2		15.0	6.7		
その他	44.8	1.3							86.5	85.9
上級政府交付金				0.1	0.3		3.3		13.5	14.1
前年剰余額	25.1									
歳出の項目別構成比(%)										
郷鎮企業投資支出金							0.9	0.3		
道路・橋梁建設費						0.1	1.0	2.1	17.8	6.7
電線架設費									2.4	0.7
「五保戸」補助費						0.8	0.1	0.1		
「烈軍属」補助費			4.7	2.1	2.7			1.9	4.1	3.9
「困難戸」補助費										2.6
学校建設・文化事業費						39.6	32.0	33.3		
「民辦教師」給与等支出金		32.9	29.9	12.6	12.1				44.3	53.1
「計画生育」費				1.9	2.6				15.5	6.3
「民兵訓練」費			2.0	0.3	0.3				2.8	1.0
行政経費	100.0	67.1	21.2	18.0	13.9	23.3	28.5	33.4		
農地整備・水利事業費				0.8	0.2	8.4	4.5	5.2		
農業補助費										
その他			42.2	64.1	68.2	27.7	32.9	23.8	1.2	15.8
年末剰余金				0.3					11.9	9.9

（注）各郷鎮政府提供の資料より作成。

第3章 経済改革下の郷鎮企業の発展方向

表3-8-2 郷鎮財政の推移（鎮政府の場合）

鎮名	告成鎮			額陽鎮			大金店鎮			
年次	1990	1995	1996	1990	1995	1996	1985	1990	1995	1996
歳入決算額(元)	3,070,000	4,790,000	5,650,000	1,110,600	2,694,000	3,324,690	942,726	4,683,000	5,046,000	6,851,000
歳出決算額(元)	3,070,000	4,790,000	5,650,000	1,110,600	2,694,000	3,324,690	942,726	4,683,000	5,046,000	6,851,000
歳入の項目別構成比(％)										
郷鎮企業上納金	55.7	55.7	60.5	5.3	5.0	4.2	72.5		24.9	20.9
郷鎮企業利潤				13.1	21.3	23.5				
請負農家上納金	22.8	19.8	18.9	40.8	33.2	35.9				
その他	19.5	20.3	16.8	28.5	31.3	31.1				
上級政府交付金				12.3	3.7	5.1				
前年剰余額	1.6	0.4	3.7		5.4	0.1				
歳出の項目別構成比(％)										
合弁企業投資支出金	22.8	25.1	24.8				28.6			
郷鎮企業投資支出金	8.1	6.3	5.8							
固定資産購入費	4.9	5.4	5.7	4.1	8.0	13.4				
道路・橋梁建設費							0.5		0.4	
電線架設費	1.0	1.0	1.2	1.5	0.9	0.7			0.8	0.9
「五保戸」補助費	0.3	0.4	0.7	0.8	0.7	0.5	0.1		0.7	0.5
「烈軍属」補助費	0.3	0.4	0.5				0.1		0.4	0.6
「困難戸」補助費				2.9	2.1	1.7				
学校建設・文化事業費	30.9	29.2	28.7	58.1	59.8	56.7	3.1		42.4	32.1
「民弁教師」給与等支出金	12.1	7.5	8.5	0.5	0.5	0.4			0.2	0.6
計画生育費	2.6	1.7	1.4	3.6	3.5	3.0			4.1	2.6
「合作医療」費	0.3	0.4	1.2	1.4	1.1	1.1			0.2	0.1
「民兵訓練」費	1.0	1.0	1.2						0.2	0.4
「村幹部」給与等支出金				10.1	8.2	6.8				
行政経費	11.4	11.9	12.7	5.5	4.7	5.1			27.7	2.6
農地整備・水利事業費	4.2	5.2	5.0	6.6	4.0	3.4				12.5
農業補助費				0.3	2.8	3.4	0.2		2.4	
上級政府上納金										
その他				4.5	3.5	3.4	0.6		6.3	14.5
年末剰余金		2.1	0.4	13.2	0.1				13.5	9.7

（注）各郷鎮政府提供の資料より作成。

営業収入では116番目で,経済的に脆弱な郷である。郷鎮企業も農業も未発達で独自の財源を確保できず,登封市政府より納付した地方税の還付を受け,それが表3－8のように上級政府交付金として歳入のほとんどを占める。表にない石道郷や送表郷,東金店郷も君召郷と同様に地方税の還付措置を受け歳入に組み入れている。一方,鞏義市回郭鎮の場合,郷鎮企業の株式合作化が進行して鎮政府は企業の大株主となっているため,株式に対する利益の配当が鎮政府の財源の大部分を占めている。企業の発展によって財政規模も企業からの納付金が歳入に占める比率も年々大きくなっているが,これが郷鎮企業の発展に力を入れる地方政府が目標とする姿ではないだろうか。

次に歳出をみると,大島や石田の報告同様に教育関係の支出が大きな比率を占めることが指摘でき,次いで行政経費への支出が大きいことがわかる。また農村の社会基盤の整備,社会福祉,医療・衛生,農業基盤整備などへの支出は,教育文化費と比較していずれの郷鎮でもきわめて小さいのはどうしてなのだろうか。理由は残念ながらわからない。

農村を近代化するうえで社会資本整備の諸事業を効率的に実行するための財源は,郷鎮企業と請負農家の納付金に依存せざるを得ないが,とりわけ郷鎮企業の各種納付金への依存度が今後ますます大きくなっていくだろう。郷鎮企業の発展が遅れている地域では,君召郷のように上級政府からの交付金(実態は上納した地方税の還付)に頼らざるを得ないが,交付される金額は少額で,農村近代化に必要な事業のごく一部しか実行できない。農村近代化には郷鎮企業が発展を続けることが必要不可欠の条件であることが改めて確認できるが,発展を実現するには後述するように解決が困難な問題が少なくない。

6　内陸地区の郷鎮企業がかかえる問題点

経済の改革開放政策が開始されて約20年が経過し,主に日用非耐久消費財の生産から出発した郷鎮企業を取り巻く社会的・経済的環境は大きく変化した。工業に絞って考えると,改革が始まった当初は国営企業が生産財に偏った生産を続け消費財の生産を軽視してきたため,消費財は品不足の状態が続いていた。そのため郷鎮企業が生産する製品の品質はあまり問われず,消費者が必要とするものであれば生産するそばから飛ぶように売れ,郷鎮企業は猛烈に発展した。

改革開放政策のもとで，中国の経済は日本の戦後50年間の発展を10年に圧縮したような速度で発展を遂げた。そして，初めにも述べたように都市部ではまずまずの生活水準である「小康」水準を越えて，人々はより豊かな消費生活を求める段階に到達している。その結果，とりわけ都市部ではもう何でも作れば売れる時代は過去のものとなり，人々も企業も価格の安さに加え製品の品質や性能，使いやすさを重視するようになった。また市場の需要を直ちに生産に反映できないなど硬直した官僚的体質から経営不振に陥った国有企業も，大胆な企業改革によって品質においてもデザインにおいても郷鎮企業を寄せ付けない新製品を市場に投入して，市場競争力を回復させている。そのため品質はともかく安価で大量に商品を市場に供給する点に存在の基盤と価値があった郷鎮企業の優位性や存在の意味が次第に失われてきた。一部の郷鎮企業はそうした体質から脱皮して，品質的にも優れた製品を生産して大きな国内シェアを獲得しているが，大部分の郷鎮企業はその存在理由が改めて問われるべき時期にきているといえるだろう。

もともと郷鎮企業はその前身である社隊企業が「三就地」の原則のもとで発展してきたことを引き継ぎ，郷鎮レベルの需要と供給とを基盤に限られた空間的な範囲での活動を基本として成長をとげてきた。しかし企業の発展とともにその活動範囲は行政のコントロールを越えて拡大し，県や省の境界をも突破した広い地域スケールで原材料の調達や製品の販売を行なう企業が増加した。そして沿海部の一部の郷鎮企業は外国企業や政府の輸出入公司と提携して「三来一補」[40]などの方式で輸出向け製品の大量生産に乗り出したり，外国から生産ラインを導入して国内市場向けに家電製品や日用消費財の大規模生産に着手するなど，輸出市場や全国的スケールの市場へ活動の場を積極的に拡げていった。しかし企業活動の範囲が拡大すればするほど，マクロな経済環境の変動の影響を直接受けることになり，また国有企業などとの市場をめぐる熾烈な競争にも直面した。資本や設備・技術など経営基盤が脆弱で経営方法に問題があった企業は競争の中で淘汰されていき，生き残った企業の中には国有企業をもしのぐ規模に発展することができ，国内市場で大きなシェアを獲得している。

ところで郷鎮企業が大挙進出した消費財工業部門では企業が競って設備を増強した結果，多くの業種で市場が飽和状態になり生産能力が国内需要を大きく上回ってしまった。テレビ，エアコン，二輪車，衣料品などは，のきなみ生産

過剰で膨大な在庫を抱えている。こうした状況で企業が安定した売上を確保するには，製品の安さに増して品質面で消費者の信頼を得ることが最も大切である。消費者の信頼を得るには，欧米や日本の企業のように高い企業イメージの獲得や製品にブランド力を持たせることがカギになってくる。そのためマスメディアを使った広告戦略が中国でも重要となってきている。

 とはいえ中国の大部分はなお経済発展から取り残された広大な農村であり，とりわけ内陸部の中部・西部地区では数十年もフラッシュバックしたような光景に出くわすこともしばしばである。そこではなお郷鎮企業の製品が受け入れられる広大な市場が存在し，経済のテイクオフのために郷鎮企業の活躍を必要とする空間がある。そのため郷鎮企業が全体としてはなお高い成長率を維持しながら発展できる余地が大きい。郷鎮企業の存在形態としては，数の上では少数だが相対的に規模が大きく生産性も高い郷・鎮・村営企業と，圧倒的大多数を占めるが規模が零細な個人・私営企業が併存しているというのが一般的である。旺盛な起業意欲をもつ農民企業家によって，様々な業種の郷鎮企業が今なお次々に簇出(そうしゅつ)している。

 大多数の郷鎮企業の販路は地元が主体であるが，企業の成長による販路の拡大にともなって，多くの業種で市場を巡る郷鎮企業どうしの競争が激しくなっている。無数の中小企業が乱立している状態が，このまま持続することはあり得ないだろうから，経営が脆弱な企業から順に当然淘汰されていくであろう。郷鎮企業が市場競争に打ち勝ち成長を持続していくためには，自己資本比率が低いという経営基盤の脆さを克服し，地元産資源を加工するにも労働集約的な付加価値の低い製品から，より技術・資本集約的な付加価値が高い製品に移行していくことが求められる。そのために零細な企業は集約化して企業規模を拡大したり，有力国有企業や研究機関・大学などとの横の連携を強化したり，専門技術を持つ質の高い労働者を養成・招聘することなどが必要である。最新鋭の生産設備・技術の導入や質の高い労働者の確保，新製品の研究・開発，さらに今後必要となる環境保全対策などには多額の資金需要が見込まれる。多くの企業では現在でも運転資金の調達もままならない状況であるが，投資資金の調達の成否が今後の郷鎮企業の発展のカギのひとつを握っているのではないだろうか。また企業規模が拡大しても，直ちに全国市場や国際市場に踏み出すのは無謀である。規模の追求よりも得意分野で他企業の追随を許さない確固たる位

置を占めることが企業の持続的発展のため第一に求められる。佐々木信彰は1993年に郷鎮企業が「経済政策の変化に大きな影響を受けながら，次第に整理，淘汰され，その業種，生産内容，規模を適正化していく」と楽観的な見通しを述べているが，その後の郷鎮企業の猛烈な成長とマクロな経済環境の大変化をみると，よりドラスティックな変化に郷鎮企業は今後さらされ，郷鎮企業に相応しい社会的・経済的ポジションへのソフトランディングはしばらくは期待できそうにないと考えられる。

7 農村工業化と郷鎮企業がめざすもの

広大な中国の農村には自給的農業を営み，貧弱な社会資本のもとで「貧困」（衣食にも事欠く生活）や「温飽」（衣食だけは量的には確保される「ぎりぎりの生活」）水準の生活を強いられている農民がなお大多数を占めている。また農村人口はまだ増加を続けているため，大都市への人口流出を防止する上でも雇用の受け皿のさらなる拡大が必要である。そうした地域では，郷鎮企業に労働力の受け皿としての，農民の収入増大の場としての，さらには遅れた社会資本を整備し農村を近代化するための起爆力ないし牽引車としての役割を期待し続けている。しかし郷鎮企業はいかなる地域においても発展が可能とは限らない。これまでみてきたように資本や資源，人材などそれなりの初期条件が地域に備わっていることが必要である。

中部・内陸地区でも今回の調査対象とした鄭州都市圏のように，大都市に近接した地域では経済のテイクオフに必要な条件がよく備わり，郷鎮企業による工業化は比較的順調である。しかし都市から遠く離れた農村では，必要な資本・技術・経営ノウハウ・人材・市場などがいずれも欠如し，郷鎮企業による経済のテイクオフは非常に困難である。またそうした地域では農業の商業化による地域振興も，市場から遠く離れていて容易ではない。そのため中部・内陸地区においても農村の地域間の経済格差は縮小するどころか，地域的に偏った郷鎮企業の発展によってかえって拡大している。

政府による財政援助にもほとんど期待できず，いわば八方塞がりの状況に置かれている地域の農村の近代化を進めるためには，郷鎮企業に直接頼らない方策も模索していかざるをえない。資金を手っ取り早く稼ぐ方法は出稼ぎである。

河南省内でも駐馬店，周口，平頂山，沁陽など省の南部・西部から鄭州，洛陽，開封，新郷，焦作など北部の工業化が進んだ地区へ多数の出稼ぎ労働者が流出し，多くは郷鎮企業に雇用されている。これらの地区の郷鎮企業は地元労働力の不足と賃金の高騰に苦しんでいたので，低賃金での重労働もいとわず働く出稼ぎ労働者は大歓迎であった。彼らは出稼ぎでただ金を稼ぐだけでなく，生産技術や経営・販売のノウハウなども習得し，近代的な都市生活を体験し，様々な人との関係を作っていった。ある程度の資金が貯まると多くの人は帰郷し，出稼ぎの経験をいかして見様見真似で企業を興した農民が少なくない。これが遅れた地域の産業化を推し進めるある意味で駆動輪の役割を果たしている。郷鎮企業は地元農村の近代化のみならず，出稼ぎ労働力の雇用を通して遠く離れた未発達農村の近代化にも少なからず貢献しているといえるだろう。

　郷鎮企業が発達している地域では，先述したように郷鎮企業と農村社会の関係が郷鎮企業のさらなる成長の妨げとなっている場合がある。所有権が基層政府にある郷・鎮・村営企業の場合，郷鎮企業を独立した経営体と位置づけて企業自身の発展をめざす方向と，郷鎮企業をあくまで農村近代化のための資金を生み出す「打ち出の小槌」と位置づける方向とがせめぎあっている。

　前者の場合，企業の経営を工場長請負制や株式合作制にしたり，管理を工業総公司などに移して間接的管理に移管しているが，基層政府が企業を所有または企業の大株主である限り農村経済との結びつきを断ち切ることはできない。また郷鎮企業の経営幹部の多くを郷鎮基層政府の幹部が兼務していることも，基層政府と郷鎮企業の関係を曖昧なものにしている理由のひとつである。そのため正当な税金や企業管理費，株式配当金の納付に加えて，様々な名目での寄付金の強要，農民の雇用の保障，人事や経営方針への郷鎮政府の干渉・介入などがなくならず，郷鎮企業自身の自由な経営への桎梏となっている。しかし村民の10倍以上の従業員を雇用し，全国市場での成功をめざして省外に次々に工場の建設を計画している金星啤酒廠とこれを所有経営する隴海村との関係にみるように，中国を代表する大企業に成長した郷鎮企業と地方政府との関係は，独立した企業と高配当を期待する株主というような関係に変わっていかざるを得ないだろう。

　後者の場合，基層政府所有の郷鎮企業群を，製造業を中核に企業集団化して原材料の調達から製品への加工，販売まで一貫した経営体制を確立したり，ま

た全ての業種の企業を統一的に行政が経営管理する総公司を設立して，その下で競合や重複を避けた効率的経営を行なって利潤を新規事業や社会資本の整備などに集中投資できる体制がめざされている。さらに郷鎮企業の発展で逆におろそかとなった農業生産を回復させ，より高い生産力と生産性を実現するために，専業農家も農業公司に組織して総公司に所属させて重点投資の対象にし，農業施設の強化や現代的耕作方法の確立をめざす動きもある。こうした「農・商・工」を一体化した生産経営組織は「農業生産産業化」と呼ばれる。戸別生産請負制の農作業の弊害を解消し，人民公社の解体によって崩壊した共同生産組織の再編成を進め，農業生産や農産・鉱産資源の加工・販売から農村の商工業，サービス業なども含めた地域経済の総合的発展をめざすものである。李鵬首相（当時）が1997年3月の第8期全国人民代表大会第5回会議での政府活動報告で，「郷鎮企業，特に中・西部地区の郷鎮企業の発展を鋭意促進する。郷鎮企業が農業・副業生産物の加工を発展させ，商業・工業・農業の一体化した産業システムを打ち立てるよう提唱する。郷鎮企業が相対的に集中立地するように誘導し，技術進歩，環境保全と資源消費の節約を重視し，製品の品質と収益を高める」ことを提議したように，政府も郷鎮企業が「龍頭企業」となって「農業生産産業化」を牽引していくことを期待している。こうした新しい共同経営組織は，著しい経済発展の中で農業が取り残された東部沿海地区から中部地区の農村へも拡大しつつあり，農村の近代化に郷鎮企業が貢献できる方法として注目される。

　さらに郷鎮企業の発展を農村の都市化＝小城鎮の建設に積極的に活用する政策も進められている。これは郷鎮企業の利益を集中的に投資して様々な社会資本が整った小城鎮を建設し，そこを拠点として農村近代化をさらに促進しようとする計画である。事例に取り上げた鞏義市小関鎮や回郭鎮では，郷鎮企業の発展を市街地の建設に活用して郷から鎮に昇格した。また鞏義市竹林鎮のように，村から一足飛びに鎮に昇格した場合もある。社会資本が整備された市街地の周囲に工業団地などを建設してさらに企業の立地を促進している。すでに紙数が尽きたので郷鎮企業と農村の都市化の問題については稿を改めてまた詳しく論じたい。

　（1）経済の改革・開放政策開始後の郷鎮企業の急発展ぶりについては，多くの研究

があるがここでは地理学関係の文献だけを記す。

　　上野和彦編著『現代中国の郷鎮企業』（大明堂，1993年）。

　　上野和彦・賀辰冬「北京市順義県における郷鎮工業の存在形態」『新地理』（43－4，1996年）。

　　拙稿「現代中国における郷鎮工業の発展について―上海郊県を事例にして―」『福井大学教育学部紀要　第III部　社会科学』（46，1993年）。

（2）　最近は郷鎮企業の総生産額は公表されず，付加価値生産額だけが公表されている。そのため，総生産額が公表されている国有企業の数値などから郷鎮企業の発展を類推するしかない。

（3）　『争鳴』1992年4月号。

（4）　『北京周報』1993年11月23日に収録。

（5）　例えば，1997年1月1日から施行された『中華人民共和国郷鎮企業法』では，第2条で郷鎮企業を「農村の集団経済が組織あるいは農民が主に投資して，郷鎮や村で農業を支援する義務を負って経営される各種の企業」と定義している。

（6）　陳吉元主編，夏徳芳副主編『郷鎮企業模式研究』（中国社会科学出版社，1989年）22－25頁。

（7）　林青松・威廉・伯徳『中国農村工業；結構・発展與改革』（経済科学出版社，1989年）1頁。

（8）　宝貢敏は『郷鎮企業微観規制研究』（山西経済出版社，1996年）66－71頁で郷鎮企業概念の拡張について検討し，郷鎮企業を「郷村の居民と集体（集団）の出資が総資本の絶対的重要部分を占め，かつ直接経営に関与できる企業」と定義している。

（9）　費孝通「小城鎮再探索」（江蘇省小城鎮研究課題組編『小城鎮大問題』江蘇人民出版社，1984年所収）49－50頁および58頁。

（10）　費孝通「内発的発展と外向型発展―回顧と展望―」（宇野重昭・鶴見和子編『内発的発展と外向型発展』東京大学出版会，1994年所収）258－263頁および273－276頁。

（11）　費孝通は中国民主同盟の指導者の一人であり，中国社会科学院社会学研究所長，政治協商会議全国委員，常務委員，副主席などを歴任している。

（12）　朱通華は「1984年に中共中央が中牧漁業部の郷鎮企業を創設する新局面に関する報告を配布し，郷鎮企業をはっきりと認めたのは，ほかでもない『蘇南模式』をみとめたことなのである。」と述べている。朱通華「中国『蘇南模式』と日本『大分模式』の比較研究」（宇野重昭・朱通華編『農村地域の近代化と内発的発展論―日中「小城鎮」共同研究―』国際書院，1991年所収）157頁。

（13）　各地域の農村発展の模式の特徴を論じた単行本の一部を紹介する。

　　〈蘇南模式〉と江蘇省の郷鎮企業に関しては，

　　莫遠人・肖中銘編『江蘇郷村工業成功之秘訣』（南京大学出版社，1986年）。

　　陶友之主編『蘇南模式與致富之道』（上海社会科学院出版社，1988年）。

第3章　経済改革下の郷鎮企業の発展方向　　　151

　　莫遠人主編『江蘇郷鎮工業発展史兼論農村未来的発展』（南京工学院出版社，1987年）。
　　胡福明『蘇南郷村企業的崛起』（南京大学出版社，1987年）。
　　裴叔平・沈立人・陳乃醒主編『蘇南工業化道路研究』（経済管理出版社，1993年）。
　　徐偉栄主編『異軍突起在蘇南』（江蘇人民出版社，1996年）など。
　　〈温州模式〉に関しては，
　　愈雄・愈光『温州工業簡史』（上海社会科学院出版社，1995年）。
　　張仁寿・李紅『温州模式研究』（中国社会科学出版社，1990年）など。
　　〈珠江模式〉に関しては，
　　雷強・鄭天祥主編『港澳與珠江三角州関係的研究』（中山大学出版社，1988年）。
　　広東省科技委員会編『珠江三角州経済科技模式』（広東科技出版社，1988年）。
　　王光振・趙瑞彰主編『珠江三角州経済社会文化発展研究』（上海人民出版社，1993年）。
　　中山大学地理系編『珠江三角州城市環境與城市発展』（中山大学出版社，1988年）。
　　〈晋江模式〉に関しては，
　　陸学芸『晋江模式與農村現代化』（知識出版社，1995年）。
　　〈滬郊模式〉と上海市の郷鎮企業に関しては，
　　謝自備主編『上海郷鎮企業経済，科技発展戦略和政策問題研究』（上海社会科学出版社，1988年）。
　　中共上海市委研究室編『上海発展研究』（上海遠島出版社，1995年）。
　　桑静山『上海郷鎮企業発展研究』（上海財経大学出版社，1997年）。
(14)　張毅編著『中国郷鎮企業概論』（上海社会科学院出版社，1988年）52頁。
(15)　前掲（6）50‐257頁。
(16)　『当代中国』叢書編集部編『当代中国的郷鎮企業』（当代中国出版社，1991年）204‐239頁。
(17)　呉天然『中国農村工業化論』（上海人民出版社，1997年）398‐433頁。
(18)　大島一二『現代中国における農村工業化の展開』（筑波書房，1993年）15頁。
(19)　秦少相「中国農村工業化的微観組織與制度的区域性特征」（陳吉元・韓俊主編『中国農村工業化道路』中国社会科学出版社，1993年所収）207‐236頁。
(20)　また周徳欣・周海楽主編『蘇州和温州発展比較研究』（蘇州大学出版社，1998年）では，蘇州大学の社会科学者グループが温州で実地調査を実施して，両地区の農村経済の発展に違いをもたらした地域的諸条件について様々な角度から比較分析を行なっている。
(21)　林青松・威廉・伯徳主編『中国農村工業：結構・発展與改革』（経済科学出版社，1989年）548頁。中国社会科学院経済研究所と世界銀行との共同調査は

1986年に行なわれた。
- (22) 簡・斯維納,潘承芬「四県郷鎮企業的発展模式」(前掲(7)所収)71‐102頁。
- (23) 王拓宇「区域不平衡問題」(前掲(7)所収)312‐332頁。
- (24) 上野和彦『現代中国の経済地理』(大明堂,1997年)50‐60頁。
- (25) 従来は四川省が最も人口が多い省市であったが,1997年6月に重慶市が四川省から分離して第4の直轄市となったため,四川省の人口は大きく減少した。
- (26) 例えば郷鎮企業の数に関して,『河南農村統計年鑑1997年版』をみると,省内の郷鎮企業数は1994年…2,463,043社,1995年…2,680,578社だったが,1996年には1,315,064社に急減している。『中国郷鎮企業年鑑』の1996年の企業数とは一致しているが,1995年の企業数は895,367社と『河南農村統計年鑑』の数値と大きく食い違っている。また『中国統計年鑑 1998』では,生産規模が零細な郷鎮企業は統計から除外されたため,1997年の河南省の郷鎮企業数は21.0万社に激減している(福建省の場合は1996年の178.3万社が1997年には175.5万社に減っているだけである)。この一例だけでも統計の基準が年々変化し,また統計を編纂する単位・地域によって集計される項目の数値が大きく異なることが多いことがわかり,統計資料を利用するには細心の注意を要する。
- (27) 孫尚俅・李居信・馬培中「鄭州市の郷鎮企業と商業都市の建設」(石原潤・孫尚俅編『中国鄭州市住民の生活空間』名古屋大学文学部地理学教室,1996年所収)84‐85頁。
- (28) 李小建・苗長虹『河南農村工業発展環境研究』(中国科学技術出版社,1993年)。
- (29) 苗長虹『中国農村工業化的若干理論問題』(中国経済出版社,1997年)210‐229頁。
- (30) 前掲注(29)213‐215頁。最初に「農村精英理論」を提唱したのは王漢生(「改革以来中国農村的工業化與農村精英構成的変化」中国社会科学輯刊秋季巻,1994年,18‐24頁)である。農村精英は権力精英と経済精英に分類される。
- (31) 鶴見和子「内発的発展論の系譜」(鶴見和子・川田侃編『内発的発展論』東京大学出版会,1989年所収)43‐64頁。鶴見によれば最初に「内発的発展論」を使ったのは1976年で,スウェーデンのダグ・ハマーショルド財団が国連に提出した報告書の「もう一つの発展」の同義語として用いたという。
- (32) 鶴見和子「中国農民企業家にみられるキー・パースン」宇野重昭・鶴見和子編『内発的発展と外向型発展』(東京大学出版会,1994年)155‐185頁。鶴見は「キー・パースン」の概念を最初に使用したのは市井三郎(『哲学的分析』岩波書店,1963年,34‐40頁,および『歴史の進歩とはなにか』,岩波新書,1971年,148頁)で,市井は「キー・パースン」を発想的キー・パースンと実践的キー・パースンに分類し,この概念で明治維新,中国革命など全体社会に関する社会変動を分析した。鶴見は地域を単位とした小規模な社会変化の事例分析にこの概念

を使うことを提唱した。農民企業家や郷・鎮・村の指導者は実践的キー・パースンに分類される。他に「地域リーダー」や「仕掛人」「帯頭人」などの語が用いられる。地域の産業おこしという点では，1980年代からアメリカで盛んになったビジネス・インキュベーター（企業保育器）があり，中国でも「たいまつ計画」で「企業孵化器」として奨励されている。

(33)　1966年5月7日の軍隊の建設に関する手紙の中で指示した。
(34)　1970年8月～10月に開催された国務院招集の北方地区農業会議で主食作物の生産を優先すると同時に，多角経営を発展させ，農業機械化を迅速に実現するために「五小」工業（地元資源を利用した小規模の鉄鋼業，炭鉱，機械工業，化学肥料工業，セメント工業など農村の集団経営の工業企業）」の発展に努力することが要求された。また1971年末に国務院は『農業の機械化を迅速に実現する問題に関する報告』を提出し，1980年代に農業の機械化を実現するために鋼鉄や石炭を原材料とする地方「五小」工業を発展させることを求めた。
(35)　拙稿「鄭州市における郷鎮企業の発展とその変容―鞏義市の3鎮を事例として―」（石原潤・孫尚倹編『中国鄭州市住民の生活空間』名古屋大学文学部地理学教室, 1996年所収）122‐127頁。
(36)　孫尚検・李居信・馬培中他「新鄭市の郷鎮企業の持続可能な発展についての研究」（石原潤・孫尚検編『改革開放下の河南省新鄭市の変容』京都大学大学院文学研究科地理学教室, 1997年所収）103‐104頁。
(37)　前掲注（35）
(38)　大島一二『現代中国における農村工業化の展開―農村工業化と農村経済の変容―』（筑波書房, 1993年）91‐100頁。
(39)　石田浩『中国農村経済の基礎構造―上海近郊農村の工業化と近代化の歩み―』（晃洋書房, 1993年）175‐184頁。
(40)　「三来一補」とは来料加工（原料を外資側が持ち込んで中国側工場が製品に加工し，外資側が加工費を支払い引き取る），来様加工（見本を外資側が持ち込んで中国側工場が製品を加工し，外資側が加工費を支払い引き取る），来件装配（部品を外資側が持ち込んで中国側工場が製品に組み立て，外資側が加工費を支払い引き取る）および補償貿易の略称である。広東省の珠江デルタの郷鎮企業はこの「三来一補」の方式で外国資本と提携して飛躍的発展を遂げた。
(41)　佐々木信彰『中国経済の市場化構造』（世界思想社, 1993年）93頁。

第4章　農村における土地利用と管理制度

■中川秀一（1，2）・亀岡岳志（3）

1　農村土地制度をめぐる研究課題

　生産責任制の実施によって，中国農村は大きな変化を遂げた。改革開放以来の農村における住民所得の飛躍的拡大はその変化を端的に表わしている。農業生産においては，農家生産責任制によって非集団化（個人農化）が図られ，農民の生産意欲が刺激されたことにより，1970年代後半から1980年代半ばにかけて，食糧生産は拡大を続けた。また，郷鎮企業による各種の工業部門，サービス部門などの経済活動が農村部においても盛んに営まれるようになり，農家は兼業経営化し，また農民の離農が急激に進展した。

　その一方で，宅地や工場用地への転用による耕地の減少や1980年代半ば以降の食糧生産停滞の問題──いわゆる「徘徊」問題──，その後の生産安定化の中での政府負担の増大，農民の生産意欲の低下と農業保護政策の実施，さらには農村社会の不安定性など，改革開放以降の中国農村に新たな問題状況が現われている。こうした農業・農村をめぐる問題に対するひとつの論点は，生産責任制をめぐる集団と個別農家との関係であり，土地利用と土地管理をめぐる議論であるといえよう。本節では，まず，1978年以降の中国農村における土地制度改革の変遷を概観し，近年の関連研究を簡単に整理したい。

（1）　1978年以降の農村土地制度の変遷

　農家生産責任制の導入は，50年代の高級農業生産組合の管理下，60年代の「三自一包」政策下に試みられたことがあり，さらに文革破綻以降に自然発生的に出現したものを国家が追認していくという経緯を持っている[1]。そして，今

日の中国農村における経済体制への中共中央の方針転換が明確に打ち出されたのが，1978年の中共11期中央委員会第3回総会，いわゆる三中全会のことであり，翌1979年の「農業の発展を早める若干の問題の決定」で具体的な方向性が示された。特に労働管理・分配制度の改革は，人民公社の解体，農民の生産意欲の向上に関わる大きな変革であった。当初は「定額」管理による農作業の請負制が全国の過半数の生産隊で実施されていたが，中共中央の農村政策の転換もあり，労働の成果が収入に反映されやすく，農家が請負の主体となる「包産到戸」（個別生産請負制），「包乾到戸」（個別経営請負制）の「双包制」と呼ばれる農家生産責任制が次第に全国に普及していった。そして，1990年には土地請負農家数及び農家に請け負われている耕地面積はそれぞれ国家全体の98％に達した。中でも，農家が請負耕地において完全な経営権を持つ「家庭聯産承包制」といわれる「包乾到戸」が急速に普及し，1983年時点で，すでに全国の農業生産責任制を採る生産隊の98.8％で実施されていた。

　また，1979年には，中共中央第1号文書「当面の農村問題の若干の問題」が出され，人民公社の解体と集団経済を代表する経済組織の設立の方向性が打ち出された。郷（鎮）及び村民委員会レベルの集団の経済組織がこれを担うこととなり，農家生産責任制との二層構造の統一（双層経営，統合結合）が強調された。1994年末の時点では，地域経済組織は全国に約220万あり，その内，約150万が村民委員会以下のレベルで組織されており，経済組織の地域単位としては，比較的小さな地域単位が重要であることを示している。

　このことは，耕地の配分の地域単位が村民委員会または村民小組であり，人民公社解体後の農業生産における共同経済組織として機能することが期待されていることと深く関わっている。つまり，耕地の分配によって農家経営は零細化するとともに分散化しているため，これを地域毎に統合することが地域経済組織に求められているのである。しかし，両者の統合は必ずしも円滑には進展してこなかった。その結果，各地の農村で両田制（双田制）と呼ばれる土地管理方式が発生した。

　両田制において，耕地は，自給用食糧生産のために分配される口糧田と責任田に大別される。前者は，主に農民の生活保障的な役割を付与され，農家の家族員数にしたがって配分される。請負農家は農業税を納めることが義務づけられる。後者については，人民公社時代の「大田」に相当するものとされ，国家

に売り渡す食糧作物の栽培と供出が義務づけられるほか，集団留保金の任務を負っており，農家労働力数が配分の基準とされる。ただし，口糧田同様，人口割にされている場合や入札方式による場合も少なくなく，実際の配分方法は多様である。1990年の調査によれば，両田制が実施されている耕地は耕地全体の38％以上であり，農村全般で行なわれている訳ではない。(6)また，家畜飼料用に耕作される「飼料田」を含む「三田制」が採られたり，「機動田」と呼ばれる人口増減に対応した余剰耕地を配置する場合も，一般的に両田制としている。したがって，農家生産請負制のもとで，今日では，村民委員会あるいは村民小組毎に，各地で多様な土地管理方式が試みられている状態にあるとみられる。以下，本章では，このような各地で多様な土地管理方式を管理制度と称することとし，中央の施策として行なわれているものを農村土地制度と表記して，基本的に区別して用いることとしたい。

 (2) 農村土地制度をめぐる諸問題

 ところで，改革開放政策の下での新たな諸施策の実施とともに，農業・農村に関しても様々な問題が現われ，農村土地制度と関連づけた指摘がなされた。その嚆矢は，1980年代半ば以降の農業生産の停滞であり，1990年代に入って農業生産が回復するまで，様々な方面から議論がなされた。

 中兼はこれを大きく4つの要因の複合的影響によるものとした。(7)以下，簡単に要約すれば，①生産請負制の導入による経営規模の縮小，化学肥料や農薬といった農業投入の質的低下や農業投資の減退などの技術的要因。②価格政策の失敗や買い付け政策の変更などの政策的要因。③産業部門間の生産力格差による労働力移動と土地転用の進展などのマクロ的要因，つまり，農業の基幹労働力が他の産業部門へ移動する一方，農家は耕地を手放さないでいわゆる「三ちゃん」農業化――粗放化――し，土地利用においても工場用地や宅地への耕地の転用が進んだ問題である。そして，④生産責任制導入以降の農村土地制度の不明確さ，農業生産のための公共財の提供主体の不明確さが農業生産基盤の弱体化を招いており，請負権の性質の不明確さが農家の土地投資を阻害しているといった制度的要因である。

 中兼の指摘する4つの要因のほとんどが，新たな農村土地制度と家庭を単位とする農業経営との間に齟齬を来している状況から生じたものであった。そし

て政策的課題として農村土地制度改革によって生み出された零細分散錯圃の解消が目指され,「糧食専業戸」(8)創出や「適正規模経営」(9)への誘導など,経営耕地の一定の集積によって解消しようとする動きに研究者の関心も集まった。座間(10)によれば,農業生産をめぐる諸問題は1988年の憲法改正による土地利用権の公式的承認とともに解決の方向にあるという。その要因として,この間の農村における農家生産責任制をめぐる諸政策が耕作請負から土地利用権の設定へと漸進的に進んだことを挙げている。そのことによって,現行の家庭聯産承包制を重視しつつ,その基礎の上に立った適正規模経営が行なわれ得るような,集団と個別経営との結合関係が確定される道が開かれたからだとする。

　中国国内の研究でも,農業経営の基礎単位として農家に確立された位置づけが与えられるようになり,家庭聯産承包制に対応した農村土地制度に関する議論が盛んに行なわれるようになっている。(11)そのひとつは史的分析の上で,現在の農村土地制度の位置づけを図ろうとするものであり,例えば,朱有志・向国成(12)は,中国の土地制度の変遷を土地生産力と人口との矛盾関係によって起きる土地財産権をめぐる闘争であるとし,現行の家庭聯産承包制と土地私有制における「定額租借経営」との類似を指摘する。また,王西玉は,(13)1978年の三中全会以降の農村土地制度の変遷を整理し,各地で試行されている管理制度の諸矛盾を指摘しつつ,総体として市場経済への適応途上にあるとしている。

　さらに,王西玉は,(14)農村土地制度と市場経済体制との関連について論考を進め,家庭を生産単位とする家庭聯産承包制による農村発展の方向はすでに変わらないとし,制度的安定のために,経営規模縮小とコスト増による収益率の低下,労働力移動と土地流動の非対応などの問題の克服が必要であることを指摘している。そして,そのために,市場経済に適応した土地に関する諸権利の確立と法整備の必要性を強調する一方,社会的公平性のためには,国家及び集団の責任権限と行動範囲の明確化が求められるとする。一方,銭忠好は,(15)むしろ土地所有権と使用権をそれぞれ国家と農民個人に属するものとみなす複合所有制によって,市場経済に適合した土地市場の成熟を図ることができるとする。このように,農村土地制度上の集団の役割を重視しない立場もある。また陝西省(シェンシー)宝鶏市委調査組は,(16)村民委員会あるいは集体レベルでどのような問題が具体的に生じているのかをその解決の方法とともに例示しており,興味深い。

表4-1 「両田制」施行状況

(万ha)	両田制の耕地面積	責任田の面積			
			人口割	労働力割	競争入札
東部	1570	810.4	495.8	222	92.6
中部	1580.6	1193.1	670	473.6	49.5
西部	518.5	427	387	32	8.0
全国	3668.5	2430.5	1552.8	727.6	150.1

(％)	総耕地に占める割合		責任田の配分方法の内訳		
	両田制	内責任田	人口割	労働力割	競争入札
東部	50.4	33.6	61.18	27.39	11.43
中部	38.1	23.1	56.16	39.69	4.15
西部	22.2	18.2	90.63	7.49	1.87
全国	38.2	25.3	63.89	29.94	6.18

(資料) 農水省農村協同組合研究課題班, 1991（本章注（2）参照）。1990年初めのチベットを除く29省・自治区・直轄市5,389村を対象とする調査の集計値をもとに筆者が整理して作成。

こうした最近の議論は，農地利用権を集積する方向ではなく，むしろ個別農家の請負原則の下での集団的な対応の位置づけに関わっているように思われる。例えば，地域農業支援サービス（「社会化服務体系」）に対する関心の高まりは，[17] そうした集団の新たな位置づけを探る動向の表われでもあるといえるであろう。

(3) 農村土地制度の地域性

先にみた1990年の調査が示唆するように，[18] 農村土地制度の運用の地域的差異は，商品経済化あるいは経済発展状況に規定され，特に両田制の実施状況及び配分方法の面に表れていると考えられる。両田制は，郷鎮企業が発展し，兼業機会に恵まれている都市近郊で多くみられるといわれているからである。1990年の調査では，東部沿岸省では地域内の耕地面積の半数以上で両田制が実施されているのに対し，西部では20％強に過ぎない。また，責任田の配分方法についても西部において競争入札制度が用いられる傾向が強いが，必ずしも大きな割合ではない（表4-1）。農村土地制度の問題を考える場合には，こうした地域性に対する一定の配慮が必要であろう。

例えば，大島は，[19] 個別化した土地経営の再編を①人民公社とは異なる新たな集団組織による再集団化と②個別農家への土地集積によるものの二つのパター

ンに分け，さらに，そのプロセスの相違によって，後者を「転包」など農家相互間の関係によるものと上からの相対的大規模専業戸の創出によるものとに分類し，②の後者の事例として，郷鎮企業が先進的な発展をみせる地域において，村民小組の責任田の配分方法の変化によって規模経営が成立した事例を紹介している。すなわち，対象事例では，均等配分では国家買い付け任務の遂行にさえ支障を来すほどの小規模零細経営となることから一部農家への重点配分を行なった結果として，規模経営が成立しているのである。そしてこうした規模経営の専業戸の所得を支えているのは補助金であり，その源泉は郷鎮企業収入であった。つまり，いわゆる「以工補農」が村民小組の単位で文字通り成立した例といえるであろう。

　一方，わが国では，大島のいう①の事例にあたる中国国務院農村発展中心の全国農村改革試験区のひとつに指定されている，北京（ペキン）市順義県における集団化による規模経営の事例が多く紹介されてきた[20]。そこでは農民から耕地の経営権を回収する際の問題点が挙げられた。また，②については，田島が[21]，北京市順義県の事例を踏まえつつ，山西（シャンシー）省雁北地区大同県の規模経営の事例を採り上げている。ここでは，既存農家の経営耕地の集積による規模経営の展開条件は限界地という特殊性による経営の不安定性のために整っておらず，フロンティアの拡大を選別された農家が担うことによって規模経営が実現されてきたことが明らかにされた。朱・伊藤は[22]，純農村地域と比べると都市近郊農村において経営の多様化がより著しいとし，経営耕作面積100aを境として専－兼業の両極分解が起きているほか，企業経営的性格の強い，機械耕作請負農家が登場していることを示した。

　このように規模経営成立をひとつの課題設定とした日中間の共同研究は多くの事例調査の実績を残してきた。しかし，今日，問題となっているような農村土地制度に関しては必ずしも十分な注意が払われてこなかったといえ，そのメカニズムを明らかにする実証的研究が現われてきたのはごく最近のことである。
　張は[23]，全国に先駆けて「包乾到戸」が実施されてきた安徽（アンホイ）省における1970年代末〜1980年のはじめにかけて行なわれた農地配分の事例について，省内における実施時期の地域的差異，全国の実施状況などを考慮しながら，分配にあたっての平等性の確保のための耕地の評価原則などを詳細に明らかにした。また，生産責任制実施の初期段階では，耕地の労働力割が都市近郊

部で進展したことを述べている。より最近の事例では,大島[24]や菅沼[25]がある。大島は,先に採り上げた事例地域において郷鎮企業経営への兼業がさらに深化した段階では,責任田における農業生産が機会費用的にも労働力的にも成立しなくなり,請負農家の利用権が返上されて遠隔地からの転入農家への耕作委託が構造化されつつあること,一方,口糧田の耕作は食糧確保のために継続していることを明らかにした。また,菅沼は湖南（フーナン）省,山東（シャントン）省（ともに1992年）,安徽省,河南（ホーナン）省（ともに1993年）で行なわれた包括的な共同調査資料をもとに,農村土地制度と農業生産構造の分析を行なっている。ただし,ここでは一部,入札制を行なっている山東省をのぞいて,すべて人口割で農地が配分されているという共通性と,口糧田は湖南省と山東省のみで設けられているといった差異が認められたが,地域的条件との関係は検討されていない。また,農地利用権の調整については,人口変動や1人あたり耕地面積との関係から検証され,零細化・分散化が農業生産に及ぼす影響が考察されている。

　以上のように現代中国農村の実態研究は,農業生産の経営規模を中心として進められてきた。そしてその重要な鍵のひとつが農村土地制度であり,様々な議論の中で触れられている。また,改革開放政策のもとで農村は都市との関係のあり方によって多様化してきているが,そのような農村の変化が農村土地制度と結びついて展開してきていることを従来の研究は示している。

　以下,本章では,農村土地制度あるいは農村土地調整の実態について,大都市近郊農村と山間傾斜地農村の事例を採り上げて,より具体的な地域的条件との関係から明らかにしていくことを目的とする。

　大都市近郊農村の事例は従来から採り上げられ,労働力,土地への投入などの農業経営との関係から土地の問題が分析されてきた。しかし,中国農業についてしばしば述べられるのは生産性の高い耕地の潰廃問題であり,こうした耕地は平野部の都市近郊部で他産業との土地利用の競合の中で転用されている。農業のみの視点でなく,このような諸関係の中で大都市近郊の農村土地制度がどのように機能しているのかを明らかにしていく必要がある。

　その一方,耕地面積の変化は減少ばかりではなく拡大局面もあり,特に山間傾斜地部における農地開発の進展が作用しているとみられる。また,耕地条件の多様性の大きい山間部では,土地調整と土地条件との関係がより明瞭に表わ

れると考えられる。しかし，こうした山間傾斜地部開発とそこでの管理制度の実態についてはこれまでにあまり研究がなされていない。

これをふまえた上で，本章では，1995年の大都市近郊農村，1997年の山地を含む農村における土地利用の実態調査によって得られた資料をもとに分析を行なった。

2 大都市近郊農村における土地利用と管理制度

(1) 中国農村における土地利用と耕地減少

まず，中国全土の総耕地面積の推移について概観してみよう。1980年代半ばまで耕地は加速度的に減少し，近年は比較的減速したとはいえ，現在も減少傾向は続いている（図4-1）。耕地の転用先は，主に国家占用または工場や宅地であり，1984～1995年にかけて，約300万haの耕地が減少している。

こうした耕地減少には，1985年と1993年のふたつのピークがあり，1986～1990年及び1993年以降は耕地減少が抑制されている期間とみなすことができる。その背景には，中央政府の土地政策の影響をみることができるであろう。例えば前者については，1986年の土地管理法，1987年の耕地占用税暫行条例などが挙げられる。特に耕地占用暫行条例は，転用された土地の利用者（単位・個人）に対し，占用税の納税義務を負わせており，実効性をともなった施策であったと考えられる。ただし，1990年からは再び耕地の減少が進んでおり，こうした税負担が耕地と非耕地との土地生産力格差の拡大のため，一時的な効果しか持ち得なかったのではないかと推測される。他方，後者のピークについては，1993年からの一連の農業保護政策が関係しているものと思われる。調査を行なった1995年時点は，こうした耕地減少に歯止めのかかった時期であった。

しかし，一連の政策動向と経済関係から，耕地減少の動向の要因を推測できるとはいえ，所有制に象徴されるような中国独自の農村土地制度の下での土地転用プロセスについては，これまでに明らかにされていない。例えば，農村土地の所有主体としては集団があり，土地管理法では，農業生産基盤の管理は各級政府，農村経済組織の経営・管理主体としては村民委員会といった地域的組織毎の役割を措定しているが，これらは農村の土地とどのように関わり，土地

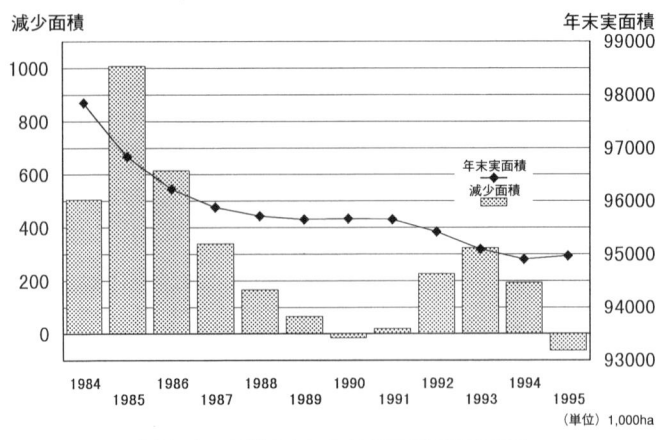

図4-1 中国全土における耕地面積の推移
(出所) 『中国農村統計年鑑』。

転用プロセスにどのように関与するのであろうか。

本節では，沿海部より遅れて経済発展が進展しつつある内陸部の大都市近郊に位置し，土地転用圧力の高まっている農村を事例として，まず土地利用変化を詳細に検討した。そして，土地利用変化と関連して，村民小組を単位とする農村地域組織の自律的な土地利用調整機能について論じることとし，関連する組織の役割については，その都度，必要に応じて論及することとしたい。

(2) 調査対象地域の概況

調査対象地域は，河南省鄭州(チョンチョウ)市中原区須水鎮西崗村第7村民小組后倉村(以下后倉村)である。中原区は鄭州市中心部の鄭州駅西方にあり，西流湖を境に東部の都市域と西部の農村部に分かれている。しかし，近年は北西部の石佛郷における経済開発区の建設に象徴されるように，西部農村部での工業開発も盛んである。須水鎮は西部農村部の南部に位置し，北は石佛郷，西は滎陽市に接しており，東は市街地に隣接する郷鎮である。西崗村は須水鎮に属する21行政村の一つであり，西流湖の沿岸，市街地からの主要幹線道路である建設路沿いに位置している(図4-2)。また，西崗村には6自然村，13村民小組が属しており，后倉村の場合は自然村と村民小組(以下小組)の範囲が一致している。后倉村の戸数は130戸，人口数622人，耕地面積は約500畝である。

須水鎮では1979年に人民公社が解体された。生産隊であった后倉村も一村

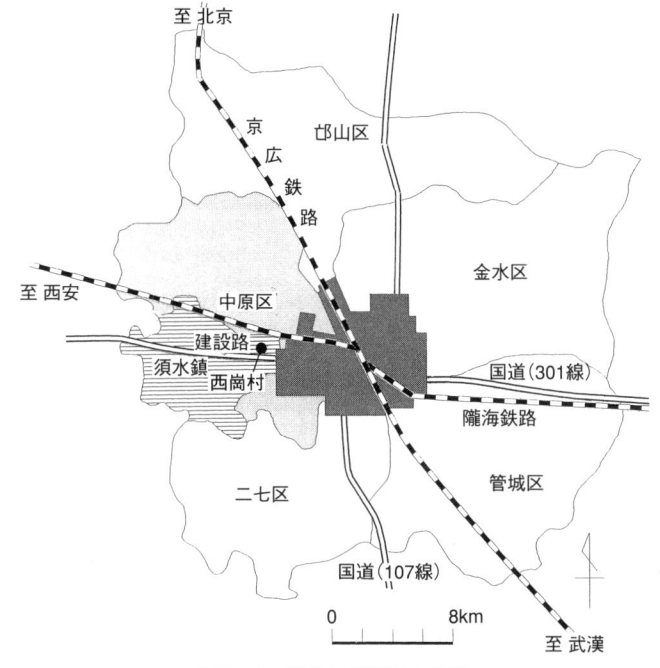

第4章 農村における土地利用と管理制度　163

図4-2　調査対象地域の位置

民小組となった。1982年には后倉村で生産請負制が導入され，口糧田を人口割で各戸に配分し，1985年からは経済田の入札配分がはじまった。(27)すなわち生産請負制導入後，かなり早くから生産請負制は両田制と結びつけられており，さらに両田制では入札制が採り入れられていた。

　河南省は一般に京広鉄道を境に東部の平原地区と西部の丘陵山区とに大きく二分され，鄭州市周辺は後者に属するが，より詳しくみると，山麓平原と緩やかな丘陵からなる西北部に位置する。鄭州市では黄河沿岸の金水区で例外的に水稲栽培が多くみられるが，ほかでは冬小麦－玉米（トウモロコシ）の二毛作が行なわれており，畑作が卓越している。また，周辺の市属市・県部と比較すると市区周辺部の耕地で灌漑地化の進展が顕著である（表4-2）。また，市属市・県部では，綿花，煙草といった工芸作物に代表される経済主産品の栽培が盛んであるのに対し，市区では都市の日用食料品需要に対応した野菜栽培への指向性が顕著である。すなわち，鄭州市市区では，食糧作物としての小麦栽培を主に，比較的整備された生産設備の下で都市部生鮮市場指向の農業が行なわ

表4-2 鄭州市の耕地面積とその構成

	総面積 (畝)	水田 (%)	畑地 (%)	(畑地の内 灌漑地(%))
中原区	16.16	3.09	96.91	(92.98)
二七区	10.81	0	100	(43.94)
管城区	11.98	0.5	99.5	(72.06)
金水区	12.53	80.53	19.47	(87.7)
上街区	0.74	0	100	(98.65)
邙山区	11.71	21.26	78.74	(93.6)
市区計	63.93	20.55	79.45	(77.57)
市県部	406.92	2.24	97.76	(49.64)

(出所) 河南統計年鑑 (1991年)。

表4-3 鄭州市における農業総生産額とその作物別内訳

	総生産額	内訳 (%)				
	(万元)	食糧	主経済作物	蔬菜/瓜	茶/桑/果物	その他
中原区	6,689	43.88	11.11	35.69	9.33	0
二七区	3,952	32.13	2.35	60.51	5.01	0.05
管城区	4,439	57.94	11.44	24.15	6.47	0
金水区	6,718	73.67	4.57	13.23	3.75	4.78
上街区	791	10.37	0	72.82	16.81	0
邙山区	7,262	38.28	9.13	50.94	1.65	0
市区計	29,851	48.87	7.75	36.90	5.41	1.09
市県部	119,329	59.34	18.60	15.34	5.37	1.40

(出所) 総生産額は1991年価格計算 (同上)。

れている。調査対象地域の位置する中原区は，こうした市部の平均的特徴を備えた地域であるといえるであろう (表4-3)。

　小麦の播種・収穫，それに農薬散布など大部分の農作業は機械化されており，西崗村の場合，一部の個人有の小型機械を除き，機械化作業の多くは村民小組が所有するもの，あるいは後述のように個人企業が所有するものによって行なわれている。1995年の后倉村における土地生産力は約1700元/畝であり，鄭州市の農業生産目標1000元/畝を大幅に上回っており，土地生産性の高い農業生産が行なわれているといえよう。

　一方，后倉村内には4つの工業企業があり，いずれも個人企業である。家具を中心に幼児用乗物を製造するものと都市部企業の鍛圧・鋳造加工部門を請け

負うものがそれぞれ2企業ずつあり，総雇用者数は約140人となっている。西崗村村民委員会幹部への聞き取りによると，これらの企業は1986年から1991年にかけて，順次操業を開始している。住宅の建築，2階建てへの建て替えなど目に見える農民の生活水準の向上が始まったのもこの時期であり，現在では約9割が2階建てに建て替えられている。因みに，西崗村内でのテレビの普及率はすでに100％に達しており，その内の約60％はカラーテレビである。また，洗濯機の普及率は約80％，冷蔵庫が30～40％，自動車は5％で50台あり，若者世帯がこれから欲しいと思っている家電製品はステレオやクーラーである。こうした住宅環境の整備や家電製品等の耐久消費財の普及は，工場の操業などの兼業機会の増大による所得水準の上昇によってもたらされたものと考えられる。

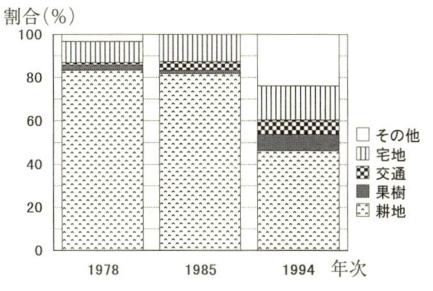

図4-3 西崗村における土地利用変化
（資料） アンケート調査。

西崗村内では，工場用地や宅地への耕地転用も進んでおり，1994年までに耕地が大幅に減少する結果をもたらしている（図4-3）。そこで次に1995年の現地調査から，特に后倉村について，村民小組単位での土地利用の状況と1990年からの変化について概観し，さらに現在の主な管理制度区分毎にみていくこととしたい。

(3) 土地利用と土地制度——后倉村を事例として——

a) 土地利用の概観

1990年の須水鎮土地条件図によって，1990年時点での西崗村の土地利用状況を概観したのが図4-4である。西崗村の中央部には，鄭州市中心部につながる建設路があり，村内を南北に分けているが，その道路沿いの東側に工場用地が広がっている。また，小規模な工場用地も各宅地（居民地）に隣接して分布している。同様に野菜が栽培されている「菜園」も居留地に隣接しており，以前の自留地であることをうかがわせる。耕地は概ね灌漑されているが，西流湖沿いに非灌漑地がみられる。非灌漑地や煉瓦の採土場に果樹の栽培される「果園」が接続している様子も看取される。西崗村の北東端に位置する后倉村

図4-4 1990年における西崗村の土地利用状況
(出所)「須水鎮土地利用条件図」(1990年)により作成。

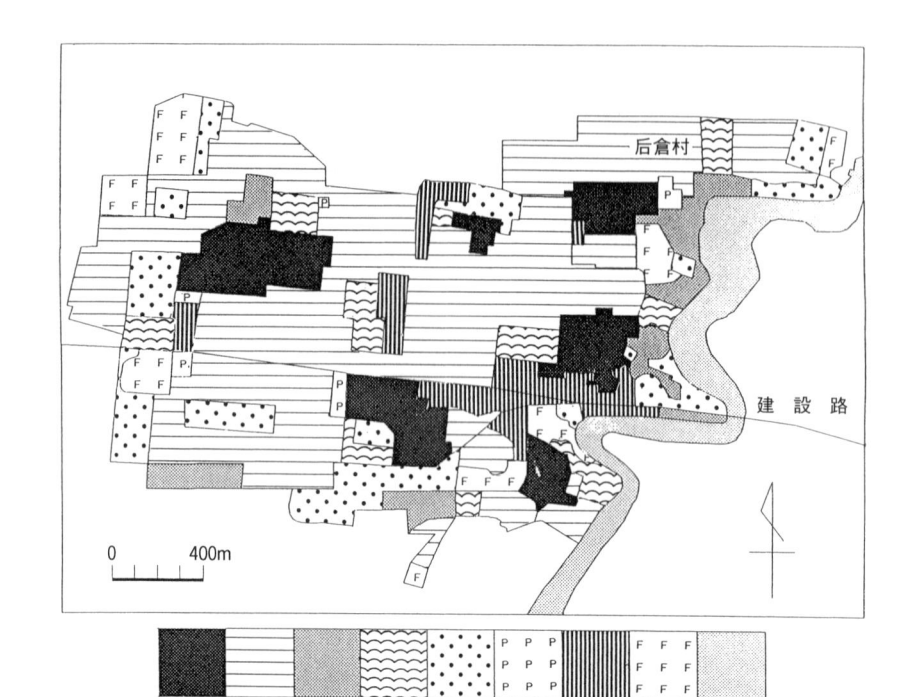

凡例:宅地 灌漑地 非灌漑地 菜園地 果園地 共同地 工場 荒地・廃棄地 河川

においても,「菜園」の位置を除いて,ほぼ同様の傾向を読みとることができるであろう。

1995年の后倉村の土地利用を示したのが図4-5である。西崗村全体の土地利用を示した図4-4と範囲と凡例の一部が異なるが,耕地から宅地,工場,養殖池への転用,果園地の変化,廃棄地の耕地化などの土地利用変化を把握することができるであろう。そこで,以下においては,后倉村を事例として,管理制度区分毎にこれらの土地利用変化の過程を述べ,土地制度を通じた村民小組単位での土地利用調整機能について考えたい(図4-6及び表4-4参照)。

b) 口糧田

口糧田は,基本的に居留地に隣接し,冬小麦-玉米が作付けされている。調

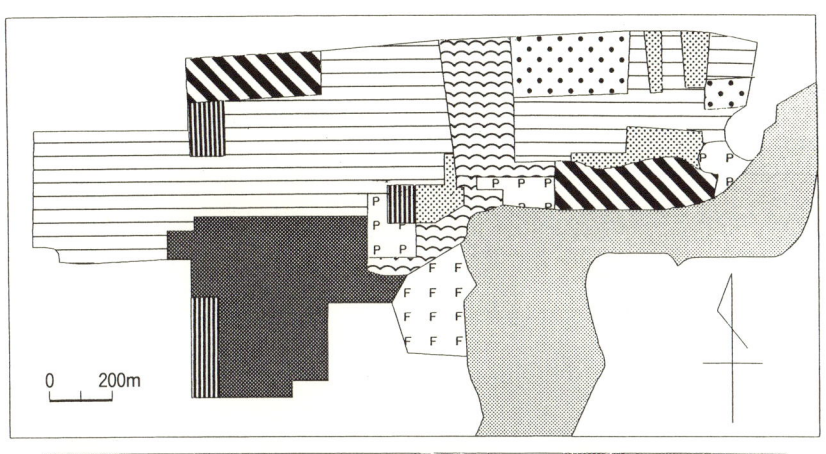

第4章　農村における土地利用と管理制度　　　167

図4-5　1995年における后倉村の土地利用状況

凡例：宅地　玉米・小麦　主に油糧作物　主に野菜　果樹　養殖　共同地　工場　荒地・廃棄地　河川

（出所）　現地調査により作成。

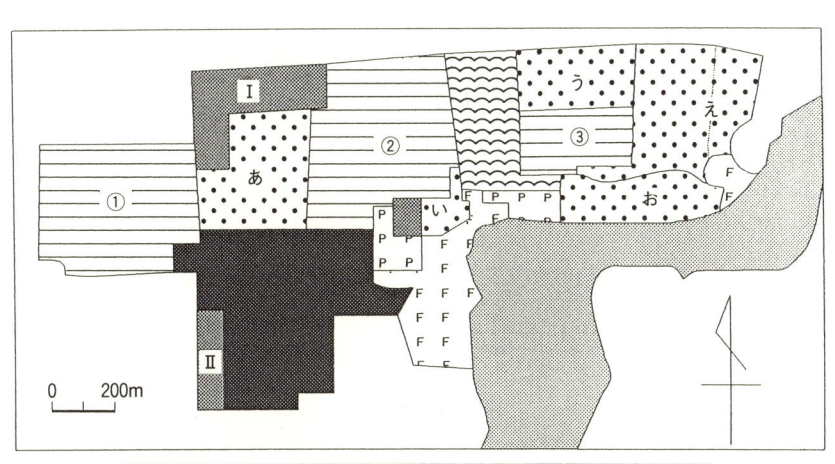

図4-6　1995年における后倉村の土地制度区分

凡例：宅地　口糧田　菜園　経済地　経済田　共同地　荒地　河川

（出所）　現地調査により作成。

表4-4 后倉村における土地制度区分による土地利用状況

制度区分	これまでの経緯	現在の土地利用	利用規定				備考
			利用者の範囲	分配方法	利用期間	面積の上限	
口糧田①	従来からの口糧田	玉米	全住民	人口割・世帯毎	不定	—	取水地提供による換地を含む
〃 ②	従来からの口糧田	玉米	全住民	人口割・世帯毎	不定	—	
〃 ③	新たな口糧田	玉米	全住民	人口割・世帯毎	不定	—	経済地あ, 経済地Ⅰ設置のため
経済田あ	一部転用のため口糧田から転換	玉米・胡麻	以前の利用者	人口割・世帯毎	不定	—	
〃 い	社宅建設のため口糧田から転換	胡麻	以前の利用者	人口割・世帯毎	不定	—	社宅建設は中止
〃 う	従来の果園地	玉米・胡麻・果樹	希望者	特になし	1988-2002年	なし	SK氏承包契約
〃 え	果園及びレンガ製造中止による廃棄地	玉米・果樹・野菜・胡麻	希望者	特になし	1988-2002年	なし	SF氏承包契約 一部流入者に転包
〃 お	従来の果園を請負地に転換	養殖池（鯉）	希望者	特になし	1987-1996年	なし	ST氏承包契約 1997年より口糧田
菜園	従来からの菜園	野菜・花生・胡麻	全住民	人口割・世帯毎	毎年割替	なし	1994年より, 入札から人口割配分に
経済地Ⅰ	口糧田から転換	養鶏場・工場	希望者	特になし	15年	なし	
〃 Ⅱ	従来からの工場	工場	希望者	特になし	15年	なし	荒地からの転用地を含む
宅地A	従来からの宅地	宅地	希望者	特になし	不定	0.4畝まで	新規の場合は宅地Bに準ずる
〃 B	荒地から宅地化	宅地	希望者	特になし	不定	0.25畝まで	1987年の土地法以降市が決定
共同地	共同打谷場。脱穀・乾燥場として利用	荒地・気孔研究所	全住民	不明	不明	なし	
荒地	堰建設による侵食	荒地・野菜	耕作した者	特になし	なし	なし	

（出所）聞き取り調査により作成。

表4-5 農機戸（R氏）の資本装備および事業展開

年次	本装備追加	備考	事業展開
1979	播種・収穫機	生産隊からの払い下げ	后倉村内の作業請負のみ
1986	ブルドーザー①（75馬力）		市西部他村の請負開始
1988	〃 ②（60馬力）		
1989	〃 ③（70馬力）	ブルドーザー①廃棄	
1990	収穫機①（95馬力）	小組仲介による銀行借入金	市東部の請負，土木請負開始
1993	収穫機②（95馬力）2台	ブルドーザー②廃棄	
1995	ブルドーザー④（70馬力）2台	収穫機②2台廃棄	

（出所） 聞き取り調査により作成。

査を行なった夏期には玉米が作付けされていたが，ごく一部には，玉米が植えられている条の間にゴマなど背の低い別の作物が「間作」される「立体種植」と呼ばれる作付け方法が採られている。また，口糧田はすべて灌漑されている。

須水鎮では，1982年の生産請負制開始以降，従来，生産隊（現在の村民小組）単位で行なわれていた井戸の掘削が個別農民によって行なわれるようになり，さらに1989年からはじまる「黄淮海農村総合開発計画」に基づき，建設費の10％を国家負担とするようになって，農民による水利建設が加速した。その結果，現在では須水鎮の耕地の約90％以上が灌漑されており，7～10日間（やや標高の高い南西部末端までは15日間）で鎮全体が灌漑できる状況となっている。現在の水利管理は鎮が総括して行なっており，使用料として揚水機の電力料1回，5～6元/畝を徴収している。その徴収は村民委員会毎に行なわれており，農民は村民委員会を通じて使用量を支払うのみである。

さらに農作業については，播種から収穫に至るまで，旧人民公社耕起隊の農機オペレーターであったR氏（65歳）が経営する個人企業が請け負っている。R氏は生産請負制導入以降，他村の農作業の請負，さらに土木建築業へと事業を拡大してきている（表4-5）。現在では，ブルドーザー，播種，収穫機など5台の農業機械を所有し，9人の労働者を雇う企業を経営している。

彼は1972年に生産隊（現在の后倉村）の所有する農業機械の運転手兼保守管理者に選ばれた。農業機械は1979年の人民公社解体にともない払い下げられて個人のものとなったが，農作業の請負は当時は収入が少なく，誰もやりたがらなかったという。1986年には，はじめて新しい農業機械（中古ブルドーザー等）を購入し，西崗村周辺，鄭州市西部の各村民小組の依頼による農作業

請負を雇用労働者によって開始した。農作業は面積あたりで委託料が決められており，小組内の農作業だけでは収入が少なかったためである。当時，鄭州市周辺ではかつての煉瓦製造地を耕地に復旧する作業が盛んに行なわれていたという。しかし，この頃の仕事の9割方は后倉村内のものであった。1990年頃になると農作業の時期的ズレを利用し，鄭州市東部の農作業も請け負うようになった。また1990年下旬からは，中原区石佛郷の「高新技術産業開発区」の建設開始をきっかけとして土木作業請負にも進出した。作業請負料は，農作業の場合も面積当たりで倍増したが，土木作業は時間当たり3倍以上に増加してきており，現在では土木作業を主として請け負っている。9人の雇用労働者は全員R氏の自宅での住み込み食事付きで，賃金は1人約300元/月，鄭州市以外からの流動人口である。1994年の収益はおよそ1万元であったが，1995年は3万元以上を見込んでいるという。R氏は，口糧田のみでなく，後述する口糧田と同様の利用方法が採られている一部の経済田の農作業も請け負っているため，后倉村内の農作業を年間のべ300畝程度行ない，村民委員会から10～20元/畝の委託料を受け取っている。しかし，この収益は，土木作業に比べると少ない。かつての生産隊-村民小組が現在の事業の基礎を与えてくれたので村民小組の仕事は必ず引き受けることにしているという。つまり，一種の恩返しのようなものだと説明しているのである。

　R氏の請負による大型機械での農業生産を前提としているため，口糧田の景観は非常に均一的に整備されている。条は南北方向約200 mで，1 m間隔で並んでおり（**写真4-1**），各農家には人口1人当たり0.4畝を基準に配分されている。耕地片は「西から数えて何条目から何本分」というように各農家への配分箇所が特定されるが，耕地管理，農作業ともにひとまとめに行なわれるため，実質的な意味を失っている。すなわち，口糧田は農家に配分されてはいるものの，事実上，村民小組である后倉村を単位とした集団経営がなされているといえる。

　また，村民小組は農民から口糧田に係る諸公課，耕作経費を徴収しておらず，その費用は西崗村の地域経済組織である西城実業集団公司によって負担されている。このことから口糧田では，西崗村内の他の各村民小組でも同様の耕作方法が採られているものと考えられる。したがって，西崗村内では，口糧田における農業生産について，農民はほとんど農作業を行なわないばかりか，水利使

写真 4-1　均一的に管理された口糧田（トウモロコシ）
后倉村北側から集落を望む。

用料を支払うのみで収穫の配分を受けることができるのである。[28] 一般的に口糧田の配分は生活保障的意味を持っているとされるが，ここでは個人企業の大型機械による作業請負によって農家は労働負担から解放されており，口糧田での農作業に従事していた労働力が工業をはじめとする兼業に転出することを容易にする基礎条件となっている。

c）承包地－経済田及び経済地

　経済田は基本的に耕地及びそれに類する利用がなされる箇所であり，経済地は工場用地などに利用されている。しかし，鯉を中心とする魚の養殖池は経済田であるが，養鶏場は経済地となっているなど，わが国の産業分類概念による区分とは異なっており，土地への建築物の付随いかんによる区分とみられる。[29] いずれにせよ経済田と経済地は承包地である点で共通しているため，ここでは両者を承包地として一括して扱う。[30]

　口糧田が均一的な景観であるのに対し，経済田の景観は多様であり，**図 4-6** に示したように「あ」…口糧田とほとんど変わらないもの，「い」…粗放的作物として胡麻が作付されているもの，「う」…果園地，「え」…各種混在するもの，「お」…養殖池がある。

　「あ」と「い」は，従来，口糧田として利用されていたところである。「あ」

写真 4-2 流入者による承包地の耕作
出身地から牛を連れてきている。

は，養鶏場建設のために口糧田の一部が「経済地Ⅰ」に転換されたことによって，農家への口糧田の配分に不均衡が生じた結果，耕地配分を調整するために経済田となったものである。R氏の農作業請負によって口糧田と同様に耕作されており，実質的には口糧田といえる。「い」は遠方から単身で村民小組内の企業に就業する人々のための社宅建設用地として，口糧田を転換したところである。しかし，「農田保護条例」（後述）によって土地転用が規制され，一定の期限まで耕地のまま維持することが義務づけられているため，粗放的な利用がなされている。いずれも都市的土地利用への転用圧力に対し，村民小組内での管理制度の調整によって対応している例といえよう。

一方，「う」「え」「お」は，契約による耕地の承包がなされている例であり，いずれも非灌漑地である。耕地としては土地条件の脆弱な箇所であり，果樹，養殖池などとして利用されている。ここでは専業農家による一種の規模経営の試みがなされているともいえるであろう。ただし，「え」については，村内在住者が土地を請け負って果樹園経営を行なっていたところであるが，承包者が村内の企業に職を得たため，30畝を他県（慰氏県）からの流入者に転包している。流入者らは，もとの煉瓦窯に居住しながら，自給用の穀物，油糧作物，野菜などと販売用の果樹を組み合わせて作付けしている（**写真 4-2**）。

第 4 章 農村における土地利用と管理制度　173

表 4-6 后倉村における土地承包契約

制度区分	用途	面積(畝)	賃料(元)	単価(元/畝/年)	契約年月	契約期間(年)	備考
経済地Ⅰ	養鶏場	5	5,000	1,000	1993.6	15	
〃	養鶏場	3.5	3,500	1,000	1993.6	15	
〃	養鶏場	4	4,000	1,000	1993.6	15	
〃	養鶏場	2	2,000	1,000	1993.6	15	
〃	養鶏場	4	4,000	1,000	1993.6	15	
〃	養鶏場	4	4,000	1,000	1993.6	15	
経済地Ⅱ	工場等	―	9,000	―	―	―	面積等不明
経済田う	果園	30	1,500	50.00	1988.1	5	
			3,000	100.00	1993.1	5	15年契約
			4,500	150.00	1998.1	5	
経済田え	煉瓦窯	20	0	0.00	1988.1	1	
			400	20.00	1989.1	4	15年契約
			500	25.00	1993.1	5	周辺荒地を含む
			600	30.00	1998.1	5	
経済田お	果園	38	2,300	60.53	1987.1	1	
			2,800	73.68	1988.1	1	10年契約
			3,100	81.58	1989.1	8	果樹・生産設備を含む
そのほか石佛郷飛地	取水地	10	4,000	400	1993.1	―	

注 1） 契約年月は将来の更新予定を含む。
　 2） 経済田は一定年度毎に承包額が変わる契約となっている。
　 3） 「経済地Ⅱ」及び「石佛郷飛地」は聞き取りによる。
　 4） そのほかの項目は西城実業集団公司の土地承包契約書類による。

　経済地は，ここでは養鶏場と工場として利用されている。前者-「Ⅰ」は口糧田から転換されたものであり，口糧田の配分に影響を与えた。以前は西流湖沿岸の現在の荒地の場所に立地していたが，排水を処理せずに西流湖に流すことができなくなったため，現在の場所に移転させられたということである。後者-「Ⅱ」は従来から工場用地であったところと荒地から転用されたところを含んでいるが，荒地の利用にはほとんど規制がないため（後述），経済地の純増といえる。前者はいくつかの家族経営体の集まりであるが，市場志向の農家経営の事例といえよう。また，後者によって，近隣に農家兼業の機会が創出された影響も重要である。

　このような土地の承包契約は西城実業集団公司と承包農家との間で行なわれる。契約内容は，先述の「あ」については契約書類が存在しない。以前の口糧

表 4 - 7　后倉村からの土地収入（元）

年次	種別		
	耕地	工場	取水地
1987年	2,300	—	—
1988年	4,300	—	—
1989～1992年	5,000	—	—
1993～現在	29,100	9,000	4,000

田の利用状態から契約が継続しているとみなされ，便宜的な措置が採られているものとみられる。そのほかについては，村民小組内の希望者は誰でも入札に参加することができ，契約期間は基本的には15年である。これは「1984年農村工作に関する通知」(31)を受けたものであろう。経済田「お」のみ10年であるのは，口糧田に転換することが決まっているためである。

　承包額についてみると，経済地と経済田とでは非常に大きな差異がある（表4－6）。単位面積あたりでは，経済田は非常に安価であるのに対し，経済地に含まれる養鶏場の場合は高額である。また，工場用地の場合も同様である。この差は，経済田が居民地や道路から遠方に位置する非灌漑地であることと，経済地のように耕地に非農業建設を行なった場合には占用税が徴収されるためであると考えられる。(32)

　いずれにしても調査時点の后倉村においては，農民の土地承包契約によって，年額にして 42,100 元が村民委員会の収入となっている（表4 - 7）。このような村民小組毎の管理制度の運用に基づく承包地の土地承包契約が村民委員会の財政基盤となっているのである。

d) 菜園

　菜園は全体で約40畝であり，主に自給用の野菜，油糧作物などが作付けされている。調査をした1995年から農家人口1人当たり0.48畝ずつ農家毎に配分されるようになった。それ以前は30戸の農家に年額80元/畝で承包させていた。かつての承包農家に対する聞き取りによれば，兼業機会が限られていた時期には菜園経営が現金収入源となっていたが，男性労働力ばかりでなく，内職や近隣の工場操業によって女性労働力の就業化が進むにつれ，菜園経営の負担が大きくなっていたという。実際，菜園の承包農家の決定方法が入札ではなく割当であったというのも，近年は広い面積の承包を希望する農家が減っていたためであった。その一方で，一般農家の間で野菜栽培指向が高まっていたため，従来の承包から全農家への配分がなされることになったという。

　その結果，菜園では，各農家毎に自給的性格の強い野菜栽培が行なわれるよ

写真 4-3　細分された区画毎に様々な作付がみられる「菜園」
鄭州市火力発電所を望む。

うになり，小地片毎に区切られたパッチワークのような景観が広がっている（**写真 4-3**）。主たる労働力が兼業に吸収されているため，菜園の管理を主に行なっているのは高齢者または兼業機会のない主婦労働力である。菜園の管理にあたる労働力が不在の農家では，個別農家間の関係に基づく小規模な転包を行なっている事例も確認された。一方で，低所得層に対する聞き取りでは，菜園からの収穫を現金収入源としている事例もみられた。菜園の細分化・人口割による全戸配分は，兼業機会を得ることが困難な低所得層による要求によって，彼らに対する生活保障的側面の強い措置として実施されたと考えられる。

e）その他

その他に制度的には居民地（宅地），荒地，共同打谷場（脱穀，乾燥場）などがある。このうち，居民地には，鄭州市政府による一定の規制基準が存在し，1世帯当たり 0.2～0.25 畝となっている。また，后倉村では希望者が荒地を利用できる。西流湖沿岸の低地であり，わずかな増水でも年に 2～3 回は浸水するために恒常的な利用はなされておらず，わずかに大根など野菜類が作付けされている。共同打谷場は収穫した麦などを乾燥，脱穀する共同利用地である。これらの作業の機械化によって以前からあまり利用されなくなっており，近年

はもっぱら機械倉庫，農薬置き場として利用されてきた。現在ではこうした用途も失われており，空き倉庫となっているが，敷地の一部には，民間の「気孔研究所」が建設されている。

（4）　まとめ——近郊農村における土地利用変化と転用——

鄭州市近郊農村－中原区西崗村第7村民小組后倉村における土地利用変化と土地制度の調査結果の含意について，次のように要約することができるであろう。すなわち，生産請負制の導入によって，農民たちは耕地における作物の選択と同様により高い収入の得られる就業を選択することができるようになったが，当初はその機会も限られていた。しかし，1980年代後半以降，鄭州市市街地に近接する村内では工場の操業が開始される条件が整い，建設路に出やすいところに工場が建設されるようになった。他方で，規模経営を志向する営農意欲の高い農家もその頃には存在し，経済田，経済地といった管理制度に基づいて，非灌漑地や菜園の承包経営，養鶏などが行なわれるようになった。これらは1980年代半ばのほぼ同時期に始まった事象である。

他方で水利が整備され，かつその管理が鎮に集中することによって，また個人企業による口糧田での農作業請負の全面的展開によって，口糧田に関する農業労働負担から農民は解放され，増加する兼業機会に対応していくこととなった。経済田や菜園を承包していた農家も，有利な兼業機会の増大とともに次第に兼業に傾斜し，経済田が村外者に転包されたり，菜園の人口割での分配がなされるようになったと考えられる。

こうした管理制度の運用は，改革開放下での生産請負制の導入に対応し，村内の個別経営の発展を促進する側面を持っていた。経済田や経済地の利用は，こうした側面を一層推し進めるものであったといえよう。しかし，管理制度の運用は農家全体の生活を保障しようとする機能をも強く持っていた。例えば，一定面積の口糧田の維持や菜園の人口割への転換には，兼業機会が増加する中でも就業機会の得られない農家に対する生活保障的な意味が含まれていたのである。また，土地請負費は，地域経済組織である西城実業集団公司の収入となり，口糧田に係る経費を公司が負担するかたちで農民一般に還元されていた。

このようにかつての生産隊－現在の村民小組単位での管理制度の運用は二つの側面を持っていた。すなわち，村内の個別経営の発展を促進する側面と村内

農民の生活を保障する側面である。したがって，集団内の所得水準の低い農民に対する生活保障を可能とする範囲で耕地を維持しようとする機能が管理制度にはあり，ある程度の耕地転用抑制機能が存在すると考えられる。

しかし，実際に耕地転用を規制しているのは，むしろ外部的な条件によるものである。まず，土地管理法による国家的な土地利用規制が存在する。これは省，市レベルでの人口増や食糧需給関係の2000年，2010年，2020年の年限毎の長期見通しに基づき耕地の保護面積を決定し，県，区レベルおよび鎮，郷毎の割り当てを決め，行政村が実施箇所を決定し，市または省が認可するものである。鄭州市では1993年の「鄭州市農田保護条例」に基づいて1995年から農地転用に対する措置が実施されている。具体的には各農地に対し，3年，5年，10年の転用規制期間が設定されるに至っている。(33) その結果として，后倉村の農地にも3年または5年の保護期間が設定されている。先に述べた，后倉村において口糧田が経済田に転換されながら，転用されずに粗放的利用がなされているのはこのためであった。転用圧力が法的に規制されている実例といえよう。

さらに，本事例は大都市近郊農村における集団化とは異なる方法での経営統一が，個人企業による地域農業支援サービスと集団内部の管理制度が結びつくかたちで成立している事例でもある。こうした事例の一般性については今後の事例研究の蓄積が必要であるが，人口変動ばかりでなく，土地転用に対しても対応しており，変動の大きい近郊農村の柔軟性を示しているといえるであろう。

3　山間傾斜地農村の荒地開発と管理制度

（1）　はじめに

中国では，改革開放政策下において再び農家経営が出現するに至った。すなわち生産請負制の開始によって，各農家は作付け品種の選択や農産物の市場における販売を行なう余地を得た。しかし，国に売り渡す食糧生産の義務，および自給用食糧の生産の必要，という二つの条件は，現金作物栽培面積増加の努力を限定的なものとし，かつ経営規模拡大を困難にしている。生産請負制下において，耕種部門プラス副業が農家の基本的生計パターンとなり，さらに人口増加が伴って，農地の分散化・零細化が生じていることは，しばしば指摘されている。(34)

個々の農家の経営零細化に加えて，全体としての耕地面積の減少も進行している。改革開放以後の郷鎮企業の発達は多くの雇用機会を創出したが，一方でこうした郷鎮企業の工場建設によって耕地潰廃が生じている。さらに集落周辺部への住宅地の拡大と集落内部の遊休地化（「空心村」化）も問題になっている。[35]

　ところが，筆者（亀岡）による河南省の土地利用・土地経営の実地調査においては，耕地面積の減少や農家の経営規模の零細化の進行は，必ずしも認められなかった。むしろ逆に，改革開放下において，耕地面積は増加している。これは，個別の行政村の事例とともに，省や市というレベルでも確認された事実である。

　まず河南省では，1984年から1995年に航空写真の撮影を含む土地調査が初めて行なわれた。これらの調査をもとに，土地利用が記載された地形図が作成され，同時に土地利用ごとの面積の実測データが得られた。その結果，公式の地目別土地面積と空中写真測量を伴った新しい実測面積は，従来とは大きな隔たりを見せた。河南省全体で耕地面積の数値は25〜30％増加した。[36][37]

　また研究対象とした登封市については，1987年7月から1990年末に土地利用現地調査，1989年に航空写真撮影が行なわれ，実測耕地面積は，以前の公式耕地面積から約20％増の数値となった。[38]

　この耕地面積数値の増加について，登封市当局者などからは以下の二つがその理由として聞かれた。一つは，以前の公式の耕地面積が，目測も含む数値から算出されたため，正確でなかったということである。そしてもう一つが，「荒地改造」と呼ばれる耕地の新規開発によって，実質的に面積が増加したにも関わらず，新開の耕地は公式の耕地として認定されていないという事実によるものである。

　本節の目的は，以下に挙げる2点を明らかにすべく，河南省登封市大金店鎮の3つの行政村についての現地調査（1997年8月）の結果を報告し，それに基づいて若干の考察・分析を行なうことにある。

　①事例行政村に見られる「荒地改造」という耕地開発の実態はどのようなものか。

　この荒地改造という耕地開発が，耕地面積の公式値と実測値の隔たりを生む一つの要因となっている。これによって経営規模拡大を行なう農家も多く存在

表4-8　3行政村の人口・戸数および耕地面積（公式値）の推移

	S村			W村			D村		
	戸数	人口	耕地面積	戸数	人口	耕地面積	戸数	人口	耕地面積
1980年	220戸	1146人	1878畝	627戸	3360人	4239畝	217戸	1131人	1116畝
1985年	235戸	1175人	1874畝	744戸	3524人	3939畝	224人	1141人	1116畝
1990年	273戸	1228人	1837畝	786戸	3742人	3919畝	287戸	1220人	1106畝
1995年	337戸	1331人	1807畝	919戸	4165人	3911畝	298戸	1409人	1075畝

（出所）　登封市政府提供の資料により作成。

している。

②このような耕地開発に対して，各村民委員会・村民小組はどのような土地管理——すなわち，認可・承包の制度の有無，土地調整時の対処——の方法をとっているのか。

土地所有あるいは土地管理の主体である村民委員会・村民小組は，荒地改造という耕地開発にあたって，何らかの対応をする必要があるはずである。さらに人口変動による土地調整という機会においても，同様に改造荒地への取り扱いの態度決定が求められる。結論から言えば，耕地面積の公式値と実測値の隔たりを生むもう一つの要因は，村民委員会・村民小組の改造荒地の取り扱い方にある。

調査地の概況を説明しよう。大金店鎮は登封市域のほぼ中央部に存在する。1990年の土地調査によれば，総耕地面積は6.52万畝，その内，灌漑耕地面積は1.08万畝（16.5％），非灌漑耕地面積は5.39万畝（82.7％），菜園地が0.05万畝（0.8％）である。南北に細長い形状のため，ちょうど登封市の自然条件のパターンを小さくしてその領域内に持つ形となっている（図4-7）。すなわち北部と南部に山地が連なり，中央部は潁河が流れ，その両岸に平野が広がっている。大金店鎮政府の幹部や農業委員会では，この地形・土地条件にしたがって大金店鎮を三地域に区分している。

南部地域は山地が卓越し，鉱山資源が豊富である。石炭，石灰岩，花崗岩，ボーキサイトなどがあって，工業発展は早い時期から始まっていた。山がちのため，農業条件に恵まれているとはいえないが，降水量は比較的多い。農民の主な収入源は「資源開採」である。大金店の中では生活レベルは高い。

中部地域は，水利・土壌の質など，農業自然条件が良い。ハウスの野菜・果物栽培で金を稼ぐ農民も多い。また第三次産業への就業機会にも恵まれている。

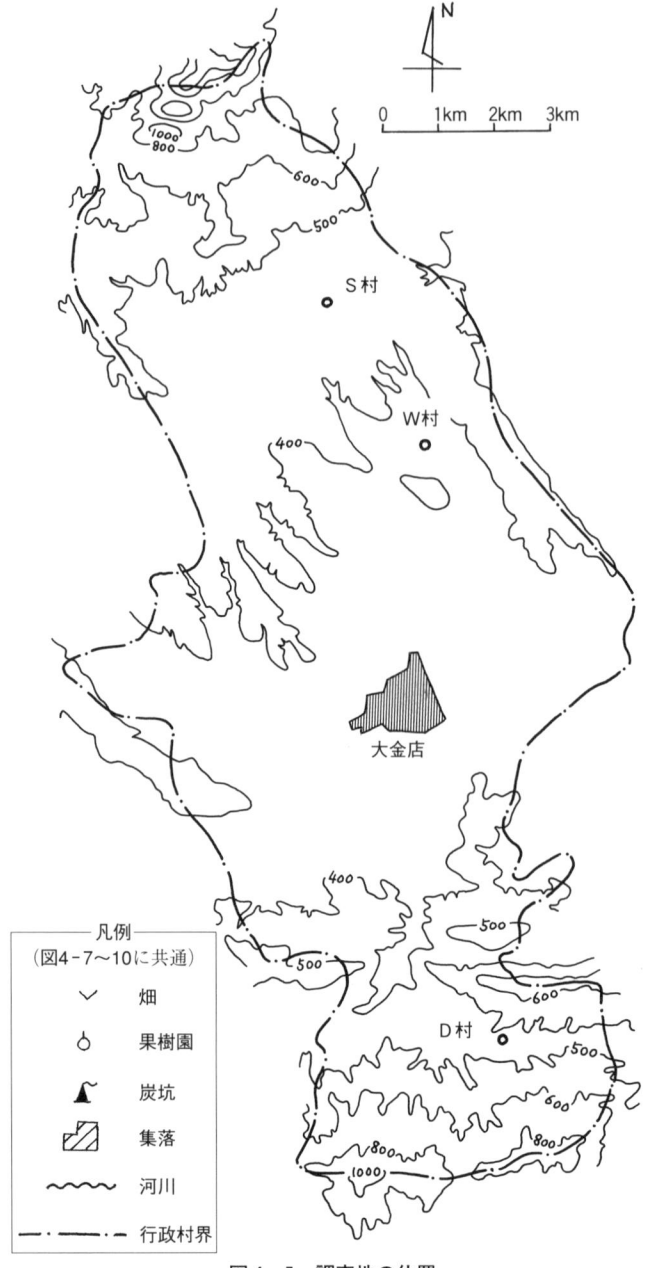

図 4-7 調査地の位置

北部地域は嵩山の麓にあたり，砂地が広がる。「河谷地」と呼ばれる，通常水の流れない広い河原の面積が大きい。農業・工業にとっての条件に恵まれていない。第三次産業の発展もなく，交通の便も悪い。大金店鎮域の中では，貧困地区になる。

調査地としたのは，この大金店鎮の北部地域に位置するS村，W村，および南部地域に位置するD村の3行政村であり，いずれも山間傾斜地に立地している。以下，各行政村について，耕地開発と土地調整という二つの軸に沿って事例報告を行なう。

（2） 荒地開発と管理制度の実態
a） S村
イ．概況

S村は，大金店鎮の北部，少室山（1512 m）の南麓傾斜地に位置する（図4 - 8）。12の自然村，10の村民小組があり，戸数327戸，人口1340人である。耕地面積は公式には1837畝（土地改革時の数値）だが，村民委員会幹部によると現在はもっと広くなっているという。

傾斜地ながら耕地は比較的平坦であり，耕地面積自体も広い。しかし，ほとんどの耕地は砂地であり，表土は極めて薄い。少室山に近づくほど，風化した花崗岩の礫(れき)が転がる傾斜地になる。小麦とトウモロコシが主作物であるが，卓越する砂地では落花生・タバコ等商品作物の作付け面積が大きく，小麦との輪作が行なわれている。灌漑耕地面積は約250畝で，井戸からの揚水によって灌漑している。かつては自流灌漑耕地も多かったが，現在では川の水が涸れて，30畝ほどに減少した。登封市街域へはアクセスが悪く，地下資源にも恵まれていないため，兼業機会は少ない。

ロ．耕地開発

解放前の耕地は，集落周辺のごく限られた範囲に分布していた。現在の改造荒地は，植えても何も生えない本当の荒地であった。こうした状況においても，村の中で農地の開発を行なう人はいたが，面積もごく小さく，限られたものであった。

解放後の集団化農業の時代には，土地を深く掘って傾斜した耕地を階段状にする（坡改梯(はかいてい)），あるいは一枚の耕地を広くする等の基盤整備事業は行なわれ

図 4-8 S村の土地利用
（出所）「1990年，大金店鎮土地利用条件図」より作成。

第4章　農村における土地利用と管理制度　　183

写真 4-4　S 村の上部
写真中の耕地はすべて改造荒地である。後ろは，少室山。

た。しかし荒地を新しく拓くことはほとんどなかった。この時代，農民達には生産意欲がなく，新たに土地を拓く人もなかった。

　S村で耕地開発が本格的に始まったのは，1982年の土地分配以後であった。農家経営の出現が耕地開発の直接的な動機となったと，村幹部は語る。最初は分配された土地のまわりの切添的開発が始められ，徐々に荒地の開発へと向かった。これらはすべて個人によって行なわれた。荒地の開発には，小組や村に対する許可申請等の制度も存在せず，承包代等の支払いもなかった。また荒地は境界線によって帰属する小組がだいたい決まっていたが，開発が他の小組の荒地に及ぶ場合もあった。(39)

　開発の対象となる荒地のほとんどは風化した荒い礫の転がる土地であり，「砂地」と呼ばれている。冬の農閑期に暇を見て，この「砂地」を犁・ツルハシで耕起する。大きな石は取り除く。こうした作業を毎年繰り返すことによって，耕土が深くなっていく。1年目は作付け出来ず，2～3年目から耕作が始まる。化学肥料の投入は必須である。砂地に拓かれた改造荒地の肥沃度は，後述する土地調整時の分類に従えば，六類と同等もしくはそれ以下の耕地になる。

　現在，この改造荒地には，主に砂地に適したタバコ・落花生が作付けられている。落花生なら1畝当たり200～500斤の収穫があり，400元程度の売上げとなる。また，タバコなら1畝当たり1500元程度の売上げとなるが，タバコ

表4-9 S村第四小組の土地分類等級と分配面積

土地の分類等級	1人当たり分配面積	第四小組全体での面積
菜地	0.04畝	9.40畝
一類	0.2畝	47.00畝
二類	0.25畝	58.75畝
三類	0.25畝	58.75畝
四類	0.1畝	23.50畝
五類	0.1畝	23.50畝
六類	0.25畝	58.75畝

（出所）第四組小組長保管の台帳により作成。

は連作が難しい。

　改革開放以後のS村には，炭坑・工場など農外就労の場がなかった。そのため，農業に多くの労働力が投下されてきた。工場での就労や商売を志向する人々は村外に出て働いた。そのような形での農外就業を行なわなかった働き手が，荒地を拓いてきた。

　聞き取りによると，これらの「荒地」の面積は村や小組によって必ずしも正確に把握されているわけではない。今回の調査での現地観察によると，標高約550m以下の平坦地はほとんど畑になっていた。標高が高い部分では，砂地をガリー状に侵食する小谷の間にも畑が細長く延び，荒地の改造はかなりの程度まで進んでいた。

　ハ．土地調整と管理制度

　S村では1982年に土地分配が行なわれ，1.2畝/人の耕地が分配された。この後1990年，次いで1994年の2回，土地調整が行なわれた。その具体的な方法について，S村第四小組（58戸，235人）の事例を以下に紹介する。

　1990年に第1回目の土地調整が行なわれた。経営主体としての農家の世帯員数変動や戸数増加（世帯独立）によって，各農家の間に利用耕地の多寡・不公平が生じたためである。その方法は土地を7つの等級に分け，それぞれの等級について人均に耕地を分配する，というものである。分配はくじ引きで行なわれた。この結果，1.19畝/人の耕地が分配された。**表4-9**は，土地分類の等級と，それぞれの等級の1人当たりの分配面積を示している。一類・二類は，灌漑可能耕地で，トウモロコシの作付けが可能。四類以下は，かつて1年1回の「秋作」のみ可能であり，作付け品種はサツマイモ・落花生に限られた。現

在では化学肥料の投入により小麦も耕作される。小麦の収量は，200～700斤/畝と条件によって開きがあり，平均300～400斤/畝程度である。

1990年以後，人口の増加と宅地増加による耕地減少によって，さらに土地の調整が必要になった。そこで1994年に2回目の土地調整が行なわれた。この時は，六類の土地0.25畝/人を各農家から回収し，小組の経済田とした。そして，子供が産まれた世帯員増加戸には，この経済田から分配が行なわれることになった。一方で，この経済田は1畝当たり50元/年で承包され，承包代は小組の収入になる。また，1980年代以来開発されてきた改造荒地は，広いものは開発主から回収され，小組内で均等に0.25畝/人ずつ分配された。荒地の開発者はこの回収・分配に反対したが，結局は回収・分配派に押し切られたという。この結果，耕地0.94畝/人，「荒地」0.25畝/人の分配となった。

S村の場合，生産請負制＝農家経営の出現以後，個人が自由に荒地の開発を行ない，土地所有主体である村民委員会（行政村）や土地管理主体である村民小組は荒地開発に関与していなかった。しかし，1994年の土地調整時にこれらの改造荒地は村民小組単位で回収され再分配された。村民委員会や村民小組は，改造荒地を実質的に耕地として認めたわけだが，それを公式の耕地としては認定していない。[41]また未開発の荒地はごく僅かになっているものの，今後も個人が荒地を改造すること自体は自由であり，村民小組や村民委員会へ認可を求めることなどは必要ないという。

b）W村

イ．概況

W村は，S村の南に隣接する行政村である（図4-9）。やはり少室山南麓の傾斜面に立地しているが，土地条件はS村よりやや恵まれている。14の村民小組，5つの自然村からなる。1997年現在，人口は4197人，戸数914戸である。

耕地面積4239畝，内果樹園1600畝，灌漑耕地は1300畝である。「窪」とよばれる低平地は，相対的に土壌が厚くて肥沃であり，井戸からの揚水による灌漑可能耕地とほぼ重なっている。ここでは，小麦とトウモロコシの輪作が主な耕作形態である。一方，耕地の3分の2は「坡地（傾斜地）」であり，相対的に砂地が多くなる。坡地の内訳は，果樹園と普通畑がおよそ半分ずつで，果樹

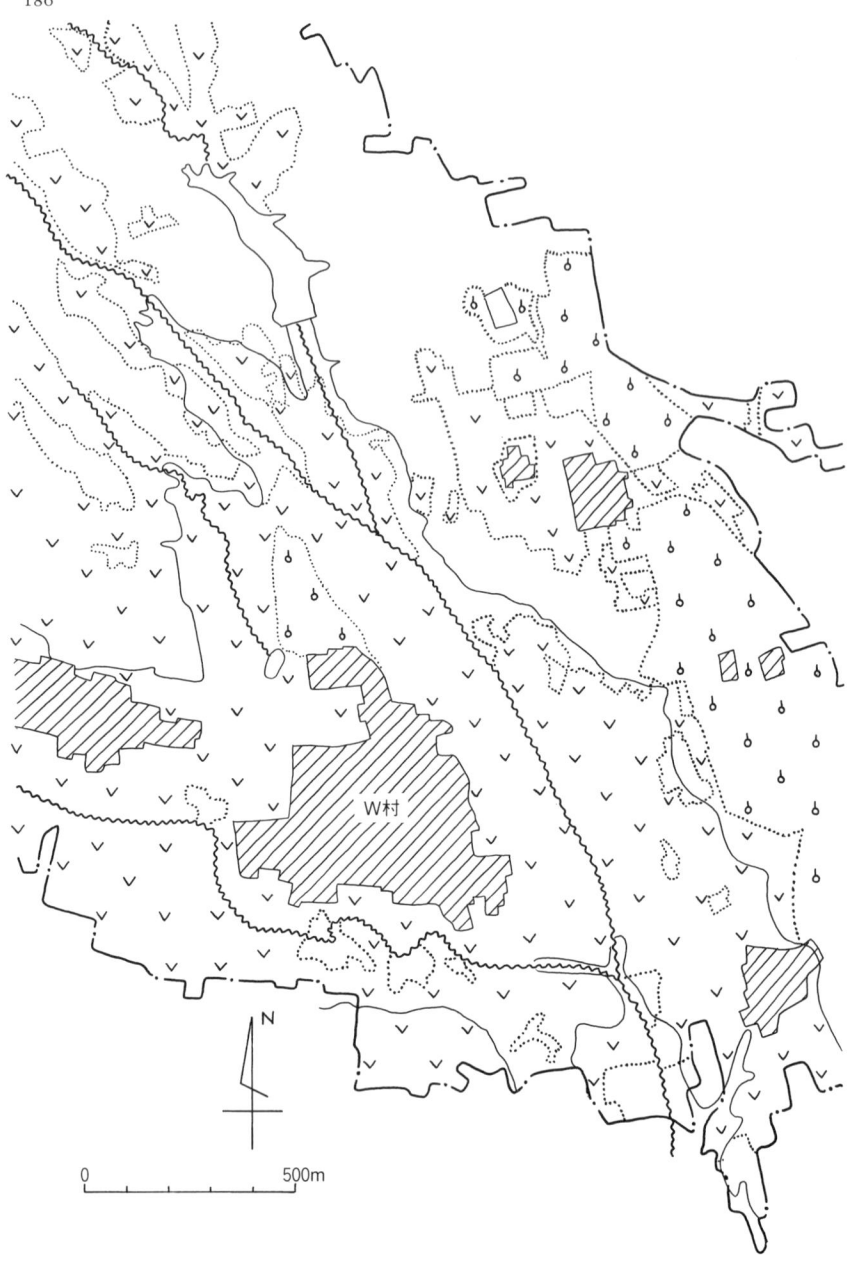

図 4-9　W 村の土地利用
（出所）「1990年，大金店鎮土地利用条件図」より作成。

写真4-5　W村の耕地
手前は灌漑耕地である。

園では主にリンゴ，畑では小麦の裏に主に落花生，タバコ，サツマイモなどの乾燥に強い作物が作られている。

　労働力のおよそ半分は，登封市街に日帰りで働きに行っている。職種は，建築，道路修理，井戸掘り，輸送（トラック，タクシーなど）である。また副業としては，30人程度が市内へ果物のかご売りに行っている。土地条件は悪いが，兼業機会には恵まれている。

ロ．耕地開発

　解放前のW村では，耕地の新規開発はほとんど行なわれていなかった。解放後の文化大革命期には，集団による土地改造が頻繁に行なわれた。特に当時のW村では，水土保持のための様々な工夫が活発になされたため，登封県の水利管理のモデル村になった。水土保持の事業を具体的にあげれば，坡改梯・地辺更(こう)（土止め）・溝腰帯（石垣）・魚鱗坑(ぎょりんこう)（土と水の流失を防ぐための鱗状の土止め）・溜池などの造成であった。しかしこれらは基盤整備事業であり，耕地の新規開発はほとんど行なわれず，耕地面積自体の増加はなかったという。

　1979年の土地承包制度の開始以後，W村では荒地改造が始まった。その背景には，1970年代の人口増加による耕地不足があった。以後の荒地改造にはこれといったピークはなく，毎年少しずつ耕地が拓かれていった。近年ではかつ

ての荒地はほとんど改造荒地として耕地化され，階段状耕地になっている面積も大きい。荒地自体の減少によって，改造もあまり行なわれなくなった。

改造の対象となった荒地は，S村と同じく土地条件の悪い砂地であり，荒地改造の方法もほぼ同様である。またW村では，荒地はそれぞれの小組に分けられていた。荒地の承包制度は，行政村内の各小組によって異なり，承包代を払う小組と払わない小組が存在する。また荒地改造への意欲も異なり，例えば人口が多くて1人当たりの耕地面積が狭い小組では，特に競争して荒地改造が行なわれた。W村においては，改造荒地の面積に関する具体的な数値は得られなかった。

最初に述べたとおり，W村は登封市街地に近く，様々な兼業機会がある。特に近年若者は，都市で労働することが多い。これらの労働で1日に20～30元程度の現金収入を得ることができる。そのため，開放政策下で拓かれた改造荒地が再度荒れる傾向がある。

ハ．土地調整

W村では，1979年に土地承包制度開始による土地分配が行なわれた。この後，1983年に1回目の土地調整があった。当時，現在の小組の下にさらに小さい組が存在していたが，これらを合併した。1回目の土地調整はこの合併に伴うものであった。

1994年に，2回目の土地調整が行なわれた。この時の土地調整は，すべての耕地を一旦回収した後，再分配するという大がかりなものであった。経済田は，ほとんど残らず個人に分配された。W村の14の小組の内，経済田を残したのは4つの小組で，面積もそれぞれ10畝前後と小さいものである。[42]

以下，筆者が閲覧できたW村第七小組の土地分配台帳に沿って，具体的な土地再分配方法を紹介する。分配のための台帳は，「存放表（保存表）/94年調地95年種人員名単表」と記された綴りであり，「水洗地」「一等大秋地」「二等大秋地」の3つに分かれている。この等級は，灌漑可能（水洗）耕地・平坦な耕地（一等）・傾斜地（二等）という基準で分類されている。各等級毎の1片は，面積と単位面積当たりの収量平均を乗じた収量が均等になるように設定されている。1994年以前は耕地は7等級に分けて人均に分配された。この分散錯圃状況を改善するため，耕地を3等級の分類に代えたのである。1片の耕地面積は，面積当たりの収量も含めて，経験ある老農民が最終的に決定した。農民

（総人口）はこの3等級の耕地それぞれを1片ずつ分配される。分配に際してはくじ引きが行なわれた。その結果は先の三冊の台帳に記載されている。この土地調整の時には，改造荒地は再分配の対象とはならなかった。

c）D村
イ．概況
　D村は大金店鎮の最南部に位置する。人口約1400人，村民小組は7つあり，自然村と一致する。村の北部と南部には，それぞれ東西方向に連なる標高1000m前後の山脈が延び，その中央部に川に沿って盆地地形が広がっており，集落が分布する（図4－10）。山地上部では土壌流失が見られるが，中央の盆地周辺には厚い堆積層が形成されている。大金店鎮の北部山地（S村・W村等の地域）よりは，土壌が厚く土地条件は良い。また小盆地であるため水の蒸発量が少なく，旱魃には比較的強い土地柄である。(43)しかし灌漑可能耕地はD村域の中央部の約30畝だけである。耕作面積は0.8畝／人（1978年までの数字）で大金店鎮の平均より狭い。

　D村は地下資源に恵まれており，現在操業中の炭坑が3つある。炭坑は，D村民および周辺住民に重要な就業機会を提供している。これらの炭坑のおかげで，他村への出稼ぎはほとんどない。

ロ．大躍進期の耕地開発
　解放以前，山の中へ耕地を拓く人はいたが，面積は小さいものであった。

　解放後の大躍進時に，D村第六小組では，在地的技術によって耕地開発が行なわれた。これは，「溝（深い谷）」を「窪（谷状の平坦地）」に変えて耕地化する，というもので，堰堤砂防工事にも似ている。以下，この耕地開発技術について，記しておきたい。

　図4－10で見ると，D村の集落から南南西の第六小組の集落に向かって沢地形がのびている（イ）。この沢地形の中に，沢を横断するように大小の石垣が築かれ，石垣の上流方向に平坦な「窪」が形成され耕地として利用されている。景観としては，沢の中にこの「窪」型の耕地が断続的に存在している。

　図4－11の石垣b・c・d・e・fと耕地B・Cは，1957～58年に第六小組が集団で造成したものである。以前ここは水の流れる深い「溝」であったが，

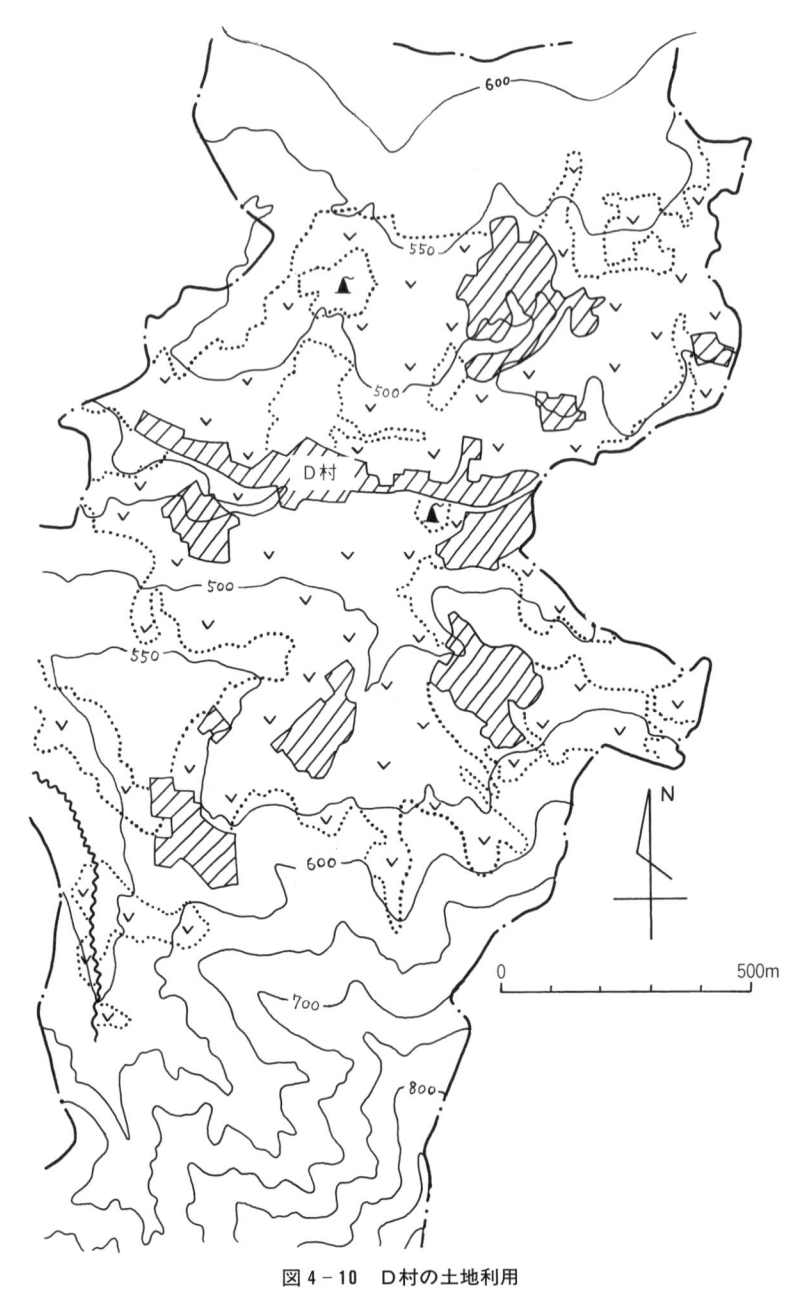

図 4-10　D村の土地利用
(出所)　「1990年大金店鎮土地利用条件図」より作成。

石垣を築いて「窪」を造り，耕地化したのである。まず最初に石垣を低く積み，雨を待つ。石垣の幅は底部で1〜1.5m程度である。その後，大雨時に上流から流れてくる表土が石垣積みの上方に溜まる。その土を固め，続いて石垣をまた少し積んで雨を待つ，という作業を繰り返す。大雨時は，土が溜まるのと同時に石垣が決壊するおそれもあるので，つきっきりで監視しなければならない。こうして，2年かけておよそ5畝ほどの耕地が造成された。これらの耕地は，上方で流失した良質の表土が溜まっているため，肥沃である。なお，耕地Aとその下の石垣a，そして窪の側面に存在する傾斜畑は，現在70歳代の農民複数がその開発時期を知らない，という程度に古いものである。

大躍進期以降の集団化農業の時代には，耕地の開発はわずかに行なわれていたが，面積は少ないという。前項の〈溝を窪にする〉開発は，公式の耕地面積に含まれているが，集団化時代の開発耕地は，耕地面積に含まれていない。

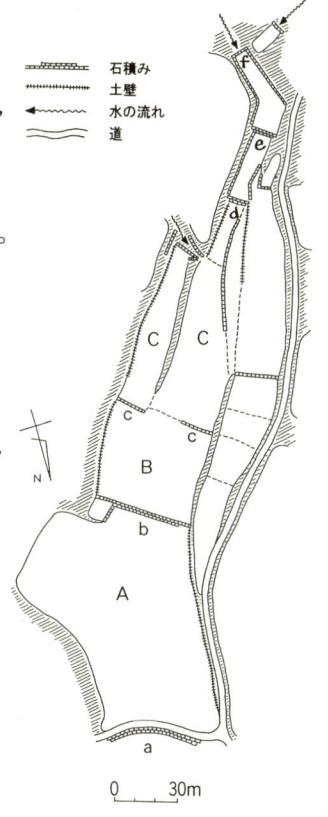

図4-11　D村第六小組の窪の開発
（出所）　現地調査により作成。

八．改革開放下の荒地開発と土地調整

D村では，以前は個人が荒地を開拓することは「資本主義の道を進む」という言い方で避けられる傾向があった。しかし，1990年前後から，個人による荒地改造が盛んになってきた。

現在，改造荒地の管理・認可は村民委員会が行なっている。具体的には，農民は村民委員会と「荒山林園承包合同書」による契約を結ぶ。これは個人の荒地改造・使用権を認可する契約書である。しかし，この契約書による契約は主に大きな荒地を拓く場合に限られ，個人に分配された耕地のまわりの切添や小面積の開発は，勝手に行なわれてきている。1997年夏の調査時に，「荒山林園承包合同書」による荒地承包の契約は6件（面積213畝）であった。内訳は，

写真4-6 D村の窪と石垣
図4-11のbの石垣と造成された耕地。

1992年分が2件（面積55畝），1995年分が4件（面積158畝）である。村幹部によると，現在のところこの6件で荒地承包契約書は全部であるとのことであった。

以下，「荒山林園承包合同書」の実物に即してその記載事項を列記し，内容・形式を説明する。

i）承包契約を交わす借り手の個人と貸し手の村民委員会の署名・印。
ii）承包される荒地の面積と四至境界。
iii）承包期限。1992年分は2002年までの10年間，1995年分は2015年までの20年間である。
iv）毎年の承包代。これは土地条件によって承包代金が異なり，10畝あたりの年承包代には，12元から200元までの開きがある。承包代金が高い荒地は，山林や竹林を含んでいる。
v）承包期間内の荒地の収益分配関連事項。承包範囲内の樹木・農産物の収益は借り手の個人に帰するが，荒地自体の所有権は村民委員会にあること。荒地に掛かる税金などの費用は，一切借り手が負担すること。借り手は承包地内の維持管理・緑化に務めること。

こうして承包された荒地を，借り手はほぼ自由に使うことができる。個人は，

写真4-7　D村の土地利用景観
北部産地より南方を望む。右の丘は階段状耕地が全面に広がるが，その上半分は，ほぼ改造荒地である。

開発する面積だけを借りる場合もあれば，広い範囲を借りてその中の適地を畑に拓く場合もあるという。改造の対象となる荒地は，集落上方の山地斜面や，既成耕地の間の急傾斜地などである。S村やW村と異なり，砂地ではない。

荒地の改造は，家族労働で行なわれる。農閑期に暇を見て働けば，1人で0.2畝程度拓ける。荒地が広ければ牛も使えるが，狭くて人力のみで開発する場合が多い。ツルハシなどで耕起して石を取り除き，石は畑の回りに積み上げる。掘り出した石で石垣を積み，耕地の傾斜を落とす場合もある。新開の耕地は，糞（下肥の混じった堆肥）だけではなく化学肥料の投入が必要だが，1年目から作付けできる。作付け品目は，落花生，綿，大豆，サツマイモなどだが，自給用が主で，ほとんど販売はしない。

村民委員会の幹部によると，荒地改造の誘因は，人口増加（乳児死亡率の低下）による1人当たりの耕地の減少，および開拓した耕地が自分のものとして使えるため農民の意欲が高まった，という点である。また，改造荒地による耕地の増加率は，およそ20～25％くらいではないかとのことであった。

D村では，1986年に土地分配後初めての土地調整が行なわれた。これは村民小組を単位としたもので，基本的には人口変動による分配耕地の面積の調整であった。1998年には2回目の土地調整が予定されていた。村民委員会としては，新しく拓かれた改造荒地を回収して再分配することも視野に入れているとのことであった。

（3） 考察

　ここで，事例3行政村の荒地改造の実態をまとめてみよう。改革開放政策下，これらの農村では農家世帯単位の荒地改造（荒地の開発）が行なわれてきた。筆者は平野部農村の調査を直接行なっていないが，荒地改造は平野部の農村よりも未開発の荒地を多く持つ山間傾斜地の農村で多く行なわれたようである。この新開耕地は，主に集落から離れた相対的悪条件の場所に拓かれている。荒地改造は，市場での農産物販売や炭坑工場などでの労働と並ぶ，農家の生計戦略の一環と考えられるが，行政村によってその比重や作付け品目は異なる。S村は，改造荒地での商品作物栽培に熱心であり，他の2行政村に比べて新開耕地一枚の面積が大きいように見受けられた。村内に炭坑工場があって，傾斜地の多いD村は，改造荒地では自給作物栽培が中心となっていた。また，登封市街地での兼業機会の得やすいW村では，改造荒地が再度荒れるといった現象も見られている。いずれにせよ，現在ではどの村においても開発可能な荒地はほとんど残っていない。

　次に，荒地改造の背景と誘因についてまとめてみよう。ここまで具体的に記してきたが，各行政村によってその実態は若干異なる。整理して考えるなら，以下の項目が挙げられる。

①土地承包制度の開始とそれによる農家経営の出現。
②開発耕地がほぼ開発主体のものとして使用できること。
③人口増加等に伴う農民1人当たりの耕地の減少。
④比較的少ない労働力投下で耕地開発が可能であること。
⑤化学肥料の普及によって，従来開発対象にならなかった砂地などの悪条件地の耕地化が可能なったこと。

　①に関しては，どの行政村の聞き取りでも確認されたことである。荒地改造が承包制度の開始＝土地分配を最初の契機として行なわれるようになったことは間違いない。

　②について再度まとめておく。各行政村の幹部によると，土地所有主体は法人格の村民委員会であり，土地管理主体は村民小組であるという。しかし3行政村の事例では，現実の荒地の開発にあたって，村民委員会や村民小組は極め

て簡単な手続で認可を与えており，また土地使用権も長期に渡って認めている。また，村民委員会は改造荒地を耕地として公式に認定することをしない。聞き取りによれば，村民は荒地を耕地にして欲しくないし，そうである以上は村長，村民委員会も荒地の耕地認定はできないという。すなわち，**表4－8**に見るように公式統計上は耕地面積の増加がなく，よって開発主体に対しての公糧の増徴収もない。そのために，本節のはじめに指摘した耕地の実測面積と公式面積の差が生じているのである。

③の人口増加という要因は，やはり調査で繰り返し聞かれた。**表4－8**からも明らかである。また，④，⑤も同様に聞き取りで重複して確認された事項である。

1980年前後の土地分配以後，一定期間を経ると耕作耕地面積の不公平が生じ，各村民委員会・村民小組では，耕地の回収して再分配をする「土地調整」を行なっている。この時，いずれの行政村においても改造荒地の処分をめぐって議論がされているようだ。今回調査した3行政村では，改造荒地に関する対処はいずれも異なる結果となっている。すなわち，S村では，土地調整において改造荒地が平等主義に基づいて回収分配された。また，W村では改造荒地は回収・再分配されずに，開発主の耕作権は維持された。D村では，今後の土地調整で改造荒地をどう扱うか決まっていないという。同じ鎮のなかでも，行政村によってこうした新開耕地への対処方法が異なるということ自体が，現在の中国の土地制度がどのような状態にあるのか表現していると言えるだろう。現地調査において，農民や村幹部から「土地制度が10年後にはどうなるか，誰も分からない」，「（だから）今使えるので使う」というような言い方を何回も聞いた。

登封市の事例3行政村で行なわれてきた，人口変動に伴う土地調整は，基本的に農地利用権の均等分配という原則をなぞっているように見える。しかし一方で，特定の条件のもとではあるが荒地改造という平等原則に抵触する耕地開発が，無視できない規模で行なわれており，行政村としても対応に苦慮する現実が存在しているのである。

（1） 座間紘一「中国農村改革の現段階」『季刊中国』（15，1988年）。
（2） 農水省農村協同組合研究課題班訳「1990年の農村土地請負経営制と協同組合

について」〔抄訳〕，（日中経済協会『1991年の中国農業』1992年，所収，245－261頁）245頁。『中国農村問題』（8・9号，1991年）に掲載された論文の抄訳。チベットを除く29省，自治区直轄市の205県・5,389村を対象として1990年初めに行なわれた調査の概要である。
（3） 川村嘉夫「家族経営の展開と当面する課題」阪本楠彦・川村嘉夫編『中国農村の改革―家族経営と農産物流通―』（アジア経済研究所，1988年，所収，39－73頁）45頁。数値の原典は，楊員力・劉家端『中国農村改革的道路』（1987年）121頁（未見）。
（4） 佐藤宏「中国の「改革・開放」と農村問題」『一橋論叢』（114－4，1996年）。ただし，この傾向は1988年「村民委員会組織法」以降の1990年代になってから顕著になったとされる。また，村民委員会は法的には農民の自治組織であり，厳密には行政組織に準ずる性格のものである。
（5） ①前掲注（3）64頁，②武藤軍一郎「畑作農業の展開と構造変化」宮島昭二郎編『現代中国農業の構造変貌』（九州大学出版，1993年，所収，95－117頁）105頁。農外収入依存が高まることにより国家に販売する農産品が不足し，集団は必要とする資金を確保できないために競争入札が導入されたとする山西省の例を示している。中共山西省委農村政策研究室編『怎様完善土地承包制』（山西人民出版社，1989年）（未見）の調査事例に基づいている。③杜進「中国土地制度の改革：課題と制約」石原享一編『中国経済の多重構造』（アジア経済研究所，1991年，所収，125－149頁）149頁。実際には均等配分の場合に，農村幹部が農家供出を徴収することが煩雑であるところが大きいという説を紹介している。原拠資料は，紀永茂「"双田制"是土地集中長過程中一種可行的過渡形式」『中国農村経済』11月号，1989年）（未見）。
（6） 前掲（2）245頁。1988年時点で21.5％程度であったので，一定の進展はあるといえる。
（7） 中兼和津次「1980年代中国農業停滞の構造―いわゆる『農業徘徊』の意味を考える―」『改革・開放時代の中国―』〈現代中国論2〉（日本国際問題研究所，1991年，所収，158－190頁）170－179頁。
（8） 田島俊雄「華北大規模畑作経営の存立条件（Ⅰ）」『アジア経済』（6－6，1993年）。
（9） ①田島俊雄「華北大規模畑作経営の存立条件（Ⅱ）」『アジア経済』（36－7，1993年），②菅沼圭輔「中国における『食糧大規模経営』―北京市順義県の集団農場の事例研究―」『農業経済研究』（61－2，1989年）。
（10） 座間紘一「中国農業の家族経営と土地問題」『山口経済学雑誌』（38－3・4，1989年）。
（11） 以下，中国国内の農村研究の動向については，近年の『中国農村経済』誌の掲載論文を参考にした。ここでは，①朱有志・向国成「中国農地制度変遷的歴史啓示」『中国農村経済』（147，1997年），②王西玉「農村改革与農地制度変遷」『中

国農村経済』（165，1998 年），③国魯来「経済体制改革以来我国農村集体所有制結構的変革」『中国農村経済』（159，1998 年）。
(12)　前掲注（11）①。
(13)　前掲注（11）②。
(14)　王西玉「在家庭経営基礎上深化農地制度改革」『中国農村経済』（169，1999年）。
(15)　銭忠好「関於中国農村土地市場問題的研究」『中国農村経済』（169，1999 年）。
(16)　陳西省宝鶏市委調査組「穏定土地承包政策保証農村社会経済持続的発展」『中国農村経済』（169，1999 年）。人口による土地配分にともなう細分化・分散化の問題以外にも，住民の居住歴による差別を土地配分に反映させないことや，農村に居住する非農民に対する生活保障の問題，養子，大学進学者，前科者に対する土地配分の規律化の問題等が採り上げられている。
(17)　①菅沼圭輔「農地利用権の分配と農業生産力構造」中兼和津次編『改革以後の中国農村社会と経済―日中共同調査による実態分析―』（筑波書房，1997 年，所収，98‐129 頁）99 頁，②前掲（2）262 頁でも，1989 年以降，農業生産の前後方連関の協同化が強調されてきたことを指摘している。
(18)　前掲注（6）。
(19)　大島一二「中国農村における土地利用形態の変化に関するケーススタディ―江蘇省農村工業発展地域の事例を中心として―」『アジア経済』（28‐1，1987 年）。
(20)　①今村奈良臣・菅沼圭輔・杜毅「中国における小規模農家の存立・発展の構造―北京市順義権趙古営村集団農場の典型事例分析―」『NIRA 研究叢書日本及び中国における小規模農家の存立・発展に関する研究』（No.890050,総合研究開発機構，1989 年，所収，67‐111 頁），②山内良一「中国農業近代化過程における生産請負制の再編」『熊本商大論集』（39‐2，1993 年）。また，前掲注（9）①②も代表的な研究事例である。
(21)　田島俊雄『中国農業の構造と変動』（御茶の水書房，1996 年）307‐359 頁。
(22)　朱雁・伊藤忠雄「中国東北地方における家族農業経営の多様化」『農業経営研究』（32‐4，1995 年）。
(23)　張安明「中国における 80 年代初期の農地請負権配分―安徽省農村地域の実態分析を中心に―」『農業経済研究』（68‐3，1996 年）。
(24)　大島一二「中国における農家経済の変容と兼業の深化―農村工業化地域の事例調査を中心に―」『農村研究』（73，1991 年）。
(25)　前掲注（17）①。
(26)　その位置づけについては農村土地に関わる法，制度によって異なっており，明確にされていないとされる。日中経済協会『1990 年の中国農業』（1991 年）158‐159 頁。
(27)　この点，鄭州市の北，約 170 km にある大行山麓にある鶴壁市浚県大来店郷で

は，1989年に両田制が始まっている（張民堂主編『農村改革与探索』河南人民出版，1991年，17頁）。また，前掲注（17）①では，鄭州市東方約180 kmの商丘県では1978〜1979年に生産責任制が導入されたが，口糧田は設けられていないという。

(28) 1995年にはそれも西城実業集団公司の負担となった。

(29) ただし，しばしばビニールハウスに比せられる中国の大棚は煉瓦建ての建築物に類するものであるが，経済田である。

(30) ここでは農作業の請負と区別するために，契約に基づく土地経営の請負を承包とする。

(31) 「中共中央関于1984年農村工作的通知」。3〜5年とされていた請負期間を一般に15年以上，果樹，荒地については，さらに長くすることを定め，農民の土地への投資を喚起し，特定農家への耕地集中促進を図る内容である。詳細については，①木間正道『現代中国の法と民主主義』（勁草書房，1995年）120頁，②前掲注（10），77‐78頁。

(32) 1987年「中華人民共和国耕地占用税暫行条令」による。

(33) 以前にも土地転用には，市または省（100畝以上），国務院（1000畝以上）の許可が必要であったが，現存する農地に対する転用予防的規制はみられなかった。

(34) 例えば，菅沼圭輔「農地利用権の分配と農業生産力構造」（中兼和津次編著『改革以後の中国農村社会と経済 日中共同調査による実態分析』筑波書房，1997年），張安明「中国における80年代初期の農地請負権配分―安徽省農村地域の実態分析を中心に―」『農業経済研究』（68‐3，1996年）。

(35) 王国強・賈随華「新鄭市農村の経済変革と土地使用制度」石原潤・孫尚倹『改革開放下の河南省新鄭市の変容』（京都大学大学院文学研究科地理学教室，1997年）。

(36) 耕地，園地，林地，灌木，草地，居住地，交通用地，水域，未利用地，の八つに大分類されている。

(37) 王国強・河南省科学技術院教授の御教示による。

(38) 登封市当局によると，以前の公式の耕地面積は約56万畝，新しい実測耕地面積は66万5761畝（内菜園4850畝を含む），およそ10万畝の増加である。

(39) インフォーマントの一人によれば，1982年の土地分配後，まず分配された耕地のそばを1.5畝開発した。続いて，1980年代末から荒地の開発を行なった。最初の一年は，冬場に20日くらい働いて，3畝の荒地を拓いたという。しかし，この改造荒地は，他の小組の土地に帰属していたため，1994年の土地調整時に回収されてしまった。この時に，越境していた改造荒地は全て，その荒地を持つ小組によって回収されたという。

(40) 以下で取り上げるS村第四組では，少なくとも0.25畝×235人＝58.75畝の「荒地」が耕地として開発されている。比率で約21％の増加である。

(41) これは以下に述べるW村・D村でも同様である。

（42） この4小組は，小組への諸負担を経済田の承包代で充当する，という意図で経済田を残したという。
（43） 調査時の1997年夏は旱魃で，S村やW村などの北部山地地域ではトウモロコシが打撃を受け，非灌漑耕地のかなりの面積は全く収穫が見込めない状態であった。しかしD村ではトウモロコシはほぼ平年作の模様であった。
（44） 小島泰雄の教示による。

第5章　農村内部の不均等発展における村の役割

■小島泰雄

1　問題の所在

（1）　景観的ひろがり

　ここに，1997年夏のフィールド調査の際に撮った2枚の写真がある。1枚には，4階建ての真新しいアパートが，色ガラスと曲線を組み合わせた意匠を誇っているかのように起立している（**写真5-1**）。もう1枚には，半世紀ほど前に建てられた時にはなかなかの構えだったであろうが，今は外壁がはがれ，石と木と土の構造が露わになった平屋が並んでいる（**写真5-2**）。

　この2枚の写真に写し込まれた事物の間の懸隔と，その写真が3日と4kmという間隔で撮影されたという時空の接近とを，結び合わせて現代中国の農村像を造り出すためには，なかなかの想像力が必要となる。しかも，3日というのは，闖入した我々の調査日程が規定したもので，2つの集落に暮らす人々は，大金店鎮という同じ行政区画に属し，生活に必要な物の多くを同じ市場で買い，なかには嫁ぎ先と実家という親族関係で互いに結ばれた者も含まれている。そして，平屋の並ぶ集落から，東に少し歩いたところにある丘に登り，南を望めば，独特の意匠のアパートが小さく見える，その程度の空間，すなわち農村における景観的ひろがりの内部の現在が，2枚の写真に収められているのである。

　確かに，この2枚の写真を象徴的に扱うことは，小論の目的を明らかにするためには許されるにしても，この2種の集落像でいま問題とする景観的ひろがりが埋め尽くされているとすることは，当然ながらできない。アパートの向こう側には，すでに来歴も不詳となった旧来の集落が，この半世紀余りの様々な時期に建てられた農家の集合として存在するし，一方，役目を終えかけた平屋

第 5 章　農村内部の不均等発展における村の役割

写真 5-1　三王庄村のアパート

写真 5-2　文村の集落景観

の家並みの続きには，集落縁辺に向かって新しい家が幾つも建てられようとしている。そして，それぞれ固有の歴史を持つ集落が，この2つの集落を包み込むように，大金店鎮だけで130余り存在しているのである。

　こうした農村の営みの中に観察される農家レベルの差違は，少なくともその差違を生み出す重要な契機として，改革開放政策の実施と結びつけて考えることができるであろう。1980年代前半に中国農村では，生産請負制によって小農的経営が復活し，その生産と分配の機構から農家収入が確実に増加した。続く1980年代後半からは，郷鎮企業に牽引された産業化が新たに出現し，また，1990年代に入って，局地的再生産圏の外部へと労働力が活発に移動しはじめたことによって，農家にはいくつもの収入源が存在するようになった。農民は手にした現金を自転車やテレビといったモノの購入に充て，そして，それに負けない意欲で，自宅の建設に積極的に投下していった。こうした農民の慣習とでもいうべきものが，「先富論」の示すように，豊かになった者から自宅建設を進め，農村景観を変えてゆくこととなった。

　この過程からは，改革開放期の農村景観変化を特徴づける発展の多様性が，まず農家レベルで考えられるべきであることが理解される。しかし，そこに立ち止まっていたのでは，2枚の写真に象徴された景観的ひろがりの中における差違，それは分化とも言い換えることのできるものであるが，この発展と変化の多様性を説き尽くすことはできない，と私は考えている。

　この小論では，農村内部における発展・変化の差違を生み出す構造的な機構を考察するために，農家レベルではなく，空間を指向した別の筋道へと歩みを進めたい。その際，まず農村の景観的ひろがりにおける差違がどのように観察されるのかを，郷鎮スケールで具体的に検討し，さらにそれを村の来歴と結びつけて考えてゆくこととする。

（2） 格差と地域

　郷鎮スケールの景観的ひろがりで農村における不均等発展を考察することは，どれほどの意味を持つのであろうか。経済や社会の発展にかかわる地域的差違については，それが内包する不平等，不均等を問題とする視点から，多くの研究が積み重ねられてきた。そこでは，格差の測定というやや技術的な問題に関する議論を軸としながらも[1]，要因分析と関連づけることによって，いかなるス

ケールの地域を対象として格差を取り上げるのかが,重要な問題とされてきた。

 地域格差研究の多くは,国家スケールの格差を検討してきたが,その際,分析に使われる地域単位は国家の下位の区画,日本であれば県レベルであった。この研究上の慣習は,中国を対象とした研究においても共有されている。ただし,中国の場合には,その領域のもつ広域性が研究に反映され,三大地域間・省間・県間の3層の地域レベルが分析単位として用いられている。

 中国を東部・中部・西部の三大地域に分けて,それぞれの発展の差違を比較検討した研究は,最大の地域単位間の格差を扱ったものであるが,国家スケールの地域格差研究の主流は,統計分析としての有意性からも,省レベル間の格差を対象とした研究にある。また,県レベルを単位とした研究は,省スケールの不均等発展を考察しているのであるが,省という行政単位の空間規模からして,その考察は国家スケールの検討と類似した性格をもつ。これら3種の研究の親近性は,空間スケール毎に独立して研究が進められるだけでなく,3層の地域単位ごとの検討を統合する試みが,ひとつの論考の中で行なわれていることにも現われている。

 こうした中国における地域格差をマクロに扱う研究群は,開発政策と地域格差の動態的関係の解明をはじめとする成果をあげてきたが,農村というカテゴリー内部の地域格差を描き出すことに関しては,十分に意識的であったとは言い難い。その中にあって,県間格差を扱った研究は,県レベル統計が比較的直接に地域単位の都市性と農村性を反映していることから,農村地域の格差を産業構造に,すなわち県レベル経済の産業化の進展度の差違に帰着させる論理を提示していることが注目される。

 農村内部の地域格差を検討するには,ミクロな接近法がもうひとつの選択肢を提供していると考えられる。ここでは,小論と同じく村レベルを対象としてその発展・変化の多様性を検討した2つの論考を取り上げ,それらの到達点を概観する作業を通して,小論の課題を明確化することを試みる。

 佐藤宏は,村内部の農家間に観察される経済的分化を,山東(シャントン)・湖南(フーナン)・貴州(コイチョウ)の3省で行なわれたサンプル調査を利用して,集計的に検討している。同一行政村に居住する農家間に観察される所得格差の様態を明らかにし,その形成要因を推定した上で,農民意識の階層化を政治・経済的な側面から整理している。

クロール＆ホワンは，江蘇（チャンスー）・安徽（アンホイ）・四川（スーチョワン）・甘粛（カンスー）に所在する8つの村を対象にフィールド調査を実施し，それぞれの村における農業・非農業・出稼ぎの3種の経済活動の組み合わせに着目して，農村発展に関する3つの類型を導出している。[12]

この2つの論考は，村を研究枠組みとしながら，複数地域の複数の村を対象とすることによって，そのコミュニティ・スタディ的な限界を克服し，かつそれらの比較検討を通して村内部の農家分化や村の発展モデルを提示している。しかし，こうした比較検討によって明らかになった村の多様性は，あくまでデータが収集された個別の村の間に観察されるものであり，地域間の差違を代表すると見なすにはいくつかの留保が必要である。例えば，これらの研究が指摘した村の多様性は，後に明らかになるように，同一地域内の村の間にも観察されるものである。小論が解明を目指すのはまさにこの点，すなわち村が個別の地域として検討の単位となりうるようなスケールの連続した空間において，農村内部の地域格差を考察することにある。

2　検討の時空

（1）事例地域

景観的ひろがりとしてここで取り上げるのは，郷鎮スケールである。具体的な検討は河南省登封市大金店鎮で行なった現地調査に依拠するが，この地域は，改革開放期に多様な変化が同時進行する現代中国農村にあって，どのように位置づけられるのであろうか。

まず全国スケールで考えると，大金店鎮は，農業生態的には畑作中心の華北農村に属し，立地的には先進的な沿海部から離れた開発の遅れた内陸部にあり，地形的には淮河上流の起伏量の低い中山間地とすることができる。すなわち，事例地域は後発的な内陸の中山間地に位置する華北農村と規定されよう。

ここに言う大金店鎮とは，登封市西部に位置する大きな地方町である大金店鎮と，その周辺にひろがる農村からなる郷鎮レベルの行政単位である。1995年には，31の行政村（村民委員会），253の村民小組，137の認定された集落（"自然村"）から構成され，戸数で12,428戸，人口で55,288人を有している。総面積は，171,500畝（114 km^2）で，1990年の統計耕地面積は54,816畝，

同年の実測耕地面積は 65,158 畝となっており，耕地化率は 32％あるいは 38％である。

大金店鎮の鎮政府が所在する地方町は，登封市区から西南に 10 km の所に位置している。その地域中心としての歴史は古く，"金店"の名は唐代の文献にも見え，今世紀前半には当地で"小上海"と呼ばれる活況を呈していたとされる。

登封市域には，"両片半"と呼ばれる農業適地が，穎河沿岸を中心にひろがっているが，その一方で，市西部を中心に"川"と呼ばれる土地生産性の低い山間平坦地がひろがる。大金店鎮は，この登封市の主要な 2 つの農地類型の漸移帯にあたっており，さらに鎮域南部にひろがる山地・小河谷と合わせて，鎮域は，南部山地・中部平地・北部丘陵山地の 3 つの自然地域に区分される（図 5 − 1）。南部山地は，平地がわずかしかなく，農業の生産条件は厳しいが，石炭を主とする鉱産資源に恵まれている。中部平地は，穎河沿岸の良好な耕地がひろがり，地方町を中心に商業・交通も比較的発達している。北部丘陵山地は，嵩山山麓に連続する丘陵部を主体とし，農業・非農業ともに低調で，鎮域においては比較的貧しい地域となっている。

調査地域の産業も整理しておこう。農業については，冬作が小麦（1995 年の播種面積は 3.9 万畝），夏作がトウモロコシ（同 2.5 万畝）という，穀物の 2 毛作生産が卓越しているが，その他に，綿花・大豆・サツマイモ・ラッカセイ・葉タバコ・蔬菜が生産されている。近年は，リンゴを主体とする果樹栽培が拡がる傾向にある。鉱工業は，南部山地の石炭採掘が主要な産業となっている。郷鎮企業も石炭採掘業に携わる企業の規模が大きいが，全般的には低調である。その中で三里庄に村営の工業団地が形成されているのが注目される。

以上のように特色づけられる調査地域における，1980 年代以降の農村変化・発展には，どのような地域性が観察されるのであろうか。以下では，行政村単位に整理された統計をもとに考察を進めてゆくが[13]，その前に人口・農地という事例地域の基礎的な状況の変化を確認しておくこととする。

（2） 人口と耕地の変遷

1995 年時点の行政村の平均像は，人口が 1,719 人，戸数が 401 戸という数値によって示される。個別の行政村規模は，人口でいうと，830 人から 4,165

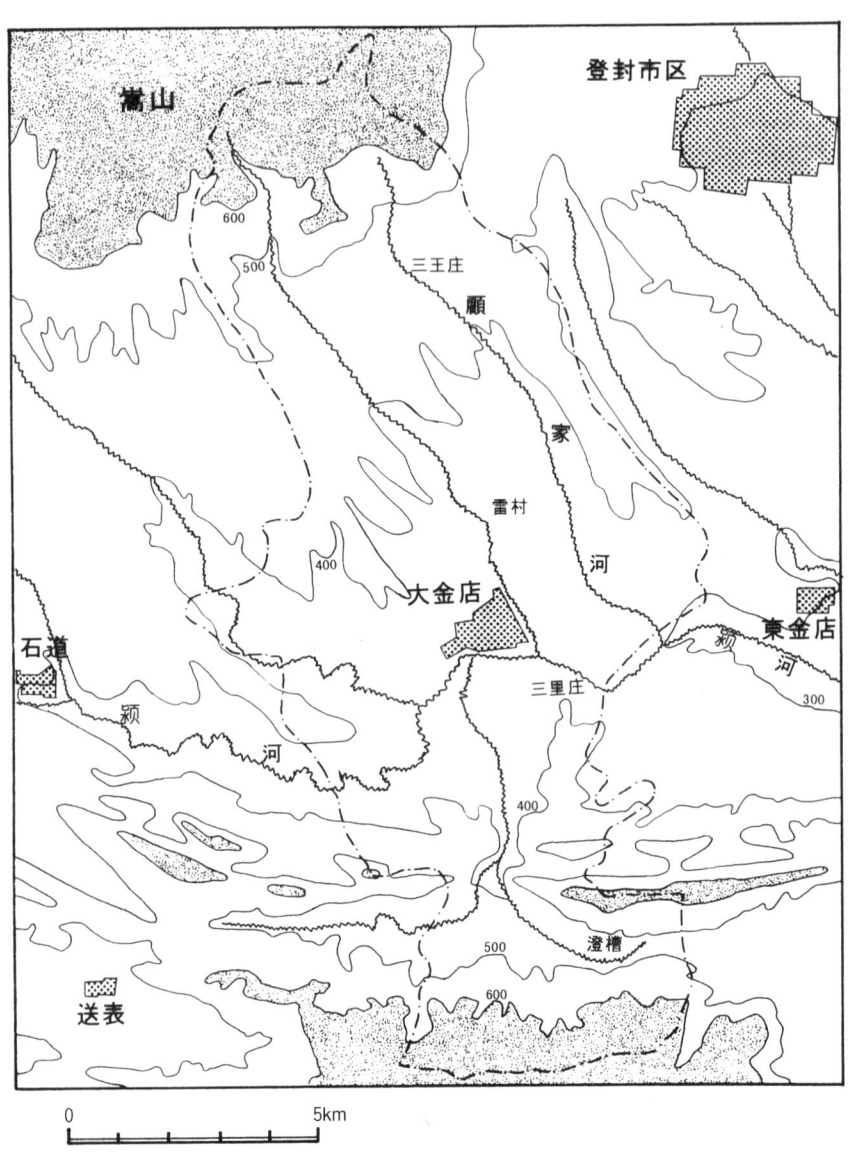

図 5-1 調査地の概況

人の間におさまっている。そのほとんどの行政村で，1980年から1995年の15年間に人口は漸増している。改革開放期に大金店鎮の農村では，少なくとも農民として登録された人口については，大きな流出が生じることなく，堅調な人口増加が続いてきた，と言うことができよう。

次に1人当たり耕地面積であるが，大金店鎮では1995年に1.02畝となっている。1980年の平均値が1.20畝であるから，この15年でおよそ15％減少したことになる。この傾向は，個別の行政村でも共通して観察され，統計耕地面積がほぼ横ばいであるのに対して，人口が漸増していることを反映したものである。したがって大金店鎮の農業生産の基盤である耕地は，改革開放期にその零細性を維持・拡大してきたと見なすことができる。この零細性は，生産請負制の下で経営単位となっている農家の平均耕地面積（1995年）の4.36畝（29.1 a）という数値がより実感的に示すように，農業に依存した発展を制約しているのである。

3　発展と変化の地域性

（1）　土地生産性と農民収入

事例地域において，改革開放期に人口と耕地という農村の基礎的状況が，"人多地少"の度合いをわずかに強めながらも，安定的に推移していたのと同じ時期に，国民経済については改革開放政策の下で種々の構造転換が大きく進められていった。このような国民経済レベルの変化は，個別地域への影響を次第に強めていったと考えられる。したがってまず行なうべきは，事例地域の経済と社会が，どのような発展・変化を示したかを検討することであろう。ここでは，農村産業の基盤である農業生産と，総合的発展指標の一つである農民収入を取り上げて，特に，それらが行政村間でどのような相対的な変化を呈してきたのかについて，考えてゆくこととする。[14]

事例地域の農業は，生産物の多様化こそ進みつつあるが，上述のように，依然として穀物生産が軸となっていることから，その相対的変化を検討する指標として，小麦の土地生産性を取り上げることとした。ここに言う相対的変化とは，大金店鎮平均に対する個別行政村の数値の変化を指しているので，その変動は，大金店鎮における各行政村の土地生産性に関する相対的な上昇・下降と

して理解される。

　1980年から1995年までの5年ごとの各行政村の相対的変化を特徴づけるのは，半数以上の行政村で，その土地生産性が一貫して平均以上か，あるいは一貫して平均以下を推移しているという状況である。このことは，小麦の土地生産性によって表わされる農業面での格差が，先行する集団化期の格差を基本的に継承していることを示している。集団化後期から，それまでの伝統的投入に加えて，近代的投入の増加によって達成されてきた土地生産性の向上も，地域的な差違を解消するものとはならなかったことを如実に物語っている。したがって農業面での格差を乗り越えるためには，作物構成を変えることが必須であり，生産物の多様化として観察される変化は，その試みと見なすことができる。[15]

　一方，農民収入は，農業部門からの収入に加えて，非農業部門からの収入を含んでおり，農家経営が多角化する中で，農民生活の発展・変化を示す指標としての重要性が増している。この農民収入については，農家経済に関するサンプル調査の結果として公表されるものと，各レベルの行政単位において経済統計の一環として集計されるものとの2種類があるが，ここで取り上げているのは，後者である。その行政村レベルの具体的な算出方法は未確認であるが，集団化期から"農村経済収益分配"として算出されてきた項目を，農民数で除した数値が使われていると考えられる。[16]

　農民収入については，1985年から1995年までの5年ごとで計3年次のデータが得られた。そのなかで最も注目されるのは，1995年の数値のほとんどが，平均値よりもやや低いクラスに集中していることである。他の2年次と比べるとその異常さが際だつが，算出過程に即した詳細は未調査である。ここでは，この農民収入の見かけ上の平準化とも言える状況の背後に，農村経済の多様化が生む集計難度の増加と，この集計自体が農民からの収奪という政治性と結びついている可能性を指摘するにとどめたい。[17]このように1995年数値の扱いには慎重であるべきだが，それまでの2年次の分散は，明らかに農業の土地生産性の分散よりも大きい。このことは，農民収入の来源の多元性と結びついていると考えるべきであろう。1980年代半ば以降の農民収入は，行政村の外部との連関を持った収入をも含んでいると考えられるのである。

（2） 類型化

上述のように，土地と結びついた農業と多元化する農民収入の変化は，農村空間における閉鎖系と開放系を代表すると見なされる。この両者を関係づけて扱うために，横軸に農業，縦軸に農民収入をとり，各行政村の相対的な位置づけを，1985年から1995年までの5年ごとの3年次について示したのが図5－2である。それぞれの軸は平均値で交差しているので，当然ながらデータは交点を中心に分布している。その意味で，行政村の性格は類似し，連続しているのであるが，その一方で，軸で区切られる象限ごとに特性を認めることもできる。第1象限に属する行政村は，農業の生産性が相対的に高く，農民収入も相対的に高いことを示している。同様に，第2象限には，農業生産性は低いが，農民収入は高い行政村，第3象限には，農業生産性も農民収入も低い行政村，そして，第4象限には，農業生産性は高いが，農民収入は低い行政村が位置している。

それぞれの象限から行政村をひとつ取り上げて，その動きを確認しておこう。第1象限にあって最も特徴的な動きを示すのは，三里庄村である。三里庄村は一貫して第1象限に属し，しかも年次毎に他の行政村との懸隔を大きくしている。第2象限からは澄槽村を取り上げよう。平準化した1995年では第3象限に転じているが，他の2年次では土地生産性では最下位に近いが，農民収入では上位に位置している。第3象限からは，土地生産性が低く，1990年には農民収入で最下位レベルとなった三王庄村を見てみることとしよう。そして，第4象限からは，2年次が該当する雷村を取り上げてみることとしよう。

まず確認できることは，このように行政村ごとに変化傾向が異なること自体が，行政村レベルで変化の文脈が異なることを示唆しているということである。そしてそれは，個別行政村の文脈において，それぞれの過程を検討することを求めるものでもある。その記述的な考察に移る前に，郷鎮スケールの地域差としては，このグラフが如何に解釈されるのかについて言及しておきたい。

（3） 地域性

図5－3は，大金店鎮のすべての行政村がそれぞれ図5-2のグラフのどの象限に属するかを図示したものである。

第1象限に属する行政村，すなわち土地生産性で代表される農業生産性が高

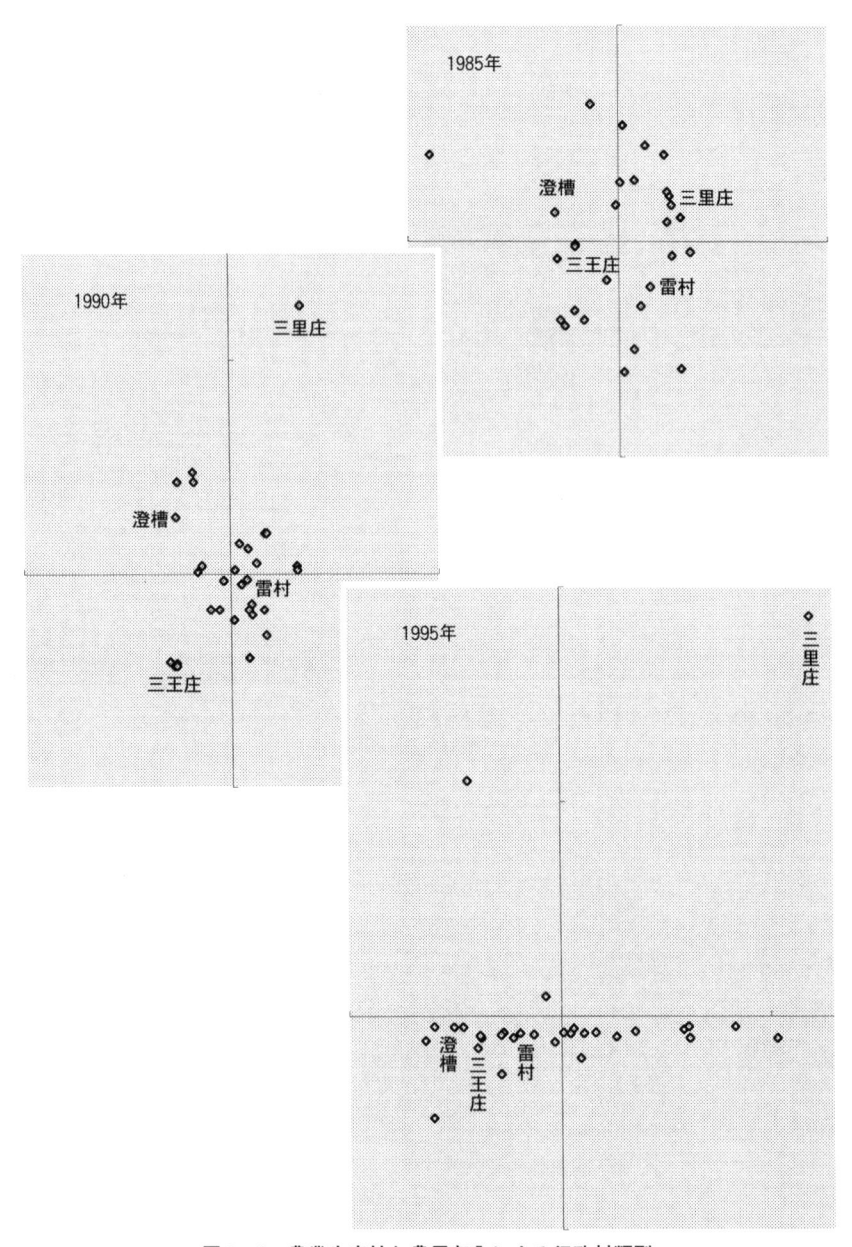

図 5-2 農業生産性と農民収入による行政村類型

（注）　各グラフの横軸は小麦の平均収量，縦軸は農民平均純収入，両軸は大金店鎮の平均値で交わっている。

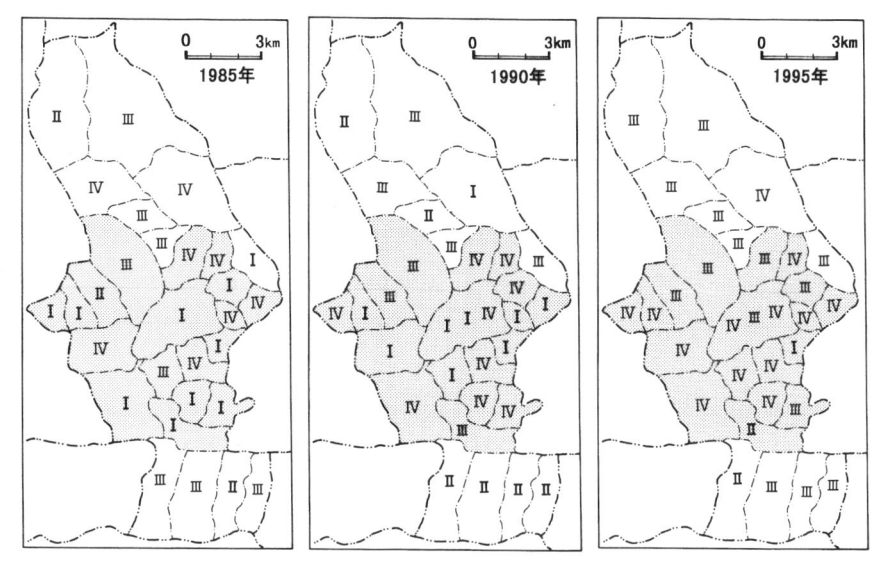

図 5-3 類型化された行政村の分布

（注）　Ⅰ〜Ⅳはその行政村が図 5-2 の第 1 象限〜第 4 象限のいずれに属するかを示す。アミのかかっている行政村は，中部平地に区分される。

く，農民収入に反映された経済が発展している行政村は，中部平地に集中して観察される。年次を経るにしたがって，このタイプの行政村はその数を減じるが，分布的には，中部平地の軸を形成する潁河沿岸に限定されてゆく状況が観察される。第 1 象限に属する行政村が空間的に集合して形成するひろがりは，調査地域において，優良耕地と，経済的な先進地域が重なり合っている地域と見なすことができよう。

第 4 象限に属する行政村は，この第 1 象限に属する行政村の周辺に分布しているが，これは，部分地域に分けて考えることの意義を示唆している。郷鎮レベルの景観的ひろがりにおいて，農業基盤と経済発展が何らかの関連を有しており，経済発展が農業の核心地域から周辺に向かって減衰的な分布傾向を持つことを分布論的に提示していると見なすことができる。

こうした郷鎮レベルの農村内部の地域分化については，農業・経済発展ともに相対的劣位にある第 3 象限に属する行政村が，農業の生産条件の悪い北部丘陵山地に卓越して観察されることにも看取される。

以上の農村発展に関する仮説的構成からすると，第 2 象限に属する行政村は，

やや特殊な意味を有する。このタイプの行政村は，経済的には発展しているが，農業の生産性が低い地域である。その分布は年次ごとに変動するものの，そこに観察される連続性に注目すると，いずれの年次においても南部山地の行政村が1つ以上，1990年には4行政村がいずれも含まれていることがわかる。これは南部山地の局地的資源の存在と関連づけることが妥当ではないであろうか。すなわち，これは非農業的な収入源の存在と結びついた地域類型と考えられるのである。

こうした地域性の様態は，郷鎮スケールという景観的ひろがりにおいて観察される地域格差は，農業や鉱産資源という土地と結びついた文脈において解釈される可能性の高いものであることを示唆する。すなわち，自然環境や開発過程といった地域的文脈に規定された諸条件が，郷鎮スケールにおける差違を現出させる重要な要素であると見なされるのである。そうであるならば，上述の4事例行政村は，単にグラフ上の象限の代表事例であるのみならず，地域的な特色を反映した事例でもあることになる。第1象限の三里庄村は中部平地の，第2象限の澄槽村は南部山地の，第3象限の三王庄村は北部丘陵山地の，第4象限の雷村は中部平地周辺の代表と見なされるのである。

続いて，こうした地域性をもった農村の発展・変化の機構を探るべく，代表事例とされた4つの行政村を個別に取り上げて，その具体的状況を概観してゆくこととする。

（4） 村の来歴
a）三里庄村

三里庄村は，村内を潁河が貫流しており，調査時点の人口は1008人，戸数は256戸，耕地は703畝であり，1996年の農民収入は3145元とされる。238戸の大規模集落の三里庄と18戸の陳家湾の2集落からなり，5つの村民小組が置かれている。現在，三里庄への集住化が進められており，小論の冒頭に写真を掲載したアパートもその一環で建設されたものである。

現在，動力井戸による灌漑耕地面積が600畝に達しているが，1960年代には人力ではあるものの既に300畝が灌漑されていた。1970年代には，動力化と並行して灌漑耕地が拡大し，また化学肥料の投入が始まっている。1980年代に入って生産請負制が導入されてからは，化学肥料の投下が大きく増大した

ことにより，収量が上昇した。現在，1畝平均収穫量でみると，小麦・トウモロコシともに1000斤に達している。また水利が整備されたことにより，旱魃の被害を受けることもほとんどないとされる。さらに傾斜地における果樹栽培や，市場向けの野菜栽培が行なわれている。

このように三里庄村は安定した高い生産力を保証する農業の生産基盤を有しているが，現在のこの村を特色づけているのは，発達した村営企業群である。人民共和国成立以前に起源するレンガ窯が，1984年に機械化されたことによって始まる村営企業の発展は，1988年に天津に所在する研究所の技術を導入した高温部品電炉工場を誘致して以降に急加速し，現在では工業団地を形成するに至っている。三里庄村の工業発展は，近年の郷鎮企業研究が指摘するところの構造変革が成功した事例と見なされる[18]。現在，村内労働力の大部分は，工場で働いている。

b）澄槽村

澄槽村は，南部山地の谷あいの行政村である。調査時点の人口は1410人，耕地は1080畝，1996年の農民収入は1700元台とされる。山腹に分散して7つの集落があり，1集落1村民小組となっている。単一姓によって構成される集落は1つだけであるが，いずれの集落にも卓越する宗族があり，集落形成には，血縁的な原理の介在を想定することができる。

農業に関しては，傾斜地が多く，また灌漑耕地も少なく，生産条件が悪い。そのため，主たる生産物である穀物は，自給を目的とした生産という性格が強い。農業面での産業化は，リンゴを主とする果樹栽培が1980年代後半から拡大されつつあるという状況に認めることができる。

村幹部が目指すように，この地域の発展の基礎には鉱産資源がある。村域には1970年代に開発された鎮営の炭鉱が2つ，私営の炭鉱が1つあり，無煙炭と煙炭を産出している。鉱夫は外来の労働力が主体となっているが，村民には，炭鉱の管理にあたる者と，農業経営と並行して輸送などの関連部門の仕事に就く者とが多いとされる。

c）三王庄村

三王庄村は，嵩山の山麓に位置し，調査時点の人口が1340人，戸数が327

戸，耕地が1837畝であり，1996年の農民収入は1150元とされる。10の集落と10の村民小組があるが，両者の対応は，2戸から112戸までという集落規模の大小を反映して，一対一とはならない。

村域には，開析谷と丘陵が連続しており，起伏が激しく，また砂質の土壌が卓越することから，"三年一大旱，一年一小旱"と諦観を込めて表現されるように，旱魃の被害を受けやすい。こうした自然条件から，土地生産性は低く，食料の自給についても，生産請負制の導入後に可能となったとされる。

ただし低い土地生産性と相補的に，1人当たり耕地面積は広く，それに加えて，近年，"荒草地"（荒地）の開発が進められていること，さらに耕牛使用に象徴される農法の段階に規定されて，農業労働に関する労働力需要が相対的に大きい。こうした自然と農業の連関が，三王庄村を貧困地域としてきたと考えることができる。

この内的な経済環境に対して，現在では，登封市区部で進む建設ラッシュと連動して，建築用材としての砂の販売を行なう者や，労務や商売といった部門での村外就労を行なう者など，農家・個人レベルでの対応が進みつつある。

d）雷村

雷村は，北から延びてくる丘陵の末端に位置し，北部丘陵山地と中部平地との漸移地帯に属しており，2000人余りが暮らす大規模集村である雷村集落を主体とする行政村である。人口は2346人，戸数が620戸，耕地面積が2500畝であり，1996年の1人当たり平均農民純収入は1270元とされる。

農業は，旱害を受けにくい冬作はほとんどが小麦で，夏作はトウモロコシ，サツマイモ，ラッカセイ，綿花などが作られている。灌漑耕地は600畝にとどまり，旱魃に襲われていた調査時には，非灌漑耕地のトウモロコシはほとんど収穫が望めない状態となっていた。また可耕地の開発はほとんど終わっており，耕地拡大による増収は期待できず，農業面での発展可能性は，限定的であることが看取された。

非農業部門の就労先となる郷鎮企業は，個人経営の化学工場が1つあるのみで，十数人を雇用するに過ぎない。こうしたことから，多くの村民が村外就労に活路を見出しており，建築労働や運輸業がその重要な選択肢となっている。こうした村外就労は，1980年代末に始まり，1990年代に入ると毎年増加して

いるとされる。この村外就労の8割は登封市域内部で行なわれているとされる。

4　地域性の解釈

(1)　村の実態

　前節においては，農村の郷鎮スケールという景観的ひろがりに観察される差異を，行政村単位に集計的に検討して4つの類型を導出し，それらが地域性を反映していることを示してきた。さらに，各類型からそれぞれ1つの行政村を取りあげて，その発展と変化を具体的に記述した。本節では，個別に取り上げられた村の発展・変化が，類型化と関連づけられた地域性と如何なる連接をもつのかについて横断的に考えてゆくが，その前に，ここで村として措定される対象の内実を確認しておくこととしよう。

　農民が語る"村里""村庄""村民"という言葉について，この"村"の意味内容を空間的に特定すると，行政村と集落とが文脈に応じて使い分けられていることがわかる。行政村は，農村の末端自治組織である"村民委員会"が公式名称であるが，実態としては行政末端的な役割の強い組織であり，一般に複数の集落から構成されている。一方，集落は，地名センサスによって"自然村"として公的に認知されているものであり，その周辺の耕地と結びついて農業生態的な空間を形成している。また，集落は，"村民小組"と微妙な重なり合いを有している。[19]村民小組は，行政的な位置づけは明確には持たないものの，所有や配分に関して実質的に強い機能を付託された存在であり，社会地理学的な意味での村落は，このレベルに比定されることが多い。[20]

　行政村と集落は，村という呼称における相同関係を有するだけでなく，その機能的局面においても，相互補完的な関係が認められる。行政村の運営を担う幹部集団は，しばしば村民小組を代表するような構成をとっており，そこに行政村が村民小組の集合体としての性格を有することが看取される。上述の村民小組と集落との対応関係を合わせ考えれば，行政村を複数の集落から構成されていると見ることの妥当性が理解されよう。また逆に，集落は行政村への統合が模索されてきた存在でもある。それは集団化の過程において，人民公社の三級所有制による生産隊と生産大隊の関係が定着するまでしばしば顕在化した傾向であるが，近年では，農業の相対的地位が低下するのと並行して，農業生態

空間としての集落レベルの機能が弱まりつつあるが，それと同調するかのように，行政村の機能強化が図られている。集団所有が維持される農村の土地所有関係において，行政村の権限を高める議論があるのはその一例である。[21]

こうした村が行政村と集落の双方を内包する概念であること自体は，日本農村にも共通する状況であり，それは形式地域と実質地域として対比的に検討が進められてきた問題でもある。しかし，生活空間論的な観点からすると，中国農村における行政村と集落の相補的関係は，機能の非集中性の表現として解釈されるべきもので，どちらに実質性を求めるかという対比的な扱いは，必ずしも正確にその存在を捉えることにつながらないと考えられる。例えば，農村における基層権力の問題としてこれを考えた場合，集落の規模多様性は，権力関係を集落で必ずしも完結させず，しばしば集落連合的な枠組みを必要とするものであり，この枠組みを上から特定したものが行政村とみることができよう。ただし，この行政村レベルの領域の来歴については，保や小郷などとの関係が類推されるものの，詳細のほとんどは今後の検討に残されている。[22]

（2） 生態的・歴史的条件

中国農村の文脈においてこのように規定される村は，上で実態に即して提示してきた農村の発展・変化に観察される地域性と，どのような関係を有しているのであろうか。個別に記述された村の発展・変化の概況には，地域性が反映されていることがまず確認されるが，さらに，その地域性を形成・規定する機構へと焦点をあわせてゆくと，生態的・歴史的な条件の存在が共通して浮かび上がってくる。

農業に注目すると，調査地域の土地生産性の高低を規定しているのが，穎河の浸食・堆積により形成された土と水に関わる条件であることが看取される。三里庄村では，穎河沿岸の肥沃な土壌と地下水資源の利用によって，高い土地生産性が実現されている。一方，雷村や三王庄村で土地生産性が低いことには，穎河支流の浸食作用によって造り出された起伏量の大きさと結びついて，水利条件が悪く，土壌も砂質となっていることが影響している。

郷鎮の内部空間を分化させる程度の空間スケールにおいて，自然的な条件が地域の発展・変化と結びついた同様の事例には，澄槽村の炭鉱を核とした発展がある。これらの生態的な条件は，それらの利用に関する歴史的な過程が織り

込まれることによって，現状を生み出すこととなっている。

　農業生産を規定している生態的条件は，その開発の過程とも結びついている。三王庄村においては，開発の遅れが逆に荒地の開発可能性を現在まで残しているのに対して，その下流に位置し，中部平地的性格の強い雷村では，すでに開発可能な荒地は見られず，農民収入に関して農業外部への指向を強めることを結果している。また三里庄村の井戸灌漑が早くから進められたことは，良好な農業生産条件による蓄積と切り離して考えることはできないであろう。

　また南部山地の鉱産資源は，人民共和国成立以前から既に開発が行なわれていたが，澄槽村における資源開発が大きく伸びたのが人民公社期であることは，集団化の役割を考える上で示唆的である。

　このように土地と結びついた農村の発展・変化は，必然的に農村の郷鎮スケールという景観的ひろがりの内部に，地域性を反映した格差を生み出してゆく。歴史的過程と結びついた生態的条件は，そこに暮らす者にとっては所与のものであり，この差違自体が問題視されることは少ない。また，澄槽村におけるリンゴ栽培の導入に見られるように，作物転換を通して農業の内的な発展を図ることは可能であるし，三王庄村における荒地開発のように，基盤整備や近代的投入の増加によって農業発展が達成されている場合もある。このように地域性に由来する格差が，ただ所与のものとして受忍されるだけでなく，克服可能な側面を有することも，社会問題の発生を回避する要件となっていると考えられる。

（3）　開放系空間と格差

　地域性に由来する格差は，土地と結びついた発展・変化とも表現しうるように，閉鎖系的性格を有する空間を前提として形成されてきたと言えよう。しかし，事例として取り上げられたいずれの村における発展・変化も，既にそうした局地的再生産の枠組みのみで解釈できるものではない。

　例えば，三里庄村の特異な発展は，地域性を反映した先進的な農業部門をはるかに上回る規模で，工業部門を中心に達成されたものである[23]。三里庄村の村営企業は，その発展の初期には機械製レンガを製造しており，この段階では，豊富な粘土という在地の資源を利用し，製品の可動性から類推されるように，それほど広域ではない市場を前提としていた。しかし，1980年代末に始まる

その急速な発展に際しては，最大の要件である技術革新について，天津とのつながりという国民経済スケールの空間を前提とし，製品市場も企業向け生産として，また省域を越えた開放系の空間を前提としている。

また，雷村と三王庄村においては，村外就業が農家の収入源に重要な選択肢として位置づけられていたが，これもまた開放系の空間を前提としている。村外就業として記述された労働力移動の主要なものは，登封市区の建築労働や，近距離の運輸業，小売商的な活動といったもので，県スケールの労働力需給と関連づけることができる。1990年代に入って急速に拡大する国家スケールの労働力移動は，事例地域ではむしろ例外的であるが，それは逆に，労働力移動の底流の拡がりを示すものであり，中国農村における労働力移動の真の活発さを語っていると解釈すべきであろう。ここで注目すべきは，観察された労働力の需給関係が，上述の地域性として把握された局地的再生産が前提としていた領域を，軽々と越えて発生していることである。

それでは，こうした開放系の空間と結びついた農村の発展・変化は，郷鎮内部の村間の格差といかなる結びつきを持っているのであろうか。まず，労働力移動から考えてみよう。

村外就業はそもそも移動可能な労働力の存在を前提としており，それは経営単位である農家レベルで析出されるものである。したがって，村スケールにおいては，労働力移動による収入は，生産請負制導入後に家族の構成員数・労働力数に応じて生じた農家間の格差を拡大してゆく。ところが郷鎮内においては，その逆に，労働力移動は村間の経済的格差を縮小するという方向性を持っている。労働力の現今の需給関係を空間的に見ると，就業地の需要が主たる動因となっているのであるが，同時に，労働力の供給地の事情が副次的な意味を持つ。(24) 事例に則してこれを確認すると，村内就業が確保されている澄槽村と三里庄村では，村外就業がほとんど見られないのに対して，村内資源が限られる雷村と三王庄村では，1990年代に入って村外へ就業の場を捜す労働力の移動が盛んになる様子が観察されている。

次に，郷鎮企業と郷鎮内格差との関係を考えよう。郷鎮企業の発展した三里庄村の事例が示すのは，労働力移動とは全く反対の作用，すなわち郷鎮企業の発展が農村内部の格差を拡大するという方向性ではないであろうか。このことについては，少しばかり傍証を挙げて説明する必要がある。

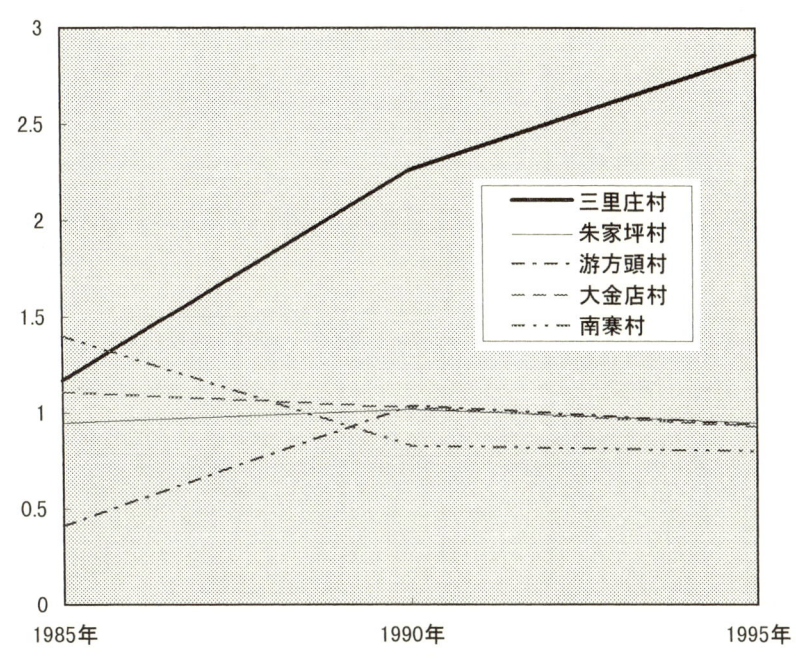

第5章　農村内部の不均等発展における村の役割　219

図5-4　郷鎮企業の発達した行政村と隣接する行政村の農民収入の変遷
（注）　縦軸は各行政村の農民収入の鎮平均との相対値。

　そのために三里庄村の郷鎮企業の発展が，近隣の行政村の発展にどれだけ貢献しているかという，空間的な波及効果の様態を検討することとした。**図5-4**は，三里庄村とそれに隣接する大金店鎮域の4つの行政村（朱家坪・游方頭・大金店・南寨）の3年次の農民収入の相対値の動きを示したものである。このグラフからは，三里庄村の右肩上がりの傾向と，他の4村の停滞的な傾向との間に，連動関係を想定することはほとんどできない。この検討自体は直接に郷鎮企業の数値を用いているわけではなく，農民収入を介した波及効果を検討しているのであるが，グラフからは，三里庄村の郷鎮企業発展が，直接，周辺に郷鎮企業を叢生することにつながらず，また周辺からの労働力移動を受け入れて，それを通して周辺の収入を増加させるものとはなっていないと判断される。[25]

　1980年代後半から，農村経済の牽引車としての役割を期待され，国民経済の構成においてその成果が確認される郷鎮企業が，ミクロに観察したときに端

なくも露呈する，農村発展の文脈における限界を，このことは示していると考えられる．すなわち，郷鎮企業を核とした農村発展は，農村の郷鎮スケールの格差を解消することはできないのである．しかも，それは格差を固定的に維持し，拡大する傾向を持つものであることを，このグラフは示しているのであるが，これを農村の不均等発展として把握する意味については，次節で考えることとする．

5 結 論

　中国の農村を歩くと，村ごとに景観が違っていることに気づく．この農村内部に観察される差違を，単純に村の個性として捉えるのではなく，郷鎮スケールの景観的ひろがりとも言える空間における，発展・変化の多様性として再考してきた．まず，それが実際にどのような現われ方をしているのかを提示し，それらの差違には，自然環境との生態的な関係の下に形成されたり，開発過程に代表されるように歴史的に規定されたりする，地域性として把握できる側面があることを，類型化を通して明らかにした．さらに，近年の市場化に伴う空間再編の中で，開放系の空間と結びつくことによって実現した郷鎮企業の発展と労働力の流動化は，地域性とは異なった差違形成の力を有しており，それが差違の拡大と解消という相反する2つの方向性を持っているとした．ここまでの議論を簡潔に整理すると，このように描くことができるであろう．

　小論の目的は，テーマに掲げたように，農村内部の格差を不均等発展という過程と結びつけて考えることであるから，郷鎮企業の発展が農村内部の格差を拡大するという点にしぼって，もう少し検討を加えることとする．

　郷鎮企業と地域の関係を考えるにあたっては，小野寺淳の報告する郷鎮企業をめぐる資金流動図が参考となる．そこで図示されているのは，郷営工業企業の資金の流れであるが，それを空間的に見ると，2つの流線が認められる．一つは，税や上納という形式で，幾つかの公的ルートを通って上級機関とつながる，上向きの垂直的関係である．もう一つは，郷レベルの内部循環である．この2つの流れは，郷鎮企業が国家に連接する財政に貢献していることや，郷鎮経済の中核となっていることを示しているが，我々がここで注目すべきは，この図に欠けているものである．それは，郷鎮間の水平的関係の欠如である．わ

ずかに県からの下向の資金流動が認められるが，それが郷鎮間格差の平準化に果たす役割が限られたものであることは，"自力更正"的な開発過程から容易に予想される。また，賃金として配分される資金の流れも，通勤範囲が郷鎮域の内部にとどまる程度であることを勘案すると，郷鎮間の水平的関係に関与したものと捉えることは難しい。

　この資金流動図の解釈を敷衍すると，地域単位内の循環と地域単位間の関係の欠如，上下地域間において上昇に比して下降が小さいことは，地域単位相互の格差を固定化するものとなる。これを農村の文脈に即して再解釈すると，郷鎮や村における不均等発展を，郷鎮企業の発展は結果することとなるのである。

　現在の郷鎮企業は，規模や経営に関して多様な内実を有しており，一つの概念として一括することは困難となっているが，用語としての妥当性は，その公約数とも言える地域との関係性が維持されていることに存する。ここで地域として措定されるのは，郷鎮と村である。郷鎮企業の発展は1980年代の後半以降に属するが，そもそも郷鎮企業という名称が，1984年に社隊企業からの改称というかたちで成立したことに象徴されるように，その発展の空間性は集団化期との明確な連続性を有しているのである。

　このことは市場経済化に伴って生まれた開放的な空間関係を前提として発展してきた郷鎮企業が，その一方で，集団化期に形成された閉鎖的な空間的枠組みと深く結びついていることを示している。後者が示唆するのは，集団の機能的強さであり，行政的権限の強さであり，さらにそれらの裏返しとしての，集団間の水平的関係の微弱性である。

　それでは，村レベルでは，こうした集団の機能的強靭さは，どのような来歴を持ったものとして把握されるのであろうか。これを考える鍵は，集落と耕地のセットとしての空間組織である村落の位置づけにある。それは，村落が集団化期に特別な空間として形成されたと考えることができるからである。[28]

　集団化以前の生活空間は，基盤としての農業と同時に，広範な農外就業という多様な生産過程と結びついて，村落とそれを超出する生活空間が重層的に展開していた。集団化期には，純農村化とも言うべき，農村の産業が食糧生産を中核とした農業に特化してゆくことと関連して，農村の空間構成が再編成された。村落は，集団化と純農村化の制度的受け皿となった生産隊として，農業生態空間としての機能を強めることとなった。

1950年代後半に始まり，1980年代前半までの四半世紀にわたって続いた，集団化された農村において村落は，生産隊という経営の基本採算単位に位置づけられ，また成員と領域が固定された状況下で，政治経済的に"自力更正"が求められていた。水利建設や耕地改造といった農業基盤の整備が，人力を集中することによって進められたことを想起するならば，村落の機能がかつて無いほど高められた中で初めて，農村発展が達成され得たと見なすことができる。

　しかし，この村落の機能も，1980年代に入って非集団化が進められる中で，とりわけ生産請負制の導入によって農家が諸経営の主体となることと反比例して，弱体化していった。ただし，機能低下したはずの村落や，生産大隊や人民公社を継承した行政村や郷鎮という空間は，時に応じて容易に機能を回復しうるものであることは，集団的経営の強い農村，換言すると，集団所有の産業部門がその豊かさにつながっている農村に行くと，観察できるのである。[29]

　現在の中国農村の内部には，地域性を反映した差違とは異なる格差が存在し，それは郷鎮企業の偏在的発展と結びつけて考えられる。しかも，その格差が固定・拡大される傾向を持つことは，集団化期に形成された空間秩序と結びついたものと解釈される。こうした格差は，構造化された不均等な発展と言えるものであり，しかも，その機構から，資本主義的な空間における不均等発展とは異なる，中国農村に固有の歴史的環境の下で形成されたものであることが理解される。

　1990年代に入って急増する農村労働力の移動に関しても，地域間格差，都市農村間格差や個人間所得格差といったマクロとミクロ両面の要因と並んで，農村内部の送り出し側の状況を観察すると，固定・拡大する村間の不均等発展に対応した農民の選択という図式が浮かび上がってくるのではなかろうか。

　中国農村の文脈において，こうした不均等発展を解消するためには，村間格差を低下させる再配分の機構を創造することが求められるが，それは先行する村が，自らの発展への意欲を失わないレベルに止めねばならないという，困難な均衡点を求める作業となるであろう。

（1）　山本健児「所得の分布と変動―国民経済の地域的統合とのかかわり―」川島哲郎編『経済地理学』（朝倉書店，1986年）196‐226頁。
（2）　川島哲郎「地域間の平等と均衡について」『経済学雑誌』（大阪市立大学，79

－1，1978年）1－18頁。
（3）　中兼和津次「中国の地域格差とその構造―問題の整理と今後の展開に向けて―」『アジア経済』（37－2，1996年）2－34頁。
（4）　例えば，陳国階は3大地域の格差が長期に形成されたとして，遅れた西部開発の方向を論じている。陳国階「我国東中西部発展差異原因分析」『地理科学』（17－1，1997年）1－7頁。
（5）　例えば，劉衛東は生産と消費の2指標について人民共和国成立後の省間格差を検討し，固定されてきた南北格差が，1980年代以降の経済政策の転換により東西格差へと移行したとする。劉衛東「我国省際区域経済発展水平差異的歴史過程分析 1952－1995」『経済地理』（17－2，1997年）28－32頁。
（6）　例えば，黄朝永は省内格差と省全体の経済成長を結びつけて，山東省を例に開発のために許容されるべき格差水準を算出している。黄朝永「省域差異的警戒水平及調控研究―以山東省為例―」『地理研究』（15－2，1996年）52－60頁。
（7）　例えば Fan, C. Cindy "On belt and ladders: State policy and uneven regional development in Post-Mao China" *Annals of the Association of American Geographers*, 85-3, 1995, pp.421－449。加藤弘之『中国の経済発展と市場化』（名古屋大学出版会，1997年），特に第5章「市場経済化と地域格差」137－164頁。
（8）　都市と農村の間の格差自体は，川島哲郎（1978）が指摘するように，農工間格差を含み込んだカテゴリー間の格差と見るべきで，地域間の不均等発展と同列に扱うことは適切ではない。川島哲郎（1978）前掲注（2）特に14－15頁。
（9）　佐藤宏「中国農村における地域間所得格差とその決定要因―県レベル統計による検討―」『アジア研究』（37－1，1990年）73－107頁。
（10）　中兼和津次は不平等認識の主観的側面を指摘するが，これを生活空間の重層性と結びつけると，狭い範域を対象とした検討の意義が浮かび上がる。中兼和津次（1996），前掲注（3），14頁。
（11）　佐藤宏「経済的分化と農民意識―中国3県農家調査の分析―」『アジア経済』（35－1，1994年）2－26頁。
（12）　Croll, Elisabeth J. & Huang Ping "Migration for and against agriculture in eight Chinese villages" *The China Quarterly*, 149, 1997, pp.128－146.
（13）　データはいずれも鎮政府から提供されたもので，個別具体的な数値は，科研報告書掲載の拙稿を参照のこと。小島泰雄「村落にみる登封農村発展の多様性」石原潤・孫尚倹編『河南省登封市の市場経済化と地域変容』（京都大学大学院文学研究科地理学教室，1998年）193－221頁。
（14）　ここで相対的変化を取り上げるのは，地域内部の差違を問題とするためであるが，同時に，農産物収穫量やそれとリンクした農民収入には年次変動が存在し，経年的変化の比較を困難にしているからでもある。ただし，後者の変動については統計の信頼度も影響するので，より全面的な調査が待たれることは言うまでも

ない。
(15) それは単純に商品作物を導入することによって達成されるものではない。事例地域における葉タバコ生産の盛衰はそれを物語る。
(16) 集計の流れについては，田島俊雄『山東省武城県農村調査報告』（東京大学社会科学研究所，1993年），特に125－126頁が参考となる。
(17) 農民収入の政治的意味については，『人民日報』（1997年4月1日）の"中共中央国務院関於切実做好減軽農民負担工作的決定"に明示されている。そこでは農民負担を計る基準として，農民1人当たり純収入が特定され，しかも行政村レベルで農民負担を農民収入に照らして厳格に制限すべきこと，農民収入を的確に集計することが唱われている。またこうした政治性が農民収入の統計値を根拠なく押し上げていることも別に報告されている。河南省社会科学院・河南省信訪局聯合調査組「関於当前河南農村社会穏定問題的調査与建議」『中国農村経済』（1998－12）69－71頁。
(18) この構造変革は"二次創業"とも称される。張介一・銭伯増「浙江省慈渓市宗漢鎮郷鎮企業発展調査」『地理研究』（15－4，1996年）87－91頁。
(19) 集落と村民小組の対応は，一対一を基本としつつ，集落規模に応じて，多対一，一対多の関係を示す。なお大金店鎮の"自然村"数と村民小組数の比は，1.95である。
(20) 村落に関しては，小島泰雄「現代中国農村の生活空間―江蘇省六合県の場合―」『史林』（74－3，1991年，1－30頁）及び小島泰雄「満鉄江南農村実態調査にみる生活空間の諸相」『神戸市外国語大学外国学研究所研究年報』（30，1993年，1－50頁）を参照のこと。
(21) 南海市のある行政村では，土地などの所有権を行政村の経済組織に統合する試みが行なわれている。王琢・許浜『中国農村土地産権制度論』（経済管理出版社，1996年）214－221頁。
(22) 村をめぐる検討課題としては，この他に，生活空間の重層性とその中国における非集中性から帰結されるものとして，より上位の市場圏あるいは市場体系との関係がある。
(23) 三里庄村の工業・農業総生産額（1996年）は1.1億元であるが，この内，農業総生産額は600万元程度にとどまる。
(24) 長距離の移動を伴う出稼ぎにおいては，供給地と需要地の連接が問題となり，出稼ぎ者数の増大が連鎖移動と結びついているゆえに，結果として村間格差を拡大する方向性をもつと考えられる。
(25) ここでは村営企業の労働力吸収を問題としているが，郷営企業にしてもその労働力吸収の空間的波及は，限定的である。樊傑が報告する3km以内という平均通勤距離を地図上で確認するとその限定的性格が理解されよう。樊傑「中国農村工業発展在城鎮化過程中的作用―対我国7個建制鎮的実証研究―」『地理科学』（18－2，1998年）99－105頁。

(26) 小野寺淳「中国農村工業の存立基盤の変化―南京市江寧県を事例として―」『経済地理学年報』(37‐4,1991年) 71‐94頁。
(27) "社区発展"として所属する地域の発展と結びつけられた郷鎮企業論は,この点を肯定的に捉えたものである。宇野重昭・鶴見和子『内発的発展と外向的発展―現代中国における交錯―』(東京大学出版会,1994年) 305頁。
(28) 小島泰雄「鄭州近郊農村の生活空間の変容」石原潤・孫尚倹編『中国鄭州市住民の生活空間』(名古屋大学文学部地理学教室,1996年) 154‐170頁。
(29) 河南省で言えば,全国に名の知られた南街村はその典型であろう。崔之元等『南街村』(当代中国出版社,1996年) 165頁。

あとがき

　本書のための現地調査は，財政的には，文部省の 1995・96・97 年度科学研究費・国際学術研究「中国河南省における都市及び農村住民の生活空間」（課題番号：07041010, 研究代表者：石原潤）によって全面的に支えられたものである。記して感謝の意を表したい。

　現地調査にあたっては，共同研究者であった河南省科学院院長の孫尚倹氏，同じく同位素研究所の宋延洲氏，同じく地理研究所の李居信氏及び王国強氏，並びに鄭州市人民政府の王銀峰氏に，大いにお世話になると共に，多くの御教示を得た。心から御礼申しあげたい。また研究対象地域の人民政府の幹部である鄭州市副市長陳義初氏，同市地方志弁公室主任馬培中氏，新鄭市市長岳文海氏，登封市副市長趙永正氏など，多数の方々に大変お世話になった。深甚の謝意を表したい。さらに有能な通訳としてご援助戴いた王鉄橋（鄭州信息工程学院），董萍（鄭州工学院），韓新紅（同），席巧玲（鄭州市糧食学院），羅軍力（鄭州軽工学院），史自力（河南財経学院），張本華（機械部第六設計院），孟小玲（同）の諸氏にも，御礼申し上げたい。最後に，各メンバーが見学・聞き取り・アンケート調査を行なった郷鎮企業，商業・サービス業企業，自由市場等の関係者，及び一般市民や農民の方々にも，その御協力に対して心からの謝意を表したい。

　本書は，プロジェクト終了後なるべく早い時期に公刊する予定であったが，執筆者の一部と編者の多忙のため，刊行が予定より数年遅れてしまった。ご迷惑をお掛けした関係者各位にお詫び申し上げる。

　末筆ながら，困難な出版情勢の下で，本書の刊行を快諾して下さったナカニシヤ出版代表取締役の中西健夫氏，及び面倒な編集作業に御尽力いただいた同出版編集部の吉田千恵氏に御礼申し上げたい。

2003 年 3 月

石　原　　潤

人名・地名索引

ア 行

緯四路　67,68,70,74
　——市場　70
潁河　9,179,205,211,216
潁陽鎮　141
温州地区　105

カ 行

回郭鎮　114-116,140,141
開洛鉄路　11,12
河南省　6,63,64,107-109,113
華北平原　11
観音寺郷　121-124
管城回族区　21,136-139
北下街街道　22
北順城街　67,70,71
京漢鉄路　11-13,52
鞏義市　9,112-121,140,141
京広線　7
京広鉄路　127,163
金水区　28
君召郷　141,144
経八路街道　28-30
黄河　8,9
江蘇省　107
告成鎮　141
后倉村　162,164,165,167-175,177

サ 行

スキナー　57,58,65,93,94
　＊
菜王　33,34
斉礼閻郷　36
三王庄村　201,213,216-218
三里庄村　133,205,209,212,213,216-219
珠江三角州　99,103,105
城関郷　127-129
小関鎮　116,117
城関鎮　8,9,77,79,83,85,87,89

少室山　181
小李庄村　38
新鄭市　8,51,112,113,121-129
辛店鎮　124-126
嵩山　9,181,205,213
須水鎮　67,69,70,162,169
西崗村　162,164,165,170
石道　79,80
浙江省　107
蘇州市　71
蘇南地区　99,104,105,115

タ 行

鶴見和子　112,152
鄧小平　100
　＊
大学路　67-70
　——街道　34
大金店鎮　133,141,178-193,200,202,204,205,207,209
大治鎮　130-136
中原　7
中原区　40,162,164
長江三角州　103,105
澄槽村　213,216-218
鄭県　11,13,16
鄭州市　4,7,10-21,51,52,65,74,75,85,87,110,113,147,162-164
　——区　7
唐庄郷　141
東城郷　136-139
登封市　9,75,76,91,112,113,130-136,141,178,205

ナ 行

二七区　33
二七塔広場　27
二七広場　12,18
汝河小区　45
汝河路街道　46

ハ・マ 行

費孝通　103, 104, 150
毛沢東　115
＊
文村　201
棉紡路街道　40

ヤ・ラ・ワ 行

李鵬　149

＊
陽城工業区　132
雷村　214, 216, 218
洛陽　85, 87
隴海郷　33
隴海線　7, 17
隴海村　137-139
隴海鉄路　11, 52, 116
老鴉陳　67, 68, 70
廬店鎮　88

事項索引

ア 行

荒地　167, 168, 175
荒地改造　178, 187, 191, 193, 194
市場依存率　91, 92
市日　68, 77, 85
市廻り商人　85
因地制宜　102
インフォーマル・セクター　92
沿海部(沿海地区)　i, 3, 10, 100
卸売市場　56, 57, 60, 70, 75
温州模式　104, 105

カ 行

会　77, 79, 85, 87, 89, 91, 95
改革開放　i, 32
　——期　55, 56, 59, 92
　——政策　97, 202, 207
外資系企業　97
改造荒地　179, 181, 183, 185, 188, 189, 191, 193-195, 198
回族　23
街道委員会　137
街道弁事処　23, 29-31, 35, 42, 46, 50
果園　165, 166
隔日市　91
河谷地　181
貸部屋(租房)　34, 37
貸家　37
家属委員会　41, 43, 50
家庭聯産承包制　155, 157

株式合作制　148
管理費　72, 78, 85
機械耕作請負農家　159
企業管理費　119
企業集団　117, 132, 135
　——化　116, 118, 148
企業所得税　119
機動田　156
キー・パースン　112, 152
共産党委員会　118
供鎖合作社　54-56
行政村　178, 181, 185, 195, 204, 205, 207-212, 214-216, 219, 222, 224
競争入札制度　158
共同打谷場(脱穀・乾燥場)　175
居民委員会　23, 30, 36, 41, 43, 46, 50, 137
居民地(宅地)　175
「空心村」化　178
窪(谷状の平坦地)　189, 191
組営企業　102
計画経済　97
　——期　54, 57, 92
計画出産管理　31
経済地　167, 168, 171, 173, 174, 176
経済田　163, 167, 168, 170, 171, 174, 176, 177, 185, 188, 198, 199
建材　126
建材業　125, 126
県城　20
郷営企業　224
高温素子　134, 135

事項索引　229

郊外農村　21
工業園区（団地）　135,213
工業小区（団地）　114
鉱産資源　213,217
工商所　68,78,79,92
工場長請負制　121,148
工場長責任制　100,119,132
工人新村　18
郷政府　141,142
耕地改造　222
耕地減少　161
耕地の潰廃　160,178
郷・鎮営企業　102,108,109
郷鎮企業　9,37,39,97-153,202,214,218 -222
　——性悪論　99
郷鎮財政　139-144
郷鎮政府　121
購買行動　74,89
購買者　73,75,76,88-91
購買頻度　74
交付金　144
小売販売総額　60,63,64
口糧田　155,160,166-168,170,174,176, 177,198
国営企業　97,98,133,144
国営商業　56
　——機構　54,97
国営商店　56,57,62
国有企業　129
「五小」工業　115,153
個人企業　102,107,109,115,164
個体商人（個人営業商人）　70
固定難位　69,78

サ　行

菜園　165-168,174,176
再開発　22,25,26,34,48
採石場　124
砂地　188
暫住人口　37,38,45
三就地　102,145
三中全会　155
三田制　156
三来一補　145,153
私営企業　102,109
市街地周辺部の農村　49

市街地の中の農村　33
資金流動　220
市場経済　i,3
　——化　98,100,101,221
施設園芸農業　39
自然村　181,185,189,215,224
社会主義改造　54,64
社会主義市場経済　100
社隊企業　101,102,104,115,131,145, 221
集　77,79,95
集合住宅　24-26
集市（自由市場）　54-59,61,63-66,71,74 -77,81,84,90-92,95
集市売上高　59,60,63,64
集市総売上高　60
集体企業　108
住宅の買い取り　44
集団化期　208,221
集団公司　118,119,121,135
集貿市場　34-36,44,46,56,57,60,62
售貿台　78
出市パターン　87
出市行動　71,73,83,89
出市頻度　71,83,89,92
小区　18,21,45-49
小区型　50
「小区型」の居住空間　49
小康村　133,139
小城鎮の建設　149
常設店舗　79,81
城鎮街道営企業　102
上納金　141
消費財小売総額　60
承包期限　192
承包契約　173,174,192
商貿城　8
承包代　192,199
承包地　171-174
承包農家　173,174
職住一致　21
自力更生　221,222
自留地　55
飼料田　156
人民公社耕起隊　169
人民公社の解体　155
水利建設　169

スラム化 38
生活区 41
生活空間 23
生産請負制 156,176,177,185,202,207,214,218,222
生産責任制 154,155,157
生産隊 169,215,222
生産大隊 215
西部 7
石炭採掘 205
責任田 155,158
接着剤製造 127
専業農家 136
先富論 202
双日集 76,77
増値税 119
蘇南模式 104,105,150
村営企業 102,108,109,117,125,127,137,213,217,224
村外就業 214,218
村民委員会 137,139,174,179,181,185,191-195,204,215
村民小組 170,176,179,181,185,189,194,195,204,212,213,215,224

タ　行

第1次5カ年計画 16
大規模経営 159
第9次5カ年計画 101
退職労働者 24
大躍進運動 54,55
大躍進期 189
タイル生産 129
退路進厂 68,75,78,91,92
単位 3,18,49,50
攤位 69,72,85
単位型 50
　――社会 49
　――の生活空間 32,36,40
単位空間 18,21,49
単位住宅 31
炭坑(炭鉱) 130-132,189,194,213,216
単日集 76,77
地域格差 203,204
地域農業支援サービス(「社会化服務体系」) 158,177
地下資源 130,131,136

地(区)級市 7
中部 7
中部・西部地区 100,106,146,149
中部・内陸地区 147
頂棚(小屋) 78,85
庁房市場 65,66,69
鎮営企業 117,119
鎮政府 141,143
定期市 58,68,77,83
鄭州大学 35
出稼ぎ 147,224
　――労働力 125
適正規模経営 157
鉄路局 43
デパート 25,42,47
東部 7
東部沿海地区 106
都市計画 13-16
都市構造 18,19
都市部市場 81
土地改造 187
土地管理法 161,177
土地承包制度 187,194
土地生産性 207-209,214,216
土地調査 178
土地調整 184,185,188,191,193,195
土地分配台帳 188
土地利用状況 165,166
土地利用変化 162
土木作業請負 170

ナ　行

内発的発展論 112,152
内陸部(内陸地区) i,3,10,106,144,146,204
南巡講話 100,110
日曜市 76,77,89
入札制 163
農業生産産業化 149
農業生産性 209,210
農作業請負 169
農村戸籍 33
農村精英(エリート)理論 111,112
農村土地制度 154-160
農村部市場 81
農田保護条例 172
農民企業家 111,112,118,133,138

事 項 索 引　　231

農民戸籍　　71,136
農民収入　　208-210,224
農民聯戸企業　　102

ハ　行

坡改梯　　181,187
坡地(傾斜地)　　185
販売者　　70-72,82-88,91
一人っ子政策　　23
廟会　　95
標準市場　　57,58
ビール醸造　　138
不均等発展　　203,220-222
服飾市場　　27
文化大革命　　55,115
　——期　　78
包乾到戸(個別経営請負制)　　155,159
包産到戸(個別生産請負制)　　155
紡績城　　17
房地産開発公司　　47
房地産公司　　26

マ　行

毎日市　　68,76,77,87,91
馬路市場　　69,78,79
溝(深い谷)　　189,191
民工盲流　　99
民事調解　　31
綿紡績工場　　40

ヤ・ラ・ワ　行

養鶏業　　122-124
養鶏場　　171
養殖池　　171
立体種植　　169
流動人口　　37,70,75,87,92,95
糧食専業戸　　157
両田制(双田制)　　155,156,158,163,198
臨時攤位　　69,78
聯営企業　　109
老城型　　50
老城区　　48
労働模範　　120
労働力移動　　218

■執筆者紹介（執筆順，＊印は編者）

＊石原　潤（いしはら・ひろし）
　1939年生まれ。京都大学大学院文学研究科博士課程中退。人文地理学・アジア地域研究専攻。奈良大学文学部教授。『定期市の研究』（名古屋大学出版会，1987年），『農村空間の研究』（上・下）〔編著〕（大明堂，2003年），*Markets and Marketing in Rural Bangladesh*, (ed.) (Dept. of Geography, Faculty of Letters, Nagoya Univ., 1987), 他。
　〔担当〕序章，第2章

秋山元秀（あきやま・もとひで）
　1949年生まれ。京都大学大学院文学研究科博士課程中退。人文地理学・歴史地理学専攻。滋賀大学教育学部教授。『四川省西昌市の発展』〔共編〕（京都大学大学院文学研究科地理学教室，2002年），「中国的空間構造論」（『農村空間の研究』大明堂，2003年），『新訂東アジア』〔共著〕（大明堂，1991年），他。
　〔担当〕第1章

林　和生（はやし・かずお）
　1953年生まれ。京都大学大学院文学研究科修士課程修了。歴史地理学・地域研究（中国）専攻。國學院大学文学部教授。『河南省登封市の市場経済化と地域変容』〔共著〕（京都大学大学院文学研究科地理学教室，1998年），『改革開放下の河南省新鄭市の変容』〔共著〕（同，1997年），『中国鄭州市住民の生活空間』〔共著〕（名古屋大学文学部地理学教室，1996年），他。
　〔担当〕第3章

中川秀一（なかがわ・しゅういち）
　1966年生まれ。名古屋大学大学院文学研究科博士課程単位取得退学。人文地理学・経済地理学専攻。明治大学商学部助教授。「中国内陸部農村における果園経営の展開」（『農村空間の研究』大明堂，2003年），「介護保険時代の山村高齢化問題」（『21世紀の地域問題』二宮書店，2002年），「林業への新規就労とその対応」（『経済地理学年報』42-2，1996年），他。
　〔担当〕第4章1，2

亀岡岳志（かめおか・たけし）
　1964年生まれ。京都大学大学院文学研究科博士課程単位取得退学。地理学専攻。武蔵高等学校中学校教諭。『石積みの棚田』〔共著〕（恵那市教育委員会，1998年），「主体的村落空間区分の地域性」（『農村空間の研究』大明堂，2003年），「地すべり地帯における明治中期以降の天水田開発」（『人文地理』49-5，1997年），他。
　〔担当〕第4章3

小島泰雄（こじま・やすお）
　1961年生まれ。京都大学大学院文学研究科博士課程中退。人文地理学・中国研究専攻。神戸市外国語大学外国学研究所助教授。「華北農民の行動と空間体系の相互関係」（『中国近代の都市と農村』京都大学人文科学研究所，2001年），「農村組織区域空間的中日比較」（『中国農村経済組織比較』北京，経済科学出版社，1997年），「散居の文化」（『研究年報』38，神戸市外国語大学，2001年），他。
　〔担当〕第5章

内陸中国の変貌

——改革開放下の河南省鄭州市域——

2003年11月10日　初版第1刷発行　（定価はカバーに表示してあります）

編　者　石　原　　　潤

発行者　中　西　健　夫

発行所　株式会社　ナカニシヤ出版

〒606-8316　京都市左京区吉田二本松町2
TEL（075）751-1211
FAX（075）751-2665
http://www.nakanishiya.co.jp/

© Hiroshi ISHIHARA　2003　　印刷・創栄図書印刷／製本・藤沢製本
＊落丁本・乱丁本はお取り替え致します。
Printed in Japan

ISBN4-88848-796-0　C3025

ハワイ日系人の歴史地理

飯田耕二郎

日系移民たちの日常生活とはどのようなものだったのか。豊富な資料をもとに、明治末期ハワイに移住した日系人たちの第二次世界大戦にいたるまでの生活を、鮮やかに描き出す労作。

三一五〇円

歴史地理学と地籍図

桑原公德 編著

第1部「地籍図とその活用」には地籍図研究とそれを利用した論文を、第2部「環境と歴史地理」にはその他の論文をおさめ、最後に京都の歴史地理学的な課題を扱った編者による論文を付す。

六〇九〇円

地域調査ハンドブック
―地理研究の基礎作業―

藤岡謙二郎 編

読図や統計の処理、そのほか、室内作業から野外調査にいたるまで、社会科学・自然科学にまたがる広汎な基礎的知識が必要とされる地理学研究。その基礎的方法を具体的に解説する。

二一〇〇円

葛城の峰と修験の道

中野榮治

奈良時代、役行者によってひらかれた修験の峰・葛城山。著者らが、友ヶ島の序品窟から大和川の亀瀬までの葛城二十八品の峰と経塚を辿り、修験道史料を実地検証したフィールドワークの成果。

三六七五円

表示は二〇〇三年十一月現在の税込価格です。